KB272285

팔란티어 파운드리
판단을 설계하라

팔란티어 파운드리, 판단을 설계하라

초판 1,2쇄 인쇄 | 2026년 4월 16일
초판 1,2쇄 발행 | 2026년 5월   1일

지은이 | 이현종
발행인 | 안유석
책임편집 | 구준모
교정교열 | 고은희
디자이너 | 오성민
펴낸곳 | 처음북스
출판등록 | 2011년 1월 12일 제2011-000009호
주소 | 서울시 강남구 강남대로 374 스파크플러스 강남 6호점 B219호
전화 | 070-7018-8812
팩스 | 02-6280-3032
이메일 | cheombooks@cheom.net
홈페이지 | www.cheombooks.net
인스타그램 | @cheombooks
ISBN | 979-11-7022-323-8 03320

이 책 내용의 전부나 일부를 이용하려면 반드시 저작권자와 처음북스의
서면 동의를 받아야 합니다.

* 잘못된 책은 구매하신 곳에서 바꾸어 드립니다.
* 책값은 표지 뒷면에 있습니다.

팔란티어 파운드리

PALANTIR FOUNDRY
ARCHITECT YOUR DECISIONS

판단을 설계하라

이현종 지음

처음북스

　최근 인생의 첫 책인 『온톨로지』를 출간했다. 연이은 출간과 준비 과정에서 애써 주신 처음북스의 안유석 대표님과 구준모 팀장님을 비롯한 직원분들께 감사드린다. 이 책의 핵심 내용을 함께 연구하며 도와준 정승인 군에게 무한한 감사의 마음을 표한다.

　또한 쉼 없이 일상과 학습에 매진하는 지피티스퀘어 커뮤니티 회원분들, 부족한 영상임에도 즐겨 시청해 주시는 달핀챗TV의 구독자 '달핀이' 여러분께 감사의 말씀을 드린다. 온프레미스 AI 에이전트 솔루션 '달핀챗'과 온톨로지 인과추론 시스템 '달핀통' 개발에 매진 중인 빅스터 엔지니어들께도 깊이 감사드린다.

　항상 삶의 행복을 느끼게 해주는 쫑스남매에게는 사랑한다는 말을 전한다. 어릴 적부터 변함없이 든든한 후원자가 되어주신 누나 이희자 여사께도 감사드리며, 마지막으로 사랑하는 아내에게 이 두 번째 책을 바친다.

시스템은 정답을 주지 않는다, 구조를 줄 뿐이다

데이터가 '21세기의 원유'라는 화려한 수식어로 포장되던 시대를 지나, 이제 우리는 데이터의 홍수 속에 살고 있다. 하지만 역설적으로 현장의 리더들은 여전히 갈증을 느낀다. 수억 원을 들여 구축한 대시보드는 실시간으로 수치를 쏟아내지만, 정작 "그래서 지금 무엇을 해야 하는가?"라는 질문 앞에서 많은 조직이 다시 익숙한 직관과 '감'의 영역으로 도망치곤 한다.

지난 몇 달간 필자는 팀을 꾸려 글로벌 빅테크 팔란티어Palantir의 운영 체제인 파운드리Foundry를 직접 사용해 보았다. 가상의 국내 화장품 제조 공정 데이터를 트라이얼Trial 환경에 적용해 본 것이다. 이 트라이얼은 클라우드 기반으로 운영되며, 제한된 범위 내에서 파운드리의 핵심 기능을 무료로 사용할 수 있다.

파운드리의 핵심에는 온톨로지Ontology가 있다. 많은 사람이 온톨로지라고 하면 철학을 떠올리고, 회의실에서 이 말을 꺼내면 분위기가 묘하게 무거워진다. 너무 학문적이지 않느냐는 반응도 흔하다. 그러나 이 책에서 다루는 온톨로지는 사유 체계가 아니라 운영 체계다. 파운드리의 온톨로지는 세상을 이해하기 위한 개념이 아니라 세상을 다루기 위한 규칙에 가깝다.

온톨로지를 가장 단순하게 정의하면 '우리가 다루는 대상이 무엇이며, 그것들이 어떻게 연결되고, 무엇을 할 수 있는지를 정해 놓은 구조'다. 여기에는 "이것은 무엇이며 저것과 어떤 관계인가?", "이 상태에서는 무엇을 할 수 있으며 그 행동의 책임은 누구에게 있는가?" 같은 실무적인 질문이 담긴다.

파운드리는 데이터를 테이블이나 칼럼으로만 다루지 않는다. 현실의 사물과 개념, 그 사이의 관계와 행동을 컴퓨터가 이해할 수 있는 형태로 정의한다. 온톨로지를 통해 데이터는 의미를 갖고, 단절된 시스템 간 정보는 하나의 판단 구조logic로 연결된다. 파운드리는 이 구조를 바탕으로 단순 분석을 넘어 실제 비즈니스 문제 해결까지 이어지도록 설계되었다.

트라이얼로 처음 파운드리를 마주했을 때는 당혹스러웠다. 기존 데이터 플랫폼들이 "어떻게 하면 데이터를 더 예쁘게 보여줄까?"를 고민할 때 파운드리는 "이 데이터는 누구의 관점이며, 값이 바뀌면 누가 책임지고 어떤 행동을 취하는가?"라고 냉정하게 묻고 있었기 때문이다. 기존의 ETLExtract·Transform·Load(추출·변환·적재) 관성으로 접근했다가 온톨로지 설계에서 처참히 무너지기도 했고, 현업(이 책에서는 문맥에 따라 '현업 부서' 또는 '현업 담당자 개인'을 뜻하는 의미로 사용)의 업무 언어를 시스템 구조로 치환하지 못해 며칠 밤을 지새운 적도 있다. 하지만 고통스러운 의미 변환semantic transformation 과정을 거치며 데이터가 살아 움직인다는 것은 그래프가 화려해지는 게 아니라 조직의 판단 기준이 시스템이라는 뼈대 위에 견고하게 고정되는 것임을 깨달았다.

이 책은 팔란티어라는 전설적인 기업의 소프트웨어 사용법을 설명하는 단순한 매뉴얼이 아니다. 오히려 우리가 그동안 데이터를 얼마나 무책임하게 쌓아왔는지, 그리고 디지털 전환DX이라는 이름 아래 얼마나 많은 판단의 주체를 시스템 밖으로 밀어냈는지에 대한 처절한 반성문이자 생생한 기록이다.

또한 화장품 제조 공장 실습은 특수한 영역의 이야기일지 모르나, 그 안에서 마주한 고민은 보편적이다. 원천 데이터raw data에서 의미를 제외하고 사실만 보존해야 하는 이유, 정제 데이터Curated 단계에서 많은 데이터를 과감히 '버리는 전략'을 취한 이유, 그리고 온톨로지가 어떻게 인간의 판단에 '책임'이라는 이름을 부여하는지를 차례로 짚어본다.

파운드리는 마법의 지팡이가 아니다. 오히려 조직의 민낯을 가감 없이 드러내는 거울에 가깝다. 만약 AI(인공지능)가 모든 답을 대신 내려주고 리더는 그저 승인 버튼만 누르면 되는 유토피아를 꿈꾼다면, 이 플랫폼은 가장 불친절한 도구가 될 것이다. 그러나 데이터를 통해 조직의 판단 구조를 바로 세우고, 실패조차 자산으로 기록되는 진정한 운영 시스템을 갈망한다면 파운드리는 가장 강력한 무기가 될 것이다.

이 책에 담긴 경험기가 파운드리라는 항해를 시작하려는 엔지니어, 데이터로 조직을 바꾸고 싶은 기획자, 기술의 화려함 뒤에 숨은 '운영의 본질'을 찾는 모든 리더에게 작은 이정표가 되기를 바란다.

자, 이제 데이터를 넘어 판단의 구조를 설계하는 여정을 시작해 보자.

CONTENTS

PART 1

왜 우리는 파운드리를 선택했는가?

데이터 프로젝트가
실패를 반복해 온 이유

BI, DW, 데이터 레이크의 반복된 좌절

많은 기업의 데이터 프로젝트는 이번에는 다를 거라는 기대로 시작된다. BI를 도입할 때도, DW를 구축할 때도, 데이터 레이크를 설계할 때도 모두 같은 약속을 했다. 하지만 기술은 진화해도 실패 패턴은 놀라울 만큼 변하지 않았다.

BI Business Intelligence(비즈니스 인텔리전스)는 처음 등장했을 때만 해도 혁신처럼 보였다. 각 부서에 흩어져 있던 데이터를 모아 대시보드로 시각화하고, 경영진이 숫자를 한눈에 볼 수 있게 만든다는 발상은 분명 시대를 앞서 있었다. 그러나 현장에서 BI는 곧 '보고용 시스템'으로 전락했다. KPI Key Performance Indicator(핵심성과지표)도 늘어났고 차트도 화려해졌지만 의사결정 구조는 그대로였기 때문이다. 즉 숫자가 있어도 그것이 무엇을 의미하는지 아무도 설명하지 못했다.

DW^{Data Warehouse}(데이터 웨어하우스)는 이 문제를 구조로 해결하려 했다. 데이터의 정합성과 일관성을 확보하고 '단일 진실 공급원^{Single Source of Truth}'을 만들겠다는 목표였다. 그러나 DW 프로젝트는 대부분 시간과 예산을 소모하는 거대한 공사로 끝났다. 스키마^{schema}는 복잡해졌고, 변경은 어려워졌으며, 현업은 시스템에서 점점 더 멀어졌다.

이후 데이터 레이크^{Data Lake}가 또 다른 희망으로 등장했다. 정형·비정형 데이터를 가리지 않고 저장하고, AI와 머신러닝이 그 안에서 가치를 찾아줄 것이라는 기대가 뒤따랐다. 그러나 현실의 데이터 레이크는 빠르게 데이터 늪^{Data Swamp}이 되었다. 어떤 데이터가 있고 왜 쌓였는지 아무도 모른 채 저장 비용만 늘어났다. 분석은 여전히 특정 인력의 수작업에 의존했고, 조직 전체의 판단 능력은 나아지지 않았다.

이 세 가지 시도는 모두 '데이터를 보여주는 것'에는 성공했지만 '판단하게 만드는 것'에는 실패했다. BI는 지금 무엇을 해야 하는지에 대해 답하지 못했고, DW는 의미를 담지 못했으며, 데이터 레이크는 방향을 제시하지 못했다. 그래서 현업에서는 "차트는 맞는데 실제와 다르다", "이 데이터만 보고는 무얼 하라는지 모르겠다"는 불만이 나왔다.

이는 기존 데이터 플랫폼의 설계 오류를 드러낸다. 판단은 단순한 계산의 결과가 아니다. 누가 언제 어떤 조건에서 무엇을 선택할 수 있는지를 함께 정의해야 한다. 그러나 기존 데이터 플랫폼은 데이터를 사실^{fact}로만 취급하고, 이 경우 데이터가 아무리 많아도 판단을 만들어 내지 못한다. 실제 의사결정에는 맥락, 관계, 제약 조건, 책임 구조, 실행 등이 필요하다. 즉 기존 데이터 플랫폼은 '무엇이 일어났는가?'에는 답하지만 '그래서 우리는 무엇을 해야 하는가?'에는 답하지 못한다.

데이터는 있는데 판단은 없다

데이터 프로젝트 회의실에서 가장 자주 나오는 말은 "데이터는 다 있습니다"이다. 그런데 이 말이 나오는 순간 프로젝트는 이미 중요한 것을 놓치고 있는 경우가 많다.

회의실에는 항상 비슷한 장면이 펼쳐진다. 대시보드를 켜고 그래프로 매출 추이, 생산량, 불량률, 지연 건수 등을 설명한다. 데이터는 명확하지만 결정의 순간이 오면 침묵이 흐른다. 누군가 조심스럽게 "이게 정상 범위인가요?"라고 묻고, 다른 누군가는 "지난번에도 비슷했어요"라고 답한다. 그리고 회의는 경험과 감에 의존한 결론으로 끝난다. 데이터가 있다는 사실은 안도감을 주지만 정작 중요한 질문인 "그래서 무엇을 판단할 수 있는가?"에는 답하지 못한다.

현업은 데이터가 아니라 판단의 근거를 원한다. 그러나 기존 데이터 시스템은 이 둘을 동일하게 취급해 왔다. 숫자를 보여주면 판단이 따라올 것이라는 가정, 차트를 늘리면 의사결정 구조가 개선될 것이라는 기대가 오랫동안 반복되었다.

문제는 데이터의 양이나 정확도가 아니다. 판단을 위한 구조가 없다는 것이다. 대부분의 데이터는 단절된 상태로 존재한다. 각 데이터가 서로 어떤 관계를 맺는지, 어떤 조건에서 어떤 행동을 촉발해야 하는지에 대한 구조는 제공되지 않는다. 예를 들어 불량률이 상승했다는 사실만으로는 아무것도 결정할 수 없다. 특정 설비 때문인지, 특정 작업자 조합 때문인지, 특정 원자재 배치 때문인지 알 수 없다면 판단은 멈춘다. 데이터는 존재하지만 의미가 연결되어 있지 않아서다.

기존 시스템은 데이터를 사후 설명 도구로 만들어 왔다. 이미 발생한 일을 설명하는 데는 능숙하지만 지금 무엇을 해야 하는지는 말해주지 않는다. "왜 이런 일이 발생했을까?"라는 질문은 넘쳐나지만 "지금 무엇을 바꿔야 할까?"라는 질문에는 답하지 못한다. 그러다 보니 데이터는 늘 회고의 언어로만 사용되어 참고 자료로 밀려나고, 결정은 특정 개인의 경험과 직관에 의존하게 된다. 즉 데이터는 늘 곁에 있었지만 판단의 주체가 되지는 못했다. 결국 데이터로 판단하지 않으면 실패했을 때 사람만 탓을 받는다.

이것이 반복되면 조직은 묘한 학습을 한다. 데이터 시스템은 보고용, 감사용으로 인식되고 실제 의사결정은 엑셀, 메신저, 구두 보고, 회의실의 분위기 등 비공식 채널에서 이루어진다. 막대한 비용을 들여 구축한 시스템은 결정의 중심에서 밀려난다.

더 큰 문제는 이 실패가 반복되면서도 '툴이 오래돼서 그렇다', 'AI를 붙이면 해결된다', '데이터가 더 많으면 된다' 등 기술 문제로 오인된다는 점이다. 그래서 또 다른 도구가 도입되고, 또 다른 플랫폼이 구축된다. 그러나 "그래서 우리는 지금 무엇을 판단하고 결정할 수 있는가?"라는 질문은 여전히 남는다.

이 질문에 답하지 못하는 한, 데이터 프로젝트는 성공했다고 말할 수 없다. 바로 이 지점에서 우리는 기존 데이터 플랫폼과 전혀 다른 질문을 던지는 시스템을 필요로 하게 된다. 팔란티어 파운드리를 이해하려면 먼저 이 반복된 좌절을 정확히 직시해야 한다.

현업 – IT팀 – 모델 개발자 사이의 단절

이어서 기존 데이터 접근 방식이 왜 구조적 한계를 가질 수밖에 없는지 자세히 살펴보자. 데이터 프로젝트가 실패하면 가장 먼저 벌어지는 일은 책임의 이동이다. 현업은 말한다. "우리가 원하는 건 다 전달했어요." IT팀은 답한다. "요구 사항대로 구현했습니다." 모델 개발자는 고개를 젓는다. "데이터가 이렇게 들어오니까 예측이 나올 수가 없죠."

이 세 문장은 모두 사실일 수 있다. 바로 그 점이 문제의 핵심이다. 누구도 틀리지 않았지만 아무도 성공시키지 못했다. 데이터 프로젝트가 구조적으로 실패하는 이유는 기술의 부족이 아니라 역할 간 단절에 있다.

현업은 문제를 '요즘 납기가 불안하다', '불량이 늘었다', '현장에서 체감하는 것과 다르다'와 같이 업무 언어로 말한다. 이 언어는 맥락과 경험을 담고 있지만 구조화되어 있지 않다. 반면 IT팀은 문제를 테이블, 칼럼, 인터페이스, 배치 주기 등 시스템 언어로 번역한다. 이 과정에서 많은 맥락이 사라진다. 마지막으로 모델 개발자는 문제를 변수, 피처, 라벨, 손실 함수 등 수학적 언어로 재정의한다. 현업의 질문은 어느새 완전히 다른 형태가 된다.

이 세 세계는 각자 합리적이지만 서로를 이해하지 못한다. 더 정확히 말하면 서로의 언어로 사고하지 않는다. 현업의 판단 기준은 시스템에 담기지 않고, 시스템의 구조는 모델로 이어지지 않으며, 모델의 결과는 다시 현업의 결정으로 연결되지 않는다. 이 변환 과정 어디에도 판단은 명시적으로 설계되지 않고 전체 흐름을 책임지는 주체도 없다. 그 결과 데이터 흐름은 존재하지만 판단의 흐름은 끊겨 있다.

현업 입장에서 보면 데이터 시스템은 늘 한 박자 늦다. 보고서는 정기적으로 나오지만 현장에서 이미 알고 있는 사실을 뒤늦게 확인해 줄 뿐이다. 그래서 현업은 시스템을 점점 신뢰하지 않게 된다. "이건 참고만 하세요"라는 말이 자연스럽게 따라붙는다.

IT팀 입장에서는 억울함이 쌓인다. 요구 사항은 계속 바뀌고, 기준은 모호하며, 현업은 구체적으로 설명하지 않는다. 그래서 IT팀은 변경하기 어려운 스키마, 엄격한 인터페이스, 표준화된 프로세스로 더 단단한 구조를 만든다. 그러나 이 견고함은 곧 유연성의 상실로 이어진다.

모델 개발자의 세계는 또 다르다. 데이터가 항상 부족하거나 너무 많거나 의미가 불분명하다. 현업이 왜 이런 결과가 나왔는지 물어도 모델은 확률만 반환한다. 설명을 요구받지만 설명할 언어가 없는 것이다. 결국 모델은 PoC(기술 검증) 단계를 넘어서지 못하거나, 운영과 분리된 채 실험실에 머문다.

그래서 데이터 프로젝트는 항상 중간에서 멈춘다. 보고는 자동화 automation되지만 결정은 자동화되지 않는다. 분석은 고도화되지만 책임은 여전히 사람에게만 남는다. 데이터는 조직의 주변을 맴돌 뿐, 중심으로 들어오지 못한다.

이 단절을 해소하기 위해 많은 조직이 '협업'을 이야기한다. 하지만 회의가 늘어난다고 구조가 바뀌는 것은 아니다. 현업, IT팀, 모델 개발자가 같은 대상을 같은 방식으로 바라볼 수 있는 공통의 구조와, 그 위에서 각자의 역할을 수행할 수 있는 기반이 필요하다. 바로 이 지점에서 기존 데이터 플랫폼은 한계를 드러낸다. 이 플랫폼들은 데이터를 옮기고 계산하는 데는 능숙하지만, 역할과 판단을 연결하는 구조는 제공하지 않는다.

이어서 이 단절이 특히 ERP, MES, SCM 같은 엔터프라이즈 시스템에서 어떻게 증폭되는지 살펴보겠다.

ERP, MES, SCM 프로젝트의 실제 한계

ERP, MES, SCM은 각각 명확한 목적을 가지고 설계되었다. ERP는 전사 자원의 기록과 통제를 위해, MES는 제조 현장의 실행 관리를 위해, SCM은 공급망의 흐름과 최적화를 위해 만들어졌다.

이 시스템들 없이 오늘날의 대규모 조직을 운영하기란 불가능하다. 주문은 ERP로 들어오고, 생산은 MES로 관리하며, 물류와 공급망은 SCM이 책임진다. 이 시스템들은 안정성과 일관성을 최우선으로 하며 무엇이 발생했는지 정확하게 기록하는 데 탁월하다. 문제는 이 시스템들이 처음부터 판단을 위해 설계되지 않았다는 점이다.

ERP_{Enterprise Resource Planning}(전사적 자원 관리)는 기록의 시스템이다. 계약, 발주, 정산, 회계 등 모든 것을 정확하게 남기고 변경은 통제한다. ERP는 본질적으로 사후 정합성을 중시한다. 데이터를 확정된 사실로 저장하고, 취소나 수정은 예외로 취급한다. 이 구조는 회계와 통제에는 완벽하지만 변화하는 상황 속 판단에는 취약하다.

MES_{Manufacturing Execution System}(제조 실행 시스템)는 현장을 더 가까이에서 다루지만 한계는 비슷하다. 공정을 정의하고, 작업을 지시하며, 결과를 수집한다. 그러나 대부분의 MES는 공정 단위의 최적화에 머문다. 설비, 작업자, 배치, 품질 데이터는 존재하지만 이들을 상황에 맞게 어떻게 연결해야 하는지 시스템은 설명하지 않는다. 이상이 감지되면 경보가 울리지만 그 의미와 다음 행동은 여전히 사람의 몫이다.

SCM Supply Chain Management(공급망 관리)은 더 복잡하다. 외부 변수(수요 변화, 공급 지연, 국제 정세 등)가 끊임없이 영향을 미친다. SCM 시스템은 예측과 시뮬레이션을 강조하지만 실제 운영에서는 예외 처리가 예측보다 더 많은 시간을 차지한다. 계획은 항상 어긋나고, 그때마다 현장은 엑셀과 전화로 문제를 해결한다. 즉 시스템은 존재하지만 결정은 시스템 밖에서 이루어진다.

이 세 시스템의 공통적인 한계는 명확하다. 모두 업무를 관리하지만 상황을 맥락으로 이해하지 않는다. 즉 고객, 설비, 공급처가 하나의 상황 속에서 어떻게 연결되는지는 시스템 안에 표현되지 않는다. 같은 불량이라도 어떤 고객 주문에 영향을 주는지, 어떤 납기 약속을 위협하는지, 어떤 재무 위험으로 이어지는지 즉시 드러나지 않는다. 각 시스템은 자신의 세계에서는 완결되어 있지만 현실은 항상 시스템의 경계를 넘는다.

더 근본적인 한계는 이 시스템들이 '정답이 정해진 업무'를 전제로 설계되었다는 점이다. 발주 절차, 생산 공정, 출하 흐름은 미리 정의된 규

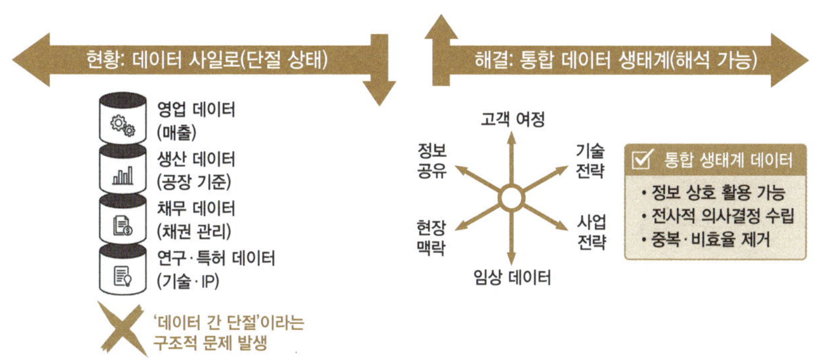

칙을 따른다. 그러나 실제 현장에서 중요한 결정들은 대부분 규칙 밖에서 발생한다. 납기를 미룰지, 다른 라인으로 전환할지, 어떤 고객을 우선할지 같은 판단은 시스템이 아니라 사람에게 맡겨져 있다. 결국 ERP, MES, SCM은 데이터를 축적하지만 상황을 구성하지는 않는다. 운영을 가능하게 할 수는 있어도 운영을 이해하게 하지는 못한다. 그래서 이 시스템들은 늘 '기반 시스템'으로 불리고, 판단은 그 위에 추가로 얹어야 할 무언가로 취급된다.

그래서 기업은 늘 추가 시스템을 붙인다. ERP에는 BI를, MES에는 분석 모듈을, SCM에는 별도의 예측 엔진을 연결한다. 그러나 통합은 인터페이스 수준에 그치고, 의미 수준에서는 여전히 분리되어 있다. 그렇다면 엔터프라이즈 시스템 위에 분석과 AI를 계속 덧붙이는 것이 과연 올바른 접근일까? 처음부터 판단을 중심에 둔 구조가 필요했던 것은 아닐까? 이 질문이 파운드리를 이해하는 출발점이다.

재난·안전 분야에서의 데이터 괴리

앞서 설명한 한계가 누적되면서 조직 전체가 '데이터에 지친 상태'에 이르는 과정을 살펴보자. 재난·안전 분야에서 치명적인 문제는 시간 개념의 부재다. 데이터는 시계열로 쌓이지만 상황은 시시각각 변한다. 몇 분 전에는 경고 수준이 아니었던 사건이 지금은 즉각적인 조치를 요구할 수 있다. 그러나 기존 시스템은 이 변화를 '상태 전이state transition'로 표현하지 못한다. 임계점을 넘는 순간을 구조적으로 인식하지 못하기 때문에 경보는 늦게 울리고 대응은 더 늦어진다.

　재난·안전 분야에 데이터가 부족한 것은 아니다. 기상 데이터, 센서 데이터, CCTV, 신고 이력, 시설물 점검 기록, 과거 사고 사례 등 오히려 지나치게 많다. 문제는 이 데이터가 각자의 목적과 기관 논리에 따라 분절되어 있다는 점이다. 시스템은 많지만 상황은 하나라는 간극 탓에 판단이 늦어진다. 데이터 오류보다 데이터가 있는데도 판단이 늦어지는 쪽이 더 위험하다. 또한 이 영역에서 데이터 시스템의 한계는 곧바로 인명 손실과 사회적 비용으로 이어진다. 그래서 재난·안전 분야의 데이터 프로젝트는 언제나 "우리는 제때 판단할 수 있는가?"라는 절박한 질문을 품고 있다.

　재난 상황에서 가장 먼저 필요한 것은 완벽한 분석이 아니다. 지금 어떤 상황이 벌어지고 있는지에 대한 공통된 인식이다. 그러나 현실에서는 기관마다 서로 다른 화면을 보고, 서로 다른 기준으로 상황을 해석한다. 어떤 시스템은 강우량을 보여주고, 어떤 시스템은 교통 통제를 표시하며, 또 다른 시스템은 민원 건수를 집계한다. 이 정보들이 하나의 상황으로 묶이지 않으면 결정은 자연스럽게 늦어진다.

　이때 "조금 더 지켜보죠"라는 말이 자주 등장한다. 언뜻 데이터를 더 모으자는 신중한 말처럼 들리지만, 많은 경우에는 데이터를 어떻게 연결할지 정의되지 않아 판단을 미루겠다는 뜻이다. 그래서 상황은 악화되고 뒤늦게 조치가 이루어진다. 사후 보고서에는 데이터가 가득하지만 결정의 타이밍은 늘 아쉽게 남는다.

　공공 시스템의 또 다른 특징은 책임의 분산이다. 판단 근거가 명확하지 않으면 책임을 지기 어렵다. 그래서 시스템은 점점 더 '증빙' 중심으로 설계된다. 무엇을 봤고 언제 보고를 받았는지는 철저히 기록하지만, 왜 그렇게 판단했는지는 구조적으로 남지 않는다. 결과적으로 시스템은 결정을 돕는 대신 결정을 방어하는 도구가 된다.

이 과정에서 데이터는 점점 더 복잡해져 새로운 시스템과 대시보드가 추가된다. 하지만 현장의 반응은 냉담하다. 화면이 많아져도 실제 상황 판단에 쓰이는 것은 여전히 몇 가지 핵심 정보뿐이기 때문이다. 나머지는 참고 자료로 밀려난다.

결국 재난·안전 분야 데이터 프로젝트의 실패는 기술의 실패가 아니라 구조의 실패다. 데이터를 수집하지 못해서가 아니라 데이터를 상황과 판단으로 엮지 못해서 발생한다. 그래서 이 영역에서도 BI든 DW든 데이터 레이크든 근본적인 해결책이 되지 못한다. 필요한 것은 더 많은 데이터가 아니라 판단을 중심에 둔 설계다.

팔란티어 파운드리가 묻는 새로운 질문

여기서 우리는 처음의 질문으로 돌아오게 된다. 데이터도 충분하고 시스템도 많다면 지금 우리는 무엇을 해야 하는가? 이 질문에 답하려면 기존과는 전혀 다른 출발점이 필요하다. 데이터의 문제는 데이터에 있지 않다. 문제는 데이터를 바라보는 구조와 철학에 있다. 파운드리는 여기서 출발한다. 데이터를 더 많이 모으는 대신, 어떻게 판단 가능한 형태로 조직할 것인가를 묻는다.

파운드리라는 이름은 반도체 산업의 '파운드리'라는 개념에서 시작되었다. 파운드리는 원래 쇳물을 녹여 형태를 만들어 내는 주물 공장을 뜻한다. 팔란티어는 이 개념을 데이터에 적용했다. 흩어진 데이터를 녹여

하나의 구조로 만들고, 그 위에서 조직의 판단과 행동을 형성하는 플랫폼이라는 의미다.

다시 말해 파운드리는 단순한 데이터 통합 도구가 아니라 조직 전체가 데이터로 실시간 협업할 수 있게 설계된 시스템이다. 단순히 분석 결과나 보고서를 만드는 데서 끝나지 않고, 온톨로지 기반 구조를 통해 판단을 내려 실제 운영과 행동으로 이어지는 시스템을 구축하는 것이 핵심이다. 자동화와 통합은 목적이 아니라 과정의 결과다.

이러한 철학은 파운드리의 주요 특징에서 분명히 드러난다. 파운드리는 ERP, CRM^Customer Relationship Management(고객 관계 관리), MES, 설비 로그, 외부 데이터 등 서로 다른 출처의 데이터를 하나의 플랫폼으로 통합한다. 최근에는 ETL보다 ELT^Extract·Load·Transform(추출·적재·변환)라는 개념이 더 자주 사용되는데, 이는 데이터를 먼저 적재한 뒤 온톨로지 기반 구조로 변환한다는 파운드리의 접근 방식과도 맞닿아 있다. 또한 파운드

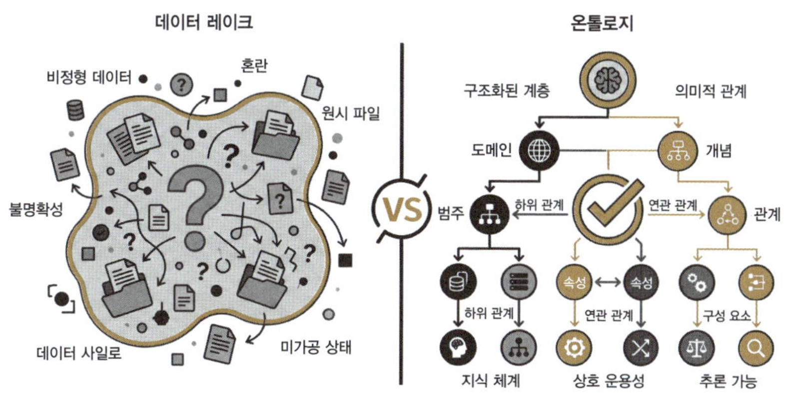

리는 객체object 지향적 프레임워크를 기반으로 데이터 간 관계를 추적하고 관리한다.

파운드리는 이미 다양한 산업에서 활용되고 있다. 정부와 국방에서는 국가 안보와 위기 대응을 위한 실시간 의사결정에 사용되고, 금융에서는 거래 데이터와 리스크 데이터를 통합해 연체나 부정 거래를 예측한다. 제조와 공급망에서는 생산, 원가, 물류 데이터를 연결해 운영 효율을 높이고, 헬스케어나 공공 영역에서도 데이터 기반 정책과 캠페인 설계에 적용된다. 이 사례들의 공통점은 '데이터 통합 그 자체'보다 '의사결정의 속도와 질을 높였다'는 데 있다.

왜 팔란티어
파운드리였나?

팔란티어에 대한 오해와 진실

팔란티어라는 이름을 처음 들으면 대부분 기술보다 이미지를 먼저 떠올린다. 그리고 CIA, 정보기관, 군사 작전, 감시 기술 같은 말들이 늘 따라붙는다. 그러다 보니 파운드리를 이야기하면 "우리와 거리가 먼 회사 아닌가요?", "국방이나 정보 쪽에서 쓰는 거 아닌가요?" 같은 반응이 종종 돌아온다.

실제로 팔란티어는 정보기관과 국방 분야의 복잡하고 민감한 데이터를 다루는 문제에서 출발해 성장했다. 하지만 이 사실은 팔란티어가 '어디서 시작했는가'를 설명할 뿐, '무엇을 만들었는가'를 설명하지는 못한다. 많은 오해는 이 둘을 혼동하는 데서 비롯된다.

팔란티어는 오랫동안 자사를 적극적으로 설명하지 않는 전략을 선택했다. 화려한 마케팅도, 범용적인 메시지도 없었다. 이 침묵은 오히려 상상력을 자극했다. 폐쇄적이고 위험한 기술을 가진 회사라는 이미지가 덧씌워졌고, 파운드리는 '특수한 조직만 사용할 수 있는 도구'처럼 인식되었다.

그러나 실제로 파운드리를 접해보면 가장 먼저 느끼는 것은 이질감이다. 군사용 소프트웨어를 기대했던 사람은 오히려 당황한다. 총기나 위성보다 데이터 모델, 객체 관계, 워크플로, 권한 구조가 먼저 보인다. 파운드리는 무언가를 감시하는 도구라기보다 복잡한 조직이 스스로 판단하기 위해 만든 운영체제OS에 가깝다.

팔란티어가 처음 마주한 난제는 기술 문제가 아니었다. 데이터는 이미 존재했다. 문제는 데이터가 흩어져 있었고, 서로 다른 맥락과 권한 속에 묶여 있었다는 점이다. 그래서 의사결정자는 정보가 많아도 상황을 한눈에 파악할 수 없었고, 데이터를 신뢰하지 못해 사람의 직관에 의존해 판단을 내렸다. 이는 규모와 복잡성이 커진 모든 조직이 마주하는 문제다.

또 다른 오해는 팔란티어를 'AI 회사'로 보는 시각이다. 물론 팔란티어는 AI와 머신러닝을 적극 활용한다. 그러나 파운드리의 중심에는 모델이 아니라 구조가 있다. 모델은 언제든 바뀔 수 있지만 구조는 쉽게 바뀌지 않는다. 팔란티어가 집중해 온 것은 정확도를 몇 퍼센트 높이는 일이 아니라 조직이 판단을 내릴 수 있는 공통의 틀을 만드는 일이었다.

이 지점에서 많은 사람이 "그럼 파운드리는 데이터 플랫폼인가?"라고 물을 것이다. 이 질문 역시 반은 맞고 반은 틀리다. 파운드리는 데이터를 저장하고 처리하지만 전통적인 데이터 플랫폼과는 출발점이 다르다. 파운드리는 데이터를 자원이 아닌 상황을 구성하는 재료로 본다. 그리고 그 상황 위에서 사람이 결정을 내릴 수 있도록 돕는 것이 목적이다.

팔란티어에 대한 마지막 오해는 이 기술이 너무 무겁고 복잡해서 일부 대기업이나 정부만 사용할 수 있다는 인식이다. 실제로 파운드리는 가볍지 않다. 그러나 이 무게는 기능이 과잉일 정도로 많아서가 아니라 현실의 복잡성을 그대로 담으려는 선택에서 비롯되었다. 문제를 단순화하지 않고 조직의 실제 운영을 반영하려는 시도는 필연적으로 복잡한 구조를 요구한다.

결국 팔란티어에 대한 오해는 기술 자체보다 우리가 데이터 시스템에 품어온 기대에서 비롯되었다. 파운드리는 빠른 도입, 즉각적인 성과, 간단한 대시보드 같은 기대를 충족하지 않는다. 대신 "당신의 조직은 무엇을 판단해야 하는가?"라고 묻는다. 이 질문에 답할 준비가 되어 있지 않다면 파운드리는 과한 도구처럼 보일 것이다. 그러나 앞서 살펴본 문제의식(데이터는 있는데 판단은 없는 상황)에 공감한다면 팔란티어는 전혀 다른 얼굴로 다가온다.

기존 데이터 플랫폼과 파운드리 비교

기존 데이터 플랫폼과 파운드리가 어떻게 다른지 구체적으로 살펴보자. 많은 사람이 둘의 차이점을 자세히 이해하지 못한다. 파운드리를 같은 범주의 도구로 놓고 판단하기 때문이다.

정리하면 기존 데이터 플랫폼은 데이터를 중심으로 움직이고, 파운드리는 판단을 중심으로 움직인다. 전자는 '얼마나 잘 보여줄 것인가'를, 후자는 '무엇을 결정할 것인가'를 고민한다.

많은 조직이 데이터 플랫폼 위에 AI를 얹어 모델을 만들고 예측 기능

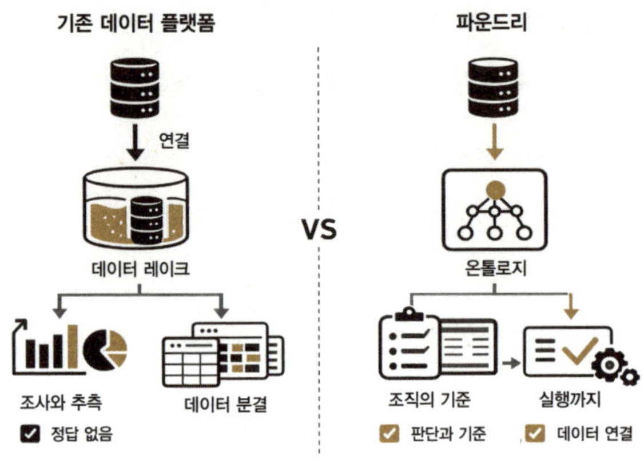

구분	기존 데이터 플랫폼	파운드리
핵심 질문	데이터를 얼마나 빠르고 많이 처리할 수 있는가?	이 데이터로 무엇을 판단할 것인가?
데이터 모델 설계	기술 중심(테이블과 칼럼을 저장과 조회 기준으로 정의함)	업무 개념 중심(고객·설비·주문·사고·조치 같은 개념이 시스템의 일급 개체*first-class citizen*임)
대시보드 특징	수치 중심(자금 수치, 전날과의 비교 등 수치를 알려줌)	상황 중심(변화가 객체에 미치는 영향, 제한되는 선택지, 요구되는 액션까지 연결함)
분석과 운영	분석과 운영이 분리됨(분석은 별도의 팀이나 도구에서 이루어지고 결과는 보고서나 회의로 전달됨)	분석 결과와 운영 흐름이 곧바로 연결됨(경보·승인·작업 지시·후속 조치가 하나의 맥락 안에서 이어짐)
권한의 의미	데이터 접근(누가 어떤 테이블을 볼 수 있는지)	액션(누가 어떤 상황에서 어떤 결정을 내릴 수 있는지를 구조적으로 정의하며, 이는 공공·재난·제조 운영에서 결정적인 차이임)
평가 기준	성능·확장성·처리량비용(얼마나 많은 데이터를 빠르게 처리하는지)	의사결정 지원(시스템이 현실을 어떻게 이해하고 판단을 지원하는지)

을 더하려 한다. 하지만 이런 방식은 모델을 고립된 결과물로 만들 수 있다. 반면 파운드리에서 모델은 수많은 구성 요소 중 하나일 뿐이다. 모델의 결과는 온톨로지 안에서 다른 객체들과 연결되어 해석된다. 즉 모델은 예측을 넘어 판단의 재료가 된다.

파운드리 도입으로 가장 먼저 바뀌는 것은 기술 스택이 아니라 질문 방식이다. "이 데이터를 어떻게 분석할까?"라는 질문은 "이 상황에서 우리는 무엇을 결정해야 하나?"로 바뀐다. 이처럼 질문이 전환되고 명확해져야 파운드리는 기존 데이터 플랫폼으로는 할 수 없었던 역할을 수행하기 시작한다.

'툴'이 아니라 '운영체제'라는 개념

그렇다면 왜 파운드리를 단순한 도구가 아니라 운영체제로 이해해야 할까? 파운드리를 설명할 때 가장 자주 받는 오해 중 하나는 '기존 시스템 위에 얹는 하나의 툴이냐'는 것이다. 이 질문에 정확히 답하려면 먼저 우리가 '툴'이라고 부르는 것이 무엇인지 정리해야 한다.

기존 데이터 환경에서 조직은 여러 툴을 조합해 사용한다. BI는 시각화를, ETL 도구는 변환을, 분석 도구는 계산을 담당한다. 각 툴은 목적이 명확하고 범위가 제한되어 있으며, 제 역할을 하지만 전체 흐름은 사람의 머릿속에서만 연결된다. 그래서 언제든 더 좋은 기능이 나오면 교체할 수 있다.

반면 파운드리는 특정 기능을 제공하기보다 조직의 데이터와 판단이 작동하는 방식 자체를 규정한다. 파운드리를 운영체제에 비유하는 이유가 바로 이것이다. 운영체제가 개별 애플리케이션을 대체하지 않고 그것들이 작동할 규칙과 구조를 정의하듯, 파운드리는 흩어진 데이터 흐름을 시스템 안으로 가져온다. 데이터가 어떻게 연결되고, 어떤 상태로 해석되며, 어떤 액션으로 이어질 수 있는지를 하나의 공통된 구조로 제공한다.

파운드리에 있는 필수 앱의 이름과 기능을 간단히 소개하면 다음과 같
다. 뒤에서 자세히 설명할 예정이니 여기서는 참고만 해두자.

- **데이터 커넥션**Data Connection: 소스 시스템 연결 및 동기화

- **컨투어**Contour: 기초 분석 및 데이터 탐색

- **파이프라인 빌더**Pipeline Builder: 정제된 데이터셋 설계

- **온톨로지 매니저**Ontology Manager: 조직의 판단 기준 정의

- **객체 탐색기**Object Explorer: 설계된 객체 조회 및 문제점 발견

- **펑션스**Functions: 복잡한 계산 및 비즈니스 로직 작성

- **워크숍**Workshop: 분석 화면을 실제 운영 앱으로 전환

- **케이스 매니지먼트**Case Management: 판단 과정 추적

- **아폴로**Apollo: 모든 것을 운영 자산으로 전환

- **리소스 매니지먼트**Resource Management: 시스템 가동률 및 데이터 무결성 모니터링

운영체제의 핵심 역할 중 하나는 자원 관리다. 파운드리에서 가장 중
요한 자원은 데이터 자체가 아니라 판단 가능성이다. 어떤 데이터가 어
떤 상황에서 의미를 갖는지, 누가 그 상황에서 어떤 행동을 할 수 있는지
를 시스템 차원에서 관리한다. 단순한 데이터 관리보다는 조직의 의사결
정 구조를 코드로 표현하는 일에 가깝다.

또 하나의 중요한 차이는 지속성이다. 툴은 특정 문제를 해결하면 역
할을 마친다. 반면 운영체제는 조직이 존재하는 한 계속 진화한다. 파운
드리 역시 한번 구축하고 끝나는 시스템이 아니다. 온톨로지는 계속 수
정·확장되며 운영 애플리케이션은 현실의 변화에 따라 재구성된다. 이

과정은 프로젝트가 아니라 운영 그 자체다.

파운드리를 도입할 때 가장 큰 착각은 '무엇을 만들 것인가'에만 집중하는 것이다. 실제로 더 중요한 질문은 "앞으로 조직을 어떤 방식으로 판단할 것인가?"다. 파운드리는 일관된 기준과 구조를 제공해 개인의 경험과 감에 의존하던 판단을 조직의 자산으로 만든다. 그래서 파운드리는 가볍게 시도할 수 있는 툴이 아니다. 운영체제를 바꾼다는 것은 단순한 시스템 교체가 아니라 일하는 방식의 변경을 의미하기 때문이다. 이 지점에서 많은 조직이 부담을 느끼지만 한번 자리 잡으면 다른 툴들이 그 위에서 자연스럽게 제 역할을 한다.

결국 파운드리를 운영체제로 이해한다는 것은 데이터를 다루는 관점을 바꾸는 일이다. 데이터는 더 이상 분석의 재료가 아니라 조직의 판단을 지탱하는 기반이 된다. 이어서 이 운영체제적 관점이 특히 국내 기업과 공공 조직에 중요한 이유를 살펴보자.

국내 기업과 공공 조직에 파운드리가 적합한 이유

파운드리는 글로벌 대기업이나 국방 조직을 위한 특수 플랫폼처럼 보이기 쉽다. 그러나 실제로 경험해 보면 이 플랫폼이 가장 절실한 곳은 국내 기업과 공공 조직이다. 이유는 단순하다. 이들이야말로 가장 복잡한 제약 속에서 가장 많은 판단을 요구받고 있기 때문이다.

국내 기업의 특징은 명확하다. ERP, MES, SCM은 이미 잘 구축되어 있다. 데이터는 풍부하고 시스템도 안정적이다. 그럼에도 의사결정은 여전히 사람 중심으로 이루어진다. 시스템들이 각자 잘 동작하지만 함께 판단하지는 않기 때문이다. 파운드리는 이 간극을 메운다.

특히 제조 현장에서는 이 차이가 극명하게 드러난다. 설비 데이터, 품질 데이터, 작업 이력, 납기 정보는 모두 존재한다. 그러나 문제가 발생했을 때, 이 정보들이 하나의 상황으로 즉시 연결되지 않는다. 그래서 대응은 늦어지고, 판단은 경험 많은 몇 사람에게 집중된다. 파운드리는 이러한 경험을 누구나 같은 상황으로 인식하고 같은 기준으로 판단할 수 있도록 구조를 제공해 시스템화하려는 시도다.

공공 영역에서는 파운드리의 장점이 더 분명해진다. 공공 조직은 데이터 부족보다는 분산된 책임과 권한 때문에 판단이 지연되는 경우가 훨씬 많다. 여러 기관이 각자의 시스템을 운영하고, 각자의 기준으로 상황을 해석한다. 파운드리는 데이터 통합보다 상황을 공유하는 구조부터 만든다. 이 구조 안에서만 책임 있는 판단이 가능하다.

또 하나 중요한 이유는 국내 조직이 가진 높은 규제 밀도다. 파운드리는 보안, 개인정보, 접근 권한, 감사 같은 제약을 회피하지 않는다. 오히려 설계 단계에서부터 권한과 책임을 구조에 포함한다. 즉 '누가 무엇을 볼 수 있는가'가 아니라, '누가 어떤 상황에서 어떤 행동을 할 수 있는가'를 정의한다. 이는 공공, 금융, 인프라 영역에서 특히 중요한 차이다.

한편 국내 조직 특유의 암묵지 문화도 주목해야 한다. 즉 많은 판단 기준이 문서가 아니라 사람에게 있다. 파운드리는 이 암묵지를 억지로 자동화하지 않고 판단의 조건과 맥락을 점진적으로 구조화할 여지를 남긴다. 완벽한 자동화보다 훨씬 현실적인 접근이다.

국내 프로젝트의 현실을 고려하면 파운드리는 SI System Integration(시스템 통합) 방식과도 잘 맞지 않는다. 한 번에 완성하는 시스템이 아니라 운영하면서 계속 다듬어야 하는 구조이기 때문이다(이에 대해서는 뒤에서 자세히 설명하겠다). 처음에는 부담처럼 느껴질 수 있지만 장기적으로는 변화가 잦은 환경에서 훨씬 안정적인 선택이다. 정책이 바뀌고, 조직이 개편되고, 업무 기준이 달라져도 판단 구조만 유지하면 시스템은 살아남는다.

결국 파운드리가 국내 기업과 공공 조직에 맞는 이유는 선진 기술이어서가 아니다. 복잡하고 느리고 제약이 많은 조직 환경을 현실 그대로 받아들이는 것을 전제로 설계되었기 때문에, 오히려 그 안에서 제대로 작동한다. 이어서 이러한 특성에도 불구하고 왜 많은 조직이 파운드리를 쉽게 도입하지 못하고 PoC 단계에서 멈추는지 살펴보겠다. 또한 파운드리가 '파일럿'으로는 실패하기 쉬운 구조적 이유를 이야기해 보자.

PoC가 아닌 '실제 운영 플랫폼' 관점

파운드리를 처음 접하는 조직은 대부분 PoC 방식을 선택한다. 짧은 기간, 제한된 데이터, 명확한 성과 지표로 합리적인 접근처럼 보이기 때문이다. PoC는 대시보드, 예측 정확도, 자동화된 리포트 같은 가시적인 성과를 요구한다.

그러나 PoC로는 파운드리를 제대로 평가할 수 없다. 애초에 파운드리는 PoC와 구조적으로 맞지 않는다. 실제로 많은 프로젝트가 PoC 단계에서 멈추거나 기대와 다른 결과를 남긴 채 종료된다. 파운드리는 '보여주는 결과물'이 아니라 '작동하는 구조'를 만드는 플랫폼이기 때문이다. 파운드리의 진짜 가치는 결과물이 아니라 판단의 흐름에 있다.

파운드리는 운영 중에 진짜 의미를 드러낸다. 따라서 누가 실제로 사용하는지, 어떤 판단이 반복되는지, 어디서 병목이 발생하는지를 관찰하며 구조를 다듬어야 한다. 이 과정은 실험이 아니라 운영이다. PoC 환경에서는 이 과정이 대부분 생략된다. 온톨로지는 단순화되고, 권한 구조는 무시되며, 운영 시나리오는 가정으로 대체된다. 데이터는 일부만 연결되고 판단은 여전히 사람에게 맡겨지니, 이 상태의 파운드리는 기존 데이터 플랫폼과 크게 다르지 않아 보인다. "복잡한데 굳이 이걸 써야 하나요?"라는 질문이 나오는 것도 당연하다.

또 하나의 중요한 차이는 책임이다. PoC에서는 실패 비용이 적고 책임도 분산된다. 반면 운영 플랫폼은 실패 비용이 크고 책임이 명확하다. 파운드리는 이 책임 구조를 숨기지 않고 오히려 시스템 안으로 끌어들인다. 누가 어떤 판단을 했고, 그 판단이 어떤 결과로 이어졌는지 기록한다. 조직에는 부담이지만, 동시에 성숙의 출발점이 된다.

많은 조직이 파운드리를 도입하며 '작게 시작하자'고 말한다. 하지만 작게 시작한다는 것이 가볍게 만든다는 의미는 아니다. 작게 시작하더라도 운영의 본질은 그대로 가져와야 한다. 실제 사용자, 실제 데이터, 실제 결정이 빠진 파운드리 프로젝트는 오래가지 못한다.

파운드리 도입에서 중요한 것은 완성도가 아니라 방향성이다. 처음부터 모든 것을 만들 필요는 없다. 그러나 '이 시스템을 누가 매일 쓰는가?', '어떤 결정을 지원해야 하는가?', '그 결정을 어디까지 자동화하고, 어디서 사람이 개입해야 하는가?' 같은 실제 운영을 염두에 둔 질문은 반드시 던져야 한다. 이러한 질문에 답하지 못한 채 진행되는 PoC는 대부분 시연용 시스템으로 끝난다.

결국 파운드리는 단기 성과를 위한 도구로 쓸지, 아니면 조직의 판단 방식을 바꾸는 기반으로 쓸지 선택을 요구한다. 이 선택이 명확해지는 순간, 파운드리는 전혀 다른 얼굴을 드러낸다. 그리고 바로 그 지점에서 많은 조직은 처음으로 파운드리의 '불편함'을 경험한다.

파운드리의 종량제 과금 방식

파운드리 도입을 고려하는 조직이 가장 먼저 마주하는 현실적인 고민은 비용이다. 과거 엔터프라이즈 소프트웨어가 사용자 수user seat를 기준으로 과금했다면, 파운드리는 실제 자원 사용량과 비즈니스 가치에 초점을 맞춘 현대적 과금 체계인 PCUPalantir Cloud Units를 따른다.

파운드리의 종량제 과금 방식은 컴퓨트Compute, 스토리지Storage, 온톨로지 볼륨Ontology Volume이라는 세 가지 축을 중심으로 설계되어 있다. 이는 단순히 서버 가동 시간에 그치지 않고 데이터 파이프라인의 효율성과 실제 운영 환경의 밀도를 비용에 정밀하게 반영한다.

첫 번째 축인 컴퓨트는 데이터를 가공하고 분석하는 데 투입되는 연산 자원이다. 여기서는 워크로드workload의 성격에 따라 비용 구조가 달라진다는 점에 주목해야 한다. 정기적으로 데이터를 처리하는 배치Batch 빌드에서는 연산 복잡도에 비례해 비용이 발생한다. 반면 사용자가 실시간으로 데이터를 조회하는 인터랙티브Interactive 컴퓨트는 빠른 응답 속도를 유지하기 위해 유휴 자원을 상시 가동하므로, 상대적으로 비용이 더 높다. 따라서 동시 접속자가 많은 인터랙티브 환경에서는 사용자 규모가 컴퓨트 비용에 실질적인 영향을 미칠 수 있다.

두 번째 축인 스토리지는 파운드리에 적재된 데이터의 물리적 크기를 의미한다. 흔히 '콜드 스토리지Cold Storage로의 이동'을 통한 비용 절감을 떠올리기 쉽지만, 파운드리 아키텍처에서 스토리지의 핵심은 계층 이동이 아니라 트랜잭션transaction 관리다. 단순히 데이터를 삭제하거나 브랜치branch를 업데이트하는 것만으로는 실제 저장 용량이 줄어들지 않는다. 스토리지 비용을 최적화하는 방법은 리텐션Retention 기능으로 불필요한 과거 트랜잭션 기록을 근본적으로 정리하는 것이다. 이를 통해 데이터 생애주기를 관리하고 불필요한 과금을 막을 수 있다.

세 번째 축인 온톨로지 볼륨은 일반적인 저장 공간인 데이터 레이크를 넘어, 실제 비즈니스 객체로 승격되어 운영에 즉시 활용 가능한 상태로 유지되는 데이터의 양을 의미한다. 온톨로지는 단순한 저장소보다 더 높은 수준의 가용성과 성능을 보장해야 하므로, 별도의 비용 차원이 존재한다. 따라서 조직은 모든 데이터를 온톨로지로 올리기보다 실제 판단에 필요한 핵심 데이터만 선별해 온톨로지 볼륨을 효율적으로 관리해야 한다.

이러한 과금 방식은 조직의 업무 문화를 근본적으로 바꾼다. 과거에는 수십억 원대의 막대한 초기 라이선스 계약이 도입의 전제 조건이었지만, 이제는 개발자 티어Developer Tier를 통해 비용 부담 없이 플랫폼을 탐색하고 등록할 수 있어 진입 장벽이 낮아졌다. 물론 기업 단위의 파일럿이나 엔터프라이즈 계약에는 여전히 상당한 예산이 수반되지만, 작은 규모에서 시작해 성과를 증명하며 점진적으로 확장할 수 있다는 점은 큰 이점이다.

결과적으로 파운드리의 과금 체계는 개발자와 분석가에게 '최적화된 아키텍처'를 설계해야 할 강력한 동기를 부여한다. 더 적은 컴퓨트 유닛과 효율적인 리텐션 정책으로도 동일한 비즈니스 가치를 창출하려는 노력이 비용 절감으로 이어지기 때문이다. 이를 통해 조직은 기술적 비용 지불을 넘어, 투입 자원 대비 비즈니스 임팩트가 얼마나 큰지 따져보는 가치 기반 의사결정을 내릴 수 있다.

PALANTIR

FOUNDRY

PART 2

파운드리의 개념과 철학

ARCHITECT

YOUR

DECISIONS

파운드리는
무엇을 해결하려 했나?

파운드리가 등장한 배경

그렇다면 파운드리는 왜 필요했을까? 답은 실리콘밸리의 기술 트렌드가 아니라 현실 세계의 실패 경험에 있다. 파운드리는 더 좋은 대시보드나 더 똑똑한 AI를 만들려고 등장한 것이 아니다. 인간이 기존 방식으로는 현실을 더는 통제할 수 없게 되자 탄생했다.

파운드리가 겨냥한 문제의 본질은 '데이터가 있어도 판단을 고정할 구조가 없다'는 것이다. 이어서 소개할 세 가지 배경(전쟁, 금융, 복잡계)을 관통하는 공통된 문제다. 파운드리는 '이 상황에서 우리는 무엇을 해야 하는가'를 시스템 차원에서 고정해, 데이터를 하나로 모으거나 모델을 개선하는 등의 기술이 아니라 질서를 만들고자 했다.

첫 번째 배경은 전쟁이다. 현대 전쟁은 총과 병력이 아니라 정보의 싸움이다. 위성 영상, 드론 데이터, 통신 감청, 실시간 위치 정보 같은 방대한 데이터를 처리하기 위해 C4ISR 시스템이 개발되었다. C4ISR 시스템은 정보를 수집하고 IT 기술로 분석해 정확한 명령을 내리는 통합 시스템을 뜻한다. 군대에서는 승리를 위한 체계이고, 기업에서는 판단 구조가 일이 되게 만드는 운영 체계다. 파운드리의 기원도 전쟁 현장과 깊이 연결되어 있다. C4ISR 시스템은 다음 요소들로 구성된다.

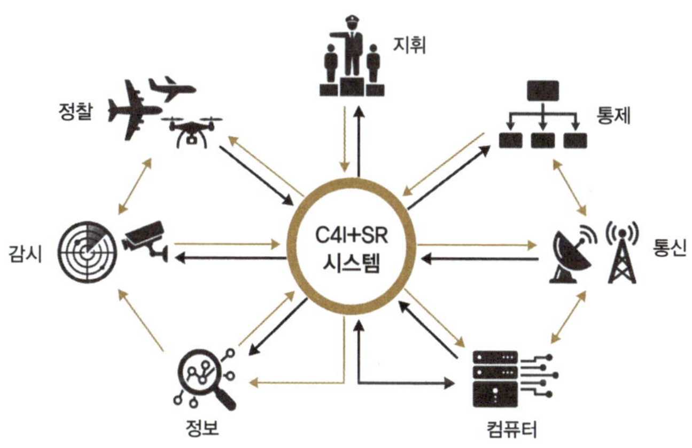

- **Command(지휘):** 의사결정권자가 목표를 설정하고 명령을 내린다.

- **Control(통제):** 하부 조직이 명령에 따라 계획대로 움직이는지 관리한다.

- **Communication(통신):** 지휘부와 현장 사이에 끊김 없는 정보 전달 경로를 확보한다.

- **Computer(컴퓨터):** 방대한 데이터를 빠르게 처리하고 시뮬레이션한다.

- **Intelligence(정보):** 수집한 데이터를 분석하여 의미 있는 정보로 가공한다.

- **Surveillance(감시):** 적군이나 현장 상황을 지속적으로 관찰한다.

- **Reconnaissance(정찰):** 특정 목표 지역의 정보를 직접 조사하여 수집한다.

하지만 정보가 많아질수록 판단은 더 어려워졌다. 데이터가 존재해도 상황이 하나로 보이지 않으니, 의사결정권자는 이런 질문에 답해야 했다. "지금 이 정보들이 같은 상황을 말하고 있는가?" "이 판단은 어느 수준에서 내려야 하는가?" "누가 책임지고 결정해야 하는가?" 기존 C4ISR 시스템과 BI 도구는 정보를 보여줄 수는 있었지만 판단을 구조로 만들지는 못했다. 전쟁에서 잘못된 판단은 곧 인명 손실로 이어진다. 이 지점에서 더 많은 정보가 아니라 판단을 고정하는 구조가 필요해졌다.

두 번째 배경은 금융이다. 금융 시스템은 이미 오래전부터 데이터 중심이었다. 리스크 모델, 포트폴리오 분석, 실시간 거래 데이터 등 수치는 정확해 보였지만 2008년 금융위기는 잔혹한 진실을 드러냈다. 각 부서와 기관은 자기 모델 안에서는 합리적으로 판단하고 있었지만 그 판단들이 하나의 현실로 연결되지 않았다. 하나의 결정이 전체 시스템에 어떤 영향을 주고, 누가 최종 책임을 지는지 명확하지 않았던 것이다. 결국 금융은 단일 모델이 아니라 판단 구조의 실패로 무너졌고, 이 경험은 더 정교한 모델보다 판단의 연결 구조가 중요하다는 사실을 각인시켰다.

세 번째 배경은 복잡계Complex System다. 현대 사회의 시스템은 더 이상 선형적이지 않다. 공급망은 전 세계로 얽혀 있고, 하나의 사건이 연쇄 반응을 일으키며, 원인과 결과는 시간차를 두고 나타난다. 이런 시스템에서는 경험 많은 전문가의 직관도 자주 실패한다. 시스템이 인간의 인지 한계를 넘어섰기 때문이다.

ERP, MES, SCM, BI는 각각의 영역에서는 충실하게 작동한다. 그러나 이 시스템들은 공통적으로 다음 질문에 답하지 않는다. "지금 이 모든 신호를 종합하면 우리는 어떤 상태에 있는가?" "이 상태에서 가능한 행동들은 무엇이며, 선택의 책임은 누구에게 있는가?" 복잡계에서 이 질문에 답하지 못하는 순간, 조직은 반응형으로 전락한다.

파운드리가 처음부터 플랫폼이었던 이유도 여기에 있다. 개별 솔루션이나 특정 산업용 툴이 아니라 상태를 정의하고 관계를 고정하며 행동 범위를 제한하고 책임을 명시하는 질서를 만들고자 했다. 이 질서 없이는 전쟁도, 금융도, 복잡한 산업도 안정적으로 운영될 수 없다는 사실을 이미 수많은 실패가 증명했다.

파운드리는 정보 과잉 속에서 길을 잃은 전쟁, 숫자 속에서 무너진 금융, 인간의 직관을 압도한 복잡계 등 실패의 누적이 낳은 결과물이다. 이 모든 현실 앞에서 파운드리는 이렇게 묻는다. "우리는 지금 어떤 상태에 있고, 무엇을 할 수 있으며, 누가 책임지는가?"

데이터 → 정보 → 판단의 단절 문제

현대 조직은 데이터를 모으는 데 성공했다. 로그는 쌓이고, 센서는 늘어나며, 시스템은 정교해졌다. 그러나 그 결과가 더 나은 판단으로 이어졌는가에 대해서는 의문이 든다. 이 모순의 핵심에는 '데이터→정보→판단'으로 이어지는 연결 고리의 단절이 있다.

대부분의 조직에서 데이터는 생성·가공 후 정보가 되어 보고서나 대시보드로 제공된다. 문제는 그다음이다. 시스템은 무슨 일이 일어났는지는 보여주지만 무엇을 해야 하는지 판단하지 않고 침묵한다. 결국 회의실에서 사람의 머릿속으로 수많은 판단이 내려지지만 대부분 기록되지 않는다. 따라서 왜 그렇게 결정했는지는 시간이 지나면 사라지고, 조직은 결과만 기억할 뿐이다.

이 단절이 지속되면 조직은 경험 많은 팀장, 상황을 잘 아는 실무자, 오래 근무한 베테랑 등 특정 사람에게 의존하게 된다. 이들은 머릿속에 판단의 맥락을 가지고 있지만 이 방식은 구조적으로 취약하다. 사람을 교체하면 판단도 바뀌고, 피로하면 실수가 늘며, 부재하면 조직이 멈추기 때문이다. 그 결과 조직은 점점 사람의 직관에 의존하며 같은 논쟁과 실수가 반복된다.

BI는 이 단절을 해결하기 위해 등장하여 더 많은 지표, 더 빠른 집계, 더 화려한 시각화를 제공했다. 하지만 BI는 본질적으로 정보의 도구이기에 판단의 영역은 해결하지 못했다. 다시 말해 '지금 무엇을 해야 하는가', '누가 결정해야 하는가', '이 결정의 책임은 누구에게 있는가' 같은 질문에 BI는 답하지 못한다. BI는 데이터에서 정보까지만 다룬다. 정보에서 판단 구간은 여전히 공백이며 개인의 역량에 의존한다.

시스템이 단순할 때는 데이터→정보→판단의 단절이 크게 드러나지 않는다. 그러나 복잡해질수록 문제는 증폭된다. 데이터는 기하급수적으로 늘어나고, 변수는 서로 얽히며, 시간차 효과가 발생한다. 이 상황에서 사람의 직관만으로 판단하면 결정은 늦어지거나 과도하게 보수적이 된다. 데이터가 많아질수록 결정을 내리기 어려워지는 역설이 현대 조직의 현실이다.

파운드리는 데이터 부족이나 약한 분석력보다 판단이 구조로 남지 않는다는 '단절 문제'를 가장 큰 위험으로 보았다. 기존 시스템은 데이터를 잘 다루고 정보도 잘 보여주었지만 판단은 늘 시스템 밖에 있었다. "데이터와 정보가 아니라 판단을 시스템에 남길 수는 없을까?"라는 질문은 기존 데이터 플랫폼과 결정적으로 다른 출발점이었다.

파운드리의 지향점은 판단의 자동화가 아니라 판단을 과정으로 취급하는 것이다. 어떤 상태에서 어떤 선택지가 있었고, 그중 무엇을 선택했으며 누가 책임졌는지를 시스템에 남기고자 한다. 즉 파운드리는 판단을 데이터처럼 다루며 데이터→정보→판단이라는 흐름을 처음으로 하나의 구조로 묶으려 한 플랫폼이다.

이어서 여기서 말한 단절을 해결하기 위해 파운드리가 선택한 접근 방식, 즉 '판단을 모델링한다'는 발상이 무엇을 의미하는지 구체적으로 들여다보자.

'모델보다 구조'라는 철학

데이터와 판단이 단절된 순간, 대부분의 조직은 자연스럽게 "모델(데이터 분석 모델, AI 알고리즘 등)을 더 잘 만들면 되지 않을까?" 하고 같은 방향을 바라본다. 이 선택은 지극히 합리적으로 보인다. 그러나 파운드리는 "문제는 모델이 아니라, 그 모델이 놓이는 '자리'가 아닐까?"라는 다른 질문을 던졌다. 이 질문에서 '모델보다 구조'라는 철학이 시작되었다. 파운드리는 똑똑한 답이 아니라 흔들리지 않는 틀을 선택했다.

모델은 강력하다. 특정 조건에서 놀라운 정확도를 보이고 복잡한 패턴을 찾아내며 인간보다 빠르게 계산한다. 그러나 모델에는 자신이 쓰이는 맥락을 모른다는 치명적인 한계가 있다. 특정 결과가 어느 시점의 판단에 쓰이는지, 그 판단이 어떤 책임을 발생시키는지, 그 결정이 다른 결정들과 어떻게 연결되는지 모델은 알지 못한다. 즉 모델은 '정답 후보'를 제시할 수는 있지만 '조직의 결정'을 내릴 수는 없다.

또한 실제 조직에서는 모델이 하나만 존재하지 않는다. 예측 모델, 이상 탐지 모델, 시뮬레이션 모델 등 각각의 모델은 자기 기준에서는 옳다. 문제는 이 모델들이 서로 다른 말을 하고 시점과 대상도 동일하지 않을 때다. 그러면 조직은 다시 사람에게 돌아간다. 다시 말해 모델이 많아질수록 판단은 오히려 더 어려워진다.

기존 접근은 "어떤 모델을 만들까?"라는 질문으로 시작한다. 하지만 파운드리는 질문의 순서를 바꿨다. 구조가 먼저이고 모델은 그다음에 들어온다. 그렇다면 구조란 무엇일까? 여기서 말하는 구조는 기술 아키텍처가 아니다. 파운드리가 말하는 구조는 다음과 같은 질문에 답하는 틀이다.

지금 우리는 어떤 상태에 있는가?

이 상태에서 가능한 액션은 무엇인가?

그 액션의 결과는 어디까지 영향을 미치며, 누가 그 책임을 지는가?

이 구조는 모델 없이도 존재할 수 있다. 그러나 구조가 없으면 아무리 좋은 모델도 떠다니는 숫자에 불과하다. 따라서 파운드리는 모델을 구조 안에 배치하는 방식을 선택했다. 모델의 결과는 상태 전이에 입력되고, 구조가 허용한 범위에서만 판단에 영향을 미친다. 액션도 항상 구조를 통해 실행된다. 이렇게 하면 모델이 틀려도 구조가 마지막 방어선이 된다.

앞서 언급한 금융과 전쟁의 실패는 모델의 실패가 아니었다. 더 정교한 정보, 더 빠른 계산, 더 많은 분석이 가능했음에도 실패한 이유는 판단을 연결하고 제한하는 구조가 없었기 때문이다. 데이터와 분석은 존재했으나 특정 신호가 어떤 의미를 갖는가에 대한 합의가 없었다. 그 결과 각자는 자기 해석으로 판단했다. 자기 영역에서는 각 판단이 옳았으나 전체에서는 무질서했다.

파운드리는 이 무질서를 구조로 바꾸려 했다. 모델보다 구조라는 철학은 기술적으로 보면 다소 보수적이다. 자동화를 서두르지 않고, 모델에 전권을 주지 않으며, 항상 사람의 판단을 남긴다. 그러나 이 보수성 덕분에 파운드리는 현실에서 작동했다. 위험한 것은 느린 판단이 아니라 통제되지 않은 판단이기 때문이다.

파운드리는 모델을 부정하지 않지만 모델이 아닌 구조를 중심에 둔다. 구조가 판단을 묶고, 판단이 행동을 제한하며, 행동이 책임을 남겨서다. 이 질서 위에서만 모델은 힘을 가진다. 이어서 이러한 파운드리의 철학이 실제 시스템 설계에서 어떻게 구현되었는지 살펴보자.

파운드리가 던지는 핵심 질문

데이터 플랫폼을 설계할 때 대부분은 데이터를 어디에 저장하고, 얼마나 빠르게 조회하며, 어떻게 시각화할지를 고민한다. 그러나 파운드리는 데이터부터 보지 않고 의미를 먼저 묻는다. 5%의 불량률, 30분의 지연, 10건의 민원 같은 숫자는 그 자체로 아무런 행동을 요구하지 않는다. 데이터가 어떤 객체의 상태를 나타내는지 파악하고, 어떤 액션을 요구하는지 명시하며, 그 책임이 누구에게 있는지 답할 수 있을 때 데이터는 비로소 운영의 언어가 된다. 답하지 못하면 보고용 숫자에 그친다.

기존 시스템은 의미를 암묵적으로 다룬다. 예를 들어 ERP, BI, 리포팅 시스템에서 테이블 값이나 지표 해석 같은 지식은 문서나 사람의 머릿속에만 존재한다. 담당자가 바뀌면 해석이 달라지고 시간이 지나면 기준이 흐려진다. 파운드리는 이 암묵성을 허용하지 않는다.

파운드리는 데이터의 의미를 구조로 고정한다. 여기서 '의미를 고정한다'는 것은 단순히 데이터에 설명을 붙이는 게 아니다. 의미는 다음 세 가지 질문을 통해 구조화된다. 이 세 가지가 연결될 때 데이터는 비로소 운영의 일부가 된다.

이 데이터는 어떤 객체에 속하는가?

이 값은 객체의 어떤 상태를 나타내는가?

이 상태는 어떤 액션을 허용하거나 제한하는가?

의미가 불명확한 데이터는 판단을 돕기는커녕 오히려 오염시킨다. 숫자는 맞는데 결론은 틀리고, 지표는 좋은데 현장은 불안하다. 이 모순은 의미가 부재한 탓이다.

파운드리는 "어떤 판단에 쓰이는지 명확하지 않은 데이터라면 쓰지 말아야 하지 않을까?" 하고 이 지점을 문제 삼는다. 파운드리에서 의미는 설명에 그치지 않는다. 값이 바뀌면 상태가 바뀌고, 상태가 바뀌면 행동이 달라지며, 행동에는 책임이 따른다. 즉 의미는 항상 판단과 연결된다. 의미를 정의하지 않은 채 데이터를 쓰는 것은 책임 없는 판단을 내리는 것과 같다.

조직을 운영한다면 "이 데이터는 무엇을 의미하는가?"라는 질문의 무게감을 느껴야 한다. 이 질문은 조직의 책임 구조를 건드린다. 하지만 이 질문을 피하면 파운드리는 기존 데이터 플랫폼과 다를 바 없어지며, 그런 조직은 해자moat를 가지지 못한다. 다음 장에서는 이 의미를 구조로 담기 위해 파운드리가 선택한 구체적 도구, 즉 온톨로지가 왜 필연적이었는지 알아보자.

온톨로지 중심
설계 철학

온톨로지란 무엇인가?

앞서 설명했듯이 온톨로지에는 "이것은 무엇이며 저것과 어떤 관계인가?", "이 상태에서는 무엇을 할 수 있으며 그 행동의 책임은 누구에게 있는가?"와 같은 실무적인 질문들이 담겨 있다. 기존 시스템들은 이런 질문을 암묵적이고 분절된 방식으로만 다뤄왔다. 예를 들어 ERP는 제품·주문·재고를, MES는 공정·설비·배치를, SCM은 공급자·운송·리드타임을 다룬다. 이 시스템들 안에도 개념과 관계가 존재하지만 각 시스템 안에 갇혀서 서로 다른 언어로 정의되어 있다.

파운드리의 온톨로지는 이 개념들을 새로 만들지 않는다. 이미 존재하는 개념들을 하나의 일관된 관점으로 정렬할 뿐이다. 그리고 이 질문들에 일관되게 답할 수 있는 구조를 만든다. 중요한 차이는 여기서 생긴다. 온톨로지는 데이터를 설명하지 않고 데이터가 액션으로 이어지는 경로를 규정한다.

예를 들어 '불량률'이라는 데이터가 있다고 해보자. 기존 시스템에서는 이 값이 보고서에 표시된다. 반면 파운드리의 온톨로지에서는 이 값이 무엇을 의미하는지(어떤 객체의 상태를 나타내고 어떤 액션이 가능한지 등)가 먼저 정해진다. 이것이 정의되지 않으면 파운드리에서는 그 데이터가 아무런 의미도 갖지 못한다. 즉 파운드리에서 온톨로지는 데이터 사전이나 용어 정의서가 아니다. 운영 규칙의 집합이다.

여기서 누군가는 "그럼 온톨로지는 데이터 모델과 뭐가 다른가요?"라는 질문을 던질 수 있다. 차이는 명확하다. 데이터 모델은 데이터를 저장하기 위한 구조이고, 온톨로지는 데이터를 사용하기 위한 구조다. 저장과 사용은 전혀 다른 문제다. 많은 시스템이 저장에는 성공했지만 사용에서는 실패한 이유가 여기에 있다. 파운드리는 이 실패를 반복하지 않기 위해 온톨로지를 중심에 두었다. 데이터를 쌓기 전에 의미를 고정하고, 의미를 고정하기 전에 행동과 책임을 정의하는 것. 이것이 파운드리에서 말하는 온톨로지다.

또 하나 중요한 점은 온톨로지가 정적인 설계가 아니라는 사실이다. 많은 사람이 온톨로지를 한번 만들고 고정해야 한다고 오해한다. 그러나 파운드리의 온톨로지는 완성형 설계가 아니라 조직의 판단 방식이 응축된 결과물로 운영과 함께 진화한다. 즉 처음에는 거칠게 정의되고 운영 중에 이런저런 시행착오를 거치며 수정된다.

그래서 온톨로지 설계는 개념을 예쁘게 정리하는 작업이 아니다. 조직이 어떤 기준으로 판단하고, 어디까지 책임질지를 명시적으로 드러내는 일이다. 이 점에서 파운드리의 온톨로지는 기술 아키텍처보다 조직 구조에 더 가깝다. 이어서 이 온톨로지가 왜 단순한 개념 정리가 아니라 운영을 가능하게 만드는 설계 방식인지, 그리고 기존 데이터 모델링과 결정적으로 어떻게 다른지 구체적으로 살펴보자.

파운드리 온톨로지의 핵심 구조

파운드리의 온톨로지는 복잡해 보이지만 구조 자체는 놀라울 정도로 단순하다. 이 단순함은 의도된 선택으로, 파운드리는 현실을 세밀하게 묘사하지 않고 판단 가능한 형태로 고정하려 한다. 간단하게 말하면 '객체, 링크, 액션이라는 세 가지 축으로 현실을 고정하는 방식'이다.

먼저 객체는 우리가 다루는 '대상'이다. 사람, 제품, 주문, 설비, 이벤트, 배치일 수 있다. 중요한 점은 객체가 단순한 데이터 묶음이 아니라 '상태를 가진 존재'라는 사실이다. 예를 들어 제품이라는 객체는 정상, 주의, 출하 불가 상태를 가질 수 있다. 이 상태는 단순한 값이 아니라 다음 액션을 제한하거나 허용하는 기준이 된다.

링크는 객체들 사이의 연결이다. 제품은 특정 배치에 속하고, 배치는 특정 설비에서 만들어지며, 설비는 특정 공정에 속한다. 링크는 데이터를 조인join하는 것을 넘어 영향 범위를 정의한다. 즉 어떤 객체의 상태가 바뀌면 그 영향이 어디까지 퍼지는지를 링크가 결정한다. 링크를 잘못 설계하면 사소한 변화가 과도한 알람으로 이어지거나 반대로 중요한 신호가 묻혀버린다. 그래서 파운드리에서는 링크를 명확하지만 최소한으로 정의한다.

마지막으로 액션은 객체의 상태에 따라 허용되는 행위다. 출하 승인,

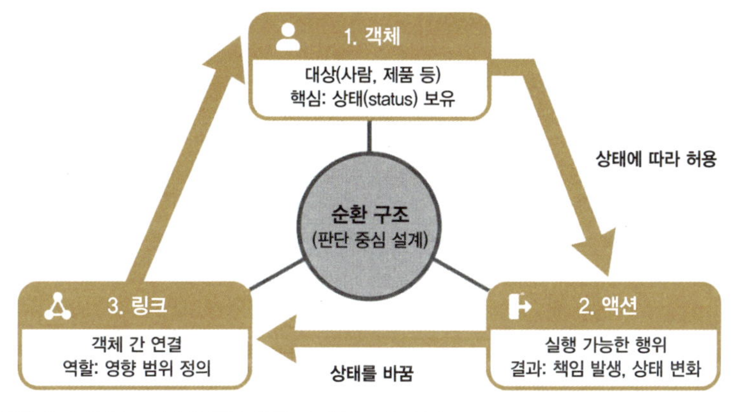

기존 모델과 다르게 행동을 구조 안으로 포함해 운영·판단을 최적화함

정지 요청, 조치 완료, 검토 요청 같은 것들이다. 중요한 점은 액션이 단순한 기능 버튼이 아니라 '책임을 발생시키는 선언'이라는 것이다. 누가 언제 어떤 액션을 실행했고, 그로 인해 상태가 어떻게 바뀌었는지가 모두 기록된다.

이 세 가지 축은 순환 구조를 이룬다. 즉 객체는 상태를 통해 액션을 제한하고, 액션은 객체의 상태를 바꾸며, 링크는 그 변화의 파급 범위를 정한다. 또한 이 구조에서는 현실을 일부러 단순화한다. 운영에서 중요한 것은 모든 사실을 아는 것이 아니라 지금 이 순간 무엇을 할 수 있는지 파악하는 것이기 때문이다. 파운드리의 온톨로지는 다음 세 가지 질문에만 집중하고, 여기에 답하지 못하는 정보는 아무리 정확해도 중요하게 고려하지 않는다.

지금 이 객체는 어떤 상태인가?

이 상태에서 가능한 액션은 무엇인가?

그 액션의 책임은 누구에게 있는가?

기존 데이터 모델링과의 가장 큰 차이도 여기서 드러난다. 데이터 모델은 객체를 중심으로 속성과 링크를 정의하지만 액션은 모델 밖에 있다. 반면 파운드리는 액션을 구조 안으로 끌어들인다. 그래서 파운드리에서는 데이터를 설계한다는 말보다 액션을 설계한다는 말이 더 정확하다.

이것이 파운드리 온톨로지 구조의 의도된 불친절함이다. 모든 데이터를 받아들이지도, 모든 링크를 연결하지도, 모든 액션을 자동화하지도 않는다. 그 결과 파운드리의 온톨로지는 데이터 구조이면서 조직의 판단 규칙을 담은 설계도가 된다.

파운드리의 개념·링크·액션 중심 설계

파운드리의 온톨로지를 이해하는 데 가장 큰 장애물은 기술이 아니라 습관이다. 대부분의 개발자와 데이터 설계자는 설계를 시작할 때 무의식적으로 테이블, 칼럼, 정규화부터 떠올린다. 이 사고방식은 데이터 저장에는 매우 효과적이다. 그러나 파운드리는 테이블이 아니라 개념, 링크, 액션을 중심으로 판단 구조를 설계한다. 참고로 앞서 소개한 객체, 링크, 액션은 파운드리 시스템 내부의 공식 용어이니 혼동하지 말자.

이제 이 온톨로지 구조가 왜 기존 ERD Entity Relational Diagram(개체-관계 모델)나 클래스 다이어그램과 본질적으로 다른지, 그리고 왜 많은 팀이 이 지점에서 오해하고 실패하는지를 구체적으로 살펴보자.

개념은 우리가 다루는 대상이 무엇인지를 정한다. 제품, 주문, 배치, 설비, 이벤트, 민원 등은 테이블 이름이 아니라 조직이 현실을 인식하는 단위다. 개념을 잘못 정의하면 아무리 데이터를 잘 쌓아도 현실을 왜곡하게 된다. 예를 들어 '불량'을 독립된 테이블로 만들지, 제품 상태로 볼지 선택하는 것만으로 운영 방식은 완전히 달라진다.

링크는 개념들이 어떻게 연결되는지를 정한다. 테이블 설계에서는 링크는 곧 조인이다. 그러나 파운드리에서 링크는 영향과 책임의 전파 경로다. 어떤 개념의 상태가 바뀌었을 때 어디까지 영향을 미치고 어디에서 멈춰야 하는가의 답이 링크 설계다. 링크를 많이 만들수록 현실을 잘 반영하는 것처럼 보이지만 운영에서는 오히려 혼란만 커진다. 그래서 파운드리에서는 링크를 최소한으로 유지하여 의미 있는 연결만 남긴다.

파운드리에서는 액션이 중심이다. 데이터는 액션을 설명하기 위해 존재하고, 액션은 판단을 고정하기 위해 존재한다. 그래서 파운드리는 항상 해당 시스템에서 사람들이 실제로 하는 행동부터 묻고 개념과 관계를 결정한다. 이 순서를 뒤집으면 온톨로지는 금세 데이터 모델로 퇴화한다.

기존 시스템에서는 버튼 클릭, API 호출, 배치 작업 같은 액션이 코드로 흩어져 데이터 구조와 분리되어 있다. 파운드리는 이 액션들을 구조 안으로 끌어들인다. 액션은 단순한 기능 호출이 아니라 상태를 바꾸는 공식 선언이다. 예를 들어 출하 승인이라는 액션은 그 시점에서 어떤 객체를 누군가 어떤 이유로 처리했다는 사실 자체로 의미를 가진다. 이 모든 것이 액션 하나에 응축된다. 반면 테이블 중심 사고에서는 이 기록이 여러 테이블에 흩어져서, 결국 아무도 전체 맥락을 보지 못한다.

테이블은 저장소의 문제이고, 개념·링크·액션은 운영의 문제다. 이 둘을 섞으면 파운드리는 기존 시스템과 다를 바 없어진다. 파운드리에서 테이블은 온톨로지를 구현하는 수단 중 하나일 뿐이다. 테이블을 부정하지는 않지만 중심에 두지도 않는다. 중심은 언제나 개념, 링크, 액션이다. 이 구조를 이해하는 순간, 파운드리는 조직의 판단 방식을 시스템으로 옮긴 전혀 다른 종류의 도구가 된다.

ERP·MES·SCM 데이터가 온톨로지가 되지 못하는 이유

많은 조직에서 파운드리를 논의하면 이런 반응이 나온다. "이미 ERP도 있고, MES도 있고, SCM도 있는데 온톨로지가 왜 필요한가요?" 합리적인 질문이다. ERP, MES, SCM에는 이미 방대한 데이터와 업무 개념이 들어 있기 때문이다. 그러나 앞서 살펴보았듯이 이 시스템들의 데이터에는 온톨로지가 되기 위한 결정적인 요소인 판단 구조가 빠져 있다.

ERP의 테이블에는 주문 상태가 있지만 '지금 누구의 판단을 요구하는지'는 말해주지 않는다. MES에는 공정 이력이 있지만 '출하를 막아야 할 신호인지'는 스스로 판단하지 않는다. SCM에는 지연 정보가 있지만 그 지연이 '예외로 넘겨도 되거나 조치가 필요한지'는 사람이 해석해야 한다. 즉 이 시스템들은 사실을 담고 있지만 의미와 액션을 직접 연결하지 않는다.

이 점이 온톨로지와의 가장 큰 차이다. 온톨로지는 데이터를 단순히 나열하지 않는다. 데이터가 어떤 상태를 나타내고 무엇을 허용하거나 제한하는지를 명시적으로 규정한다. 반면 ERP, MES, SCM의 데이터는 이 연결이 암묵적이다. 판단 기준이 시스템 안에 있지 않고 사람의 경험과 암묵지로만 존재한다. 그래서 담당자가 바뀌면 판단이 달라지고, 조직이 커지면 해석이 분열되며, 위기 상황에서는 책임이 흐려진다.

앞서 설명한 개념·링크·액션 중심 설계가 왜 기존 ERD나 객체 지향 모델과도 다른지, 그리고 왜 많은 팀이 이 지점에서 혼란을 겪는지 이해하려면 이 시스템들의 설계 의도를 살펴봐야 한다. ERP, MES, SCM은 판단을 통제하지 않도록 설계된 시스템이다. 이 시스템들은 안정성과 일관성을 최우선으로 하며, 판단을 최대한 사람과 조직의 절차에 맡긴다. 그러나 복잡성이 증가한 오늘날은 이 설계가 한계에 부딪힌다.

파운드리는 이 지점에서 기존 시스템을 대체하려 하지 않는다. 오히려 'ERP, MES, SCM은 계속 필요하고 앞으로도 사라지지 않을 것이다'라고 전제한다. 그러나 이 시스템들이 온톨로지의 역할을 대신할 수는 없다. 온톨로지는 판단 구조를 통해 ERP, MES, SCM의 데이터를 재해석하기 때문이다.

즉 ERP, MES, SCM의 데이터는 온톨로지의 재료가 될 수 있지만 그 자체로 온톨로지는 아니다. 이 점을 이해하지 못하면 파운드리를 기존 시스템을 예쁘게 묶은 통합 플랫폼으로 오해하게 된다. 그러나 파운드리는 기존 시스템 위에 전혀 다른 차원의 구조를 얹는 시도다. 이어서 온톨로지를 왜 한 번에 완벽하게 만들 수 없고, 운영하면서 계속 수정해야 하는지를 알아보자.

판단 가능한 데이터 구조란 무엇인가?

파운드리가 추구하는 판단 가능한 데이터 구조는 정답을 알려주는 구조가 아니다. 판단이 일어날 수밖에 없도록 질문을 고정한 구조다. "이 데이터로 지금 무엇을 판단할 수 있는가?"라는 단순하면서도 까다로운 질문에 데이터가 답할 수 있을 때, 그 데이터는 비로소 운영의 일부가 된다. 여기에 답하지 못하는 데이터는 아무리 정교해도 파운드리에서는 불완전하다.

그러나 상황은 가변적이며, 그에 따라 판단 기준이 바뀌고 책임도 조정된다. 따라서 판단 가능한 데이터 구조는 완성형이 아니다. 운영하면서 계속 수정해야 한다. 이 수정 과정 자체가 조직의 학습이며, 파운드리는 이 학습이 구조로 남도록 돕는다.

판단 가능한 데이터 구조의 다섯 가지 핵심 특징은 다음과 같다.

1. **스스로 질문에 답하는 구조:** 데이터 구조 안에 상황의 정상 여부, 판단 주체, 가능한 액션이 명시적으로 드러난다.

2. **값이 아닌 상태 중심:** 값의 크기가 아니라 기준 초과 여부에 따라 상태를 정의한다 (정상, 주의, 위험, 중단 필요). 판단 기준은 코드나 문서가 아니라 구조 안에 포함된다.

3. **비교가 아닌 전이를 기록함:** '값이 얼마였다'가 아니라 '상태가 언제 바뀌었다'를 중심으로 기록한다. 또한 언제 정상에서 주의로 바뀌었는지, 그 변화가 무엇 때문에 발생했는지를 명시적으로 추적한다.

4. **액션의 가능성 포함:** 각 상태에서 가능한 액션의 범위가 데이터 구조 안에 포함된다. 즉 자동화가 아니라 '할 수 있는가, 없는가'를 명확히 한다.

5. **책임의 명시화:** 누가, 언제, 어떤 근거로 특정 액션을 선택했는지가 데이터 구조 안에 기록된다. 액션에는 항상 주체가 남아 있어 책임을 흐릿하게 만들지 않는다.

‘시스템이 그렇게 보여줬다.’ ‘관행적으로 그렇게 했다.’ ‘다들 그렇게 한다.’ 판단 가능한 데이터 구조에서는 모든 행동에 주체가 기록되므로 이런 말이 통하지 않는다. 그래서 판단 가능한 구조는 조직을 불편하게 하지만, 바로 이 불편함이 조직을 성숙하게 만든다. 이어서 다음 장에서는 이 불편함이 무엇이었는지, 트라이얼을 시작한 첫 한 달 동안 우리 팀이 실제로 겪었던 혼란과 좌절을 이야기해 보려 한다.

PALANTIR

FOUNDRY

PART 3

파 운 드 리
트 라 이 얼
실 습 준 비

ARCHITECT

YOUR

DECISIONS

트라이얼을 시작한
첫 한 달간의 충격

팔란티어 파운드리의 무료 학습 환경

많은 사람이 팔란티어의 파운드리를 접근하기 어려운 시스템으로 인식하고 있지만, 잘 알려지지 않은 사실 하나가 있다. 현재 팔란티어는 파운드리를 무료로 학습하고 직접 실습해 볼 수 있는 교육 프로그램과 트라이얼 환경을 제공한다.

팔란티어가 무료 학습 환경을 제공하는 이유는 파운드리가 어떤 사고방식을 전제로 설계되었는지, 온톨로지가 실제 시스템에서 어떻게 작동하는지를 사용

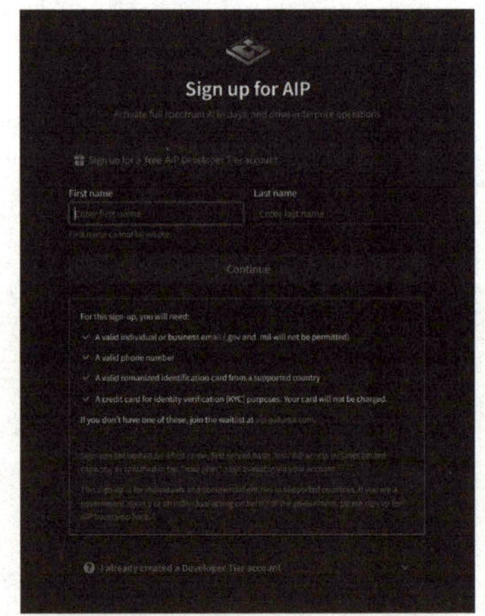

파운드리 트라이얼
접속 QR링크

자가 직접 확인하도록 돕기 위함이다. 상용 제품을 판매하기 위한 데모가 아니라, 파운드리의 철학과 구조를 이해할 수 있도록 만든 학습 프로그램에 가깝다.

먼저 팔란티어의 파운드리와 AIP^{Artificial Intelligence Platform}(AI 플랫폼) 교육 프로그램은 한국어를 포함한 여러 언어를 지원하며 단계별 학습 과정을 갖추고 있다. 파운드리 기초 과정, 데이터 엔지니어 과정, 애플리케이션 개발 과정, 플랫폼 운영자 과정 등으로 구성되어 있으며, 온톨로지 기반 데이터 구축부터 실제 애플리케이션 제작까지 경험해 볼 수 있다.

또한 파운드리를 직접 사용해 볼 수 있는 트라이얼 환경에서는 제한된 범위 내에서 파운드리의 핵심 기능을 무료로 이용할 수 있다. 다만 회원 가입이 필요한데, 일반적인 방식과 달리 이메일 인증, 휴대폰 인증 외에 여권 정보 입력과 신용카드 등록 과정까지 거쳐야 한다. 신용카드 등록은 결제용이 아니라 사용자 인증과 남용 방지를 위한 절차다.

여권 정보를 요구한다는 점에서 팔란티어가 트라이얼을 가볍게 열어 두지 않겠다는 의도와 무료로 제공하더라도 트라이얼 환경이 실제 운영 환경과 동일한 보안·책임 기준 위에 놓여 있음을 알 수 있다. 파운드리는 누구나 클릭 몇 번으로 써보는 SaaS(소프트웨어 기반 서비스)가 아니라 책임 있는 사용자를 전제로 한 산업용 플랫폼이다. 국가 안보, 금융 거래, 공급망, 인프라 운영처럼 민감한 데이터를 다루는 엔터프라이즈 플랫폼을 전제로 설계되었기에 잘못 쓰이면 현실 세계에 직접적인 영향을 줄 수 있다. 따라서 팔란티어는 트라이얼이라도 여기에 접근하는 사용자를 명확히 인식하고 있어야 한다는 원칙을 유지한다.

여권은 국가가 발급하는 공식 신분증으로 이름·생년월일·국적을 국제적으로 표준화된 형식으로 증명한다. 이메일 주소나 휴대폰 번호보다 훨씬 강력한 신원 확인 수단이며, 중복 계정 생성이나 익명 사용을 원천적으로 차단한다. 특히 국적 정보는 수출 통제와 제재 규정 준수를 위해 필요하다. 파운드리는 미국을 비롯한 여러 국가의 수출 통제 및 제재 법규를 준수해야 하는 플랫폼이며, 특정 국가나 지역에서는 접근이 제한될 수 있다.

여권 정보는 트라이얼 신청 과정에서 사용자가 실제 존재하는 개인인지, 자동화된 계정이나 위장 계정이 아닌지를 검증하는 데 한 번 사용된다. 그리고 온톨로지, 데이터 모델, 분석 환경과 완전히 분리된 인증·보안 영역에서 관리된다. 즉 사용자가 파운드리 안에서 다루는 데이터 및 실습 결과와 여권 정보가 연결되거나 노출되는 일은 없다.

트라이얼 신청 후에는 즉시 사용할 수 있다. 얼마 전까지는 사용 승인까지 1~2주 정도 기다려야 했지만 지금은 그럴 필요가 없다. 사용 승인 후에는 제한된 리소스와 사용자 수 내에서 파운드리를 자유롭게 실습할 수 있으며, 온톨로지 객체 유형 역시 제한된 수로 제공된다. 그럼에도 온톨로지 구조와 판단 흐름을 이해하기에는 충분하다.

이 무료 환경과 교육 프로그램은 파운드리를 '구경하는 대상'에서 '직접 다뤄보는 대상'으로 바꿔 준다. 이 책에서 앞으로 다룰 온톨로지 설계 실습과 판단 구조 실험 역시 바로 이 파운드리 트라이얼 환경을 전제로 한다. 파운드리를 무료로 사용해 본다는 것은 단순히 도구 하나를 써보는 경험이 아니다. 데이터와 판단을 바라보는 관점을 직접 체험하는 과정이다. 특히 온톨로지 설계, 실제 구축, 운영 경험을 해볼 수 있는 가장 빠른 지름길이기도 하다.

파운드리 첫 로그인 경험

파운드리에 처음 로그인했을 때는 익숙한 장면을 기대했다. 데이터 플랫폼은 연결 버튼, 데이터 소스 목록, 차트 생성 화면 등 대개 비슷한 얼굴을 하고 있다. 어디서부터 시작해야 할지 감이 잡히고, 적어도 길을 잃지는 않는다. 파운드리도 그럴 것이라고 생각했다.

첫 화면을 마주한 순간, 이 기대는 바로 무너졌다. 무엇을 눌러야 할지 명확하지 않았다. '데이터 불러오기' 같은 친절한 버튼도, 단계별 가이드도 보이지 않았다. 대신 온톨로지, 객체, 액션, 링크 같은 낯선 개념들이 눈에 들어왔다. 데이터 플랫폼에서 봐왔던 용어들이 아니었다.

그래서 처음에는 당혹스러웠다. 기능이 부족해서가 아니라 무엇을 먼저 해야 할지 판단할 기준이 없었기 때문이다. 마치 시스템이 "당신은 이 데이터를 무엇으로 이해할 것인가?"라고 먼저 묻는 것 같았다. 기존 도구들은 사용자를 기능으로 이끌지만 파운드리는 사용자를 질문 앞으로 밀

• 파운드리 로그인 후 첫 화면 •

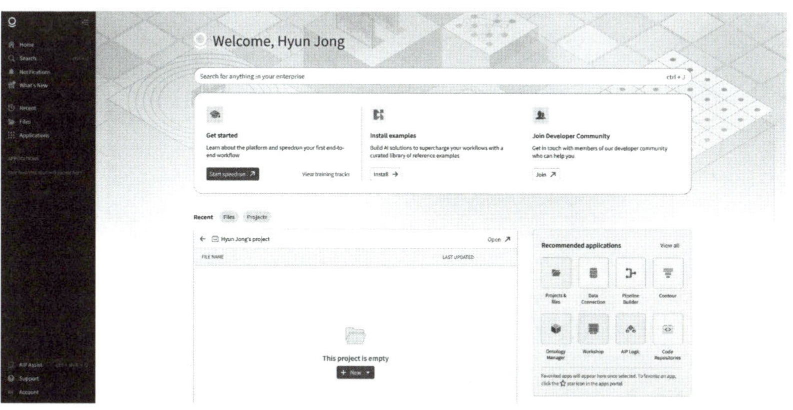

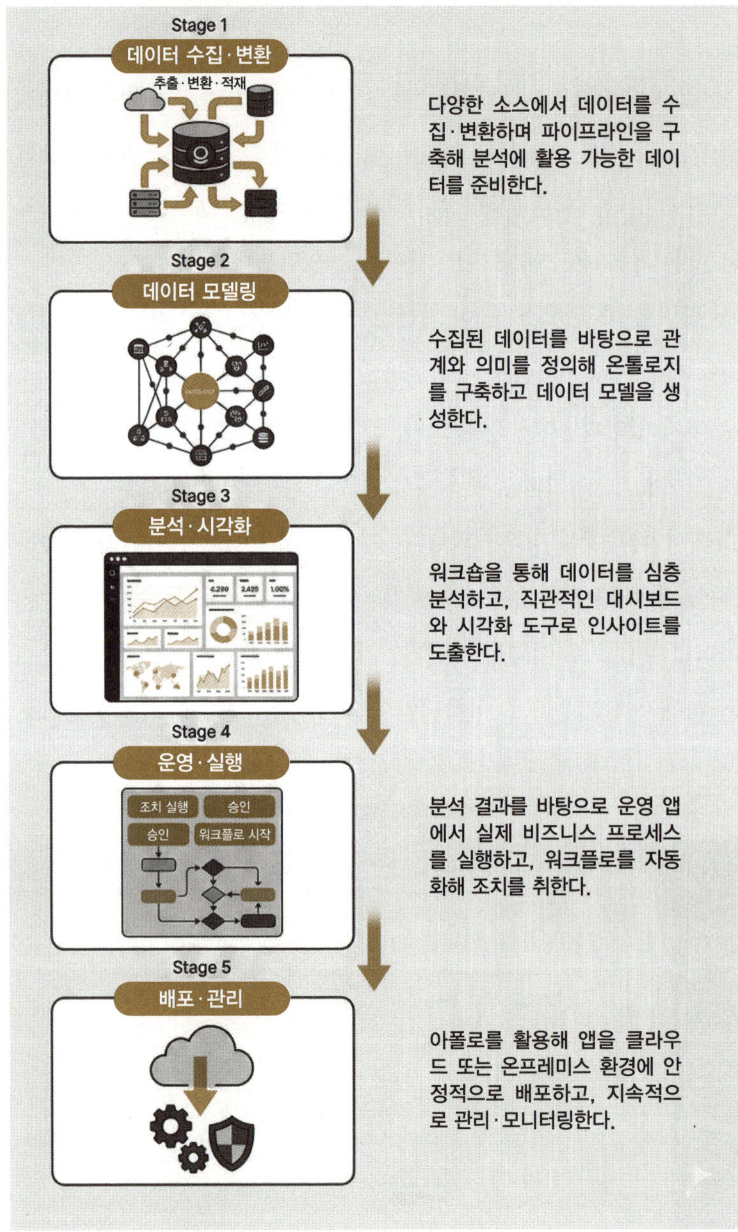
Stage 1
데이터 수집·변환
추출·변환·적재
다양한 소스에서 데이터를 수집·변환하며 파이프라인을 구축해 분석에 활용 가능한 데이터를 준비한다.
Stage 2
데이터 모델링
ONTOLOGY
수집된 데이터를 바탕으로 관계와 의미를 정의해 온톨로지를 구축하고 데이터 모델을 생성한다.
Stage 3
분석·시각화
워크숍을 통해 데이터를 심층 분석하고, 직관적인 대시보드와 시각화 도구로 인사이트를 도출한다.
Stage 4
운영·실행
조치 실행
승인
승인
워크플로 시작
분석 결과를 바탕으로 운영 앱에서 실제 비즈니스 프로세스를 실행하고, 워크플로를 자동화해 조치를 취한다.
Stage 5
배포·관리
아폴로를 활용해 앱을 클라우드 또는 온프레미스 환경에 안정적으로 배포하고, 지속적으로 관리·모니터링한다.

어낸다. 이 질문에 답하지 않으면 아무것도 시작되지 않는다.

몇 분간 첫 화면을 둘러보다 이 시스템이 데이터보다 개념부터 요구한다는 사실을 깨달았다. 즉 어떤 객체들이 존재하고 어떻게 연결되며, 어떤 액션이 가능한지를 먼저 정의하라고 요구하며 데이터는 그다음이다. 이 순서는 지금까지 경험한 거의 모든 데이터 프로젝트와 정반대였다.

이 지점에서 많은 사용자가 하던 일을 멈추고 '데이터부터 넣고 생각해도 되지 않나?'라고 판단한다. 실제로 대부분의 플랫폼은 이 방식을 허용하지만 파운드리는 그 길을 쉽게 열어주지 않는다. 데이터를 먼저 넣으면 결국 기존과 같은 방식으로 흘러갈 것을 알기 때문이다.

이 낯섦은 기술을 학습하는 차원의 문제가 아니라, 사고의 순서를 바꾸라는 요구다. 사용자가 시스템을 탐색하기보다는 시스템이 사용자의 사고방식을 탐색하는 느낌에 가깝다. 파운드리는 사용자가 무엇을 할지 대신 정해주지 않는다. 대신 무엇을 판단해야 하는지를 스스로 정의하라고 요구한다. 조직마다 가야 하는 길이 다르기 때문에 메뉴는 많지만 길을 하나도 안내하지 않는다.

이 경험은 좌절로 이어진다. 익숙한 성공 공식이 통하지 않고 SQL도, 파이프라인도, 대시보드도 바로 쓸 수 없어서다. "이걸로 뭘 만들라는 거지?"라는 질문이 자연스럽게 나올 수밖에 없지만, 이는 곧 "우리는 이 시스템으로 무엇을 운영하려는 걸까?"라는 다음 질문으로 바뀐다.

첫 로그인 경험이 불편한 이유는 그것이 하나의 경고처럼 느껴지기 때문이다. 파운드리는 단기간에 결과를 뽑아내는 도구가 아니다. 이 시스템을 제대로 쓰려면 기존의 접근 방식을 내려놓아야 한다. 이후 한 달은 이 메시지를 이해하는 과정이었다.

UI와 UX가 불친절한 이유

파운드리를 처음 사용하는 사람들의 반응은 놀라울 만큼 비슷하다. "왜 이렇게 UI와 UX가 불친절하죠?" 이 질문에는 대체로 두 가지 의미가 섞여 있다. 하나는 정말 사용하기 어렵다는 불만이고, 다른 하나는 왜 이정도 수준의 회사가 이렇게 투박한 인터페이스를 만들었는지에 대한 의문이다.

익숙한 데이터 도구는 사용자에게 길을 안내한다. 다음에 무엇을 해야 하는지, 어떤 버튼을 눌러야 하는지 최소한의 흐름을 제공한다. 반면 파운드리에는 이런 친절함이 거의 없다. 화면은 많은데 설명은 적고, 기능은 풍부한데 사용 예시는 드물다. 그래서 처음에는 미완성처럼 느껴지고, 불친절하다는 인상을 받는다. 앞서 말했듯 조직마다 판단해야 할 상황이 다르기 때문에, 파운드리는 사용자를 정해진 시나리오로 이끌지 않는다. 만약 파운드리가 미리 정의된 UX를 제공했다면 특정 조직의 사고방식을 강요하는 일이 된다.

즉 파운드리는 기능 중심이 아니라 구조 중심의 UX를 선택했다. 사용자가 무엇을 하고 싶은지를 먼저 묻지 않는다. 대신 무엇이 존재하는지를 묻는다. 객체, 링크, 상태, 액션 같은 개념들이 먼저 등장하는 이유는 파운드리가 다루는 대상이 '작업'이 아니라 '현실의 구조'이기 때문이다.

이 접근은 당연히 불편하다. 사용자는 빠른 성과를 기대하지만 시스템은 느린 질문을 던진다. "이 객체는 언제 상태가 바뀌는가?" "이 링크는 항상 유지되는가?" "이 액션은 누가 승인하는가?" 이런 질문은 UI로 친절하게 안내하기 어렵다. 오히려 안내하지 않는 편이 솔직하다.

또 하나 중요한 점은 파운드리가 사용자의 실수를 최소화하려 하지 않는다는 것이다. 일반적인 툴은 사용자가 잘못된 선택을 하지 않도록 보호한다. 그러나 파운드리는 잘못된 설계를 그대로 드러낸다. 온톨로지가 부실하면 시스템은 곧바로 복잡해지고 운영이 불가능해진다. 사용자에게는 다소 부담이 되지만 동시에 빠른 피드백을 준다.

정리하면 파운드리의 UI와 UX는 사용성을 포기한 것이 아니다. 판단을 외주화하지 않겠다는 선언에 가깝다. 사용자가 생각하지 않아도 되는 시스템은 빠르게 쓸 수 있지만, 깊게 쓰기는 어렵다. 파운드리는 그 반대를 택했다. 깊게 쓰기 위해 처음에는 불편하도록 설계되었다.

이 불친절함은 사용자들이 자연스럽게 대화를 시작하도록 만드는 또 다른 효과도 낳는다. "이건 이렇게 정의하는 게 맞을까?", "이 상태는 언제 바뀌는 걸로 할까?" 같은 질문들이 생긴다. 기존 도구에서는 UI가 이 질문을 대신해 주었지만 파운드리는 그 역할을 사람에게 돌려준다.

결국 파운드리의 UI와 UX는 초보자를 위한 것이 아니다. 이 시스템은 '사용자 친화적'이기보다 '조직 현실 친화적'이다. 현장의 복잡함을 숨기지 않고 그대로 마주하게 만든다. 이 불편함을 받아들이면 파운드리가 조금씩 다른 모습으로 보이기 시작한다.

그래서 파운드리는 데모에서는 매력적이지 않지만 운영에서는 힘을 발휘한다. 이어서 이 불편함이 특히 기존의 SQL 중심 사고를 어떻게 무너뜨리는지, 그리고 왜 많은 숙련된 데이터 인력이 여기서 좌절을 경험하는지를 이야기해 보자.

SQL 중심 사고의 붕괴

파운드리를 사용하다 보면 기술이 아니라 자존심부터 무너진다. 특히 오랫동안 데이터 작업을 해온 사람일수록 그 충격은 크다. SQL은 오랜 시간 데이터 세계의 공용어였다. 데이터를 이해하고, 관계를 만들고, 문제를 해결하는 거의 모든 과정이 SQL로 귀결되었다. 그래서 많은 데이터 전문가는 '데이터는 결국 쿼리로 해결된다'고 무의식적으로 생각해 왔다. 그러나 파운드리는 이 전제를 조용히 거부한다.

물론 파운드리 안에서도 SQL은 존재한다. 쿼리는 여전히 강력하고, 변환과 계산은 여전히 중요하다. 그러나 SQL은 더 이상 중심이 아니다. 구조를 만드는 도구가 아니라, 구조를 채우는 도구로 밀려난다. 이 변화는 생각보다 파급력이 크다.

기존 데이터 환경에서는 "이 수치를 어떻게 계산할까?"라는 질문이 먼저 오고, 그에 맞는 쿼리를 작성한다. 파운드리에서는 질문의 형태가 바뀐다. "이 수치는 무엇을 의미하는가?"라는 질문에 쿼리로 바로 답할 수 없다. 개념부터 정의하고 관계를 명확히 해야 한다. 그래서 처음에는 답답함이 밀려온다. 쿼리 하나면 끝날 일 같아 보여도 파운드리는 그 편의를 일부러 거부한다. 그 쿼리는 다음 사람에게 남지 않고, 다음 상황에서도 재사용되지 않으며, 판단 기준이 개인의 머릿속에만 남기 때문이다.

이 지점에서 조인으로 링크를 만들고 조건문으로 상황을 표현하는 등, SQL로 모든 것을 해결해 온 많은 숙련자가 벽에 부딪힌다. 파운드리는 이런 임시적 관계 설정을 허용하지 않으며, 링크는 분석 시점에 즉석에서 만드는 것이 아니라 시스템 구조에 고정되어야 한다고 본다.

SQL 중심 사고의 또 다른 한계는 시간이다. 쿼리는 특정 시점을 기준으로 결과를 만든다. 그러나 운영에서는 시간이 흐르며 상태가 바뀐다. 파운드리는 이 변화를 구조적으로 표현하려 한다. 언제 어떤 객체의 상태가 바뀌었고, 그 변화가 어떤 행동을 촉발했는지를 남긴다. 단일 쿼리로는 이를 표현하기 어렵다.

이 과정에서 데이터 전문가는 낯선 역할을 맡게 된다. 더 이상 '쿼리를 잘 짜는 사람'이 아니라 현실을 모델링하는 사람이 된다. 이 역할 전환은 쉽지 않으며 경험이 많을수록 오히려 더 어렵다. 지금까지 쌓아온 기술적 숙련도가 장애물처럼 느껴져서다.

그러나 이 불편함을 넘어서면 새로운 감각이 생긴다. 쿼리로 문제를 해결하는 대신, 구조로 문제를 예방한다는 감각이다. 온톨로지를 한번 정의하면 여러 분석과 운영 시나리오에서 재사용할 수 있다. 판단 기준이 문서가 아니라 시스템 안에 남기 때문이다.

SQL은 여전히 필요하지만 이제는 마지막 단계에서 쓰이는 도구다. 구조가 없을 때 SQL은 마법처럼 보이지만, 구조가 생기면 SQL은 조용히 제 역할을 한다. 이 차이를 받아들이면 파운드리는 더 이상 낯선 시스템으로 느껴지지 않는다.

이어서 이러한 사고의 붕괴가 왜 단순한 학습 곡선이 아니라, 파운드리를 포기하게 만드는 주요 원인이 되는지 살펴볼 것이다. 그리고 그 좌절이 어디에서 비롯되는지 조금 더 솔직하게 이야기해 보자.

"왜 이렇게 복잡하지?"라는 좌절

트라이얼을 시작하고 어느 정도 시간이 지나면 "왜 이렇게 복잡해야 하냐"는 말이 거의 예외 없이 나온다. 이 말에는 단순한 불만을 넘어, 지금까지 쌓아온 경험과 상식이 더는 통하지 않는다는 위기감이 섞여 있다.

많은 사람이 처음에는 학습 문제라고 생각한다. 용어가 낯설고 구조를 아직 이해하지 못해서 그렇다고 스스로를 설득한다. 그래서 문서를 더 읽고 예제를 따라 해본다. 그러나 시간이 지나도 상황은 크게 나아지지 않는다. 무엇을 하나 바꾸면 다른 곳에서 문제가 생긴다. 구조를 단순화하면 운영 시나리오가 무너지고, 운영을 고려하면 구조가 다시 복잡해진다.

이때 많은 사람이 '기존 시스템이면 하루면 끝날 일인데', '이 정도면 엑셀로도 할 수 있잖아', '굳이 온톨로지까지 필요한가?'처럼 기존 방식과 비교하기 시작한다. 당연히 들 수밖에 없는 생각이지만, 파운드리를 가장 오해하는 지점이기도 하다. 파운드리가 복잡해 보이는 이유는 기능이 많아서가 아니라 현실을 단순화하지 않기 때문이다. 기존 시스템은 복잡한 현실을 단순한 테이블과 규칙으로 압축한다. 파운드리는 그 압축을 거부한다.

현실의 운영은 원래 복잡하다. 같은 사건이라도 맥락에 따라 전혀 다른 의미를 지니며, 같은 지표라도 시점과 조건에 따라 판단이 달라진다. 그동안 우리는 '시스템은 단순하게, 판단은 경험으로'라는 방식으로 이러한 복잡함을 사람에게 맡겨왔다.

파운드리는 그 부담을 시스템으로 옮기자고 제안한다. 복잡함을 시스템 밖으로 밀어내지 않고, 그대로 구조 안에 담으려는 것이다. 이 제안이 불편하게 느껴지는 이유는 책임의 위치가 바뀌기 때문이다. 우리는 복잡함을 시스템이 감당하게 하고, 사람은 그 위에서 판단하게 하는 역할 전환에 아직 익숙하지 않다. 그 결과 설계 단계에서 복잡성이 폭발하고, 불필요하게 복잡해 보이기도 한다. 좌절은 바로 이 지점에서 온다. 즉 좌절의 본질은 복잡함 자체가 아니라, 복잡함을 어디까지 감당할 것인가에 달려 있다.

좌절을 더 깊게 만드는 또 다른 요인은 즉각적인 보상이 없다는 점이다. 구조 설계는 시간이 걸리지만 대시보드 등 눈에 보이는 결과는 늦게 나타난다. 노력 대비 성과가 보이지 않으니 회의감이 쌓이고, 트라이얼 팀 내부에서도 균열이 생긴다. 특히 기존 시스템에 익숙한 인력일수록 회의적으로 변한다. 그들은 이미 작동하는 해법을 알고 있고, 파운드리는 그 해법을 부정하는 것처럼 보이기 때문이다.

이 지점에서 많은 팀이 '아직 우리에게는 이르다', '조직이 준비되지 않았다', '시스템이 너무 무겁다' 등의 이유를 들며 트라이얼을 중단한다. 이 판단이 틀렸다고 말할 수는 없다. 파운드리는 실제로 준비되지 않은 조직에는 과한 도구일 수 있다. 그러나 이 좌절을 겪지 않고서는 파운드리가 무엇을 하려는 시스템인지 결코 이해할 수 없다는 점은 분명하다.

파운드리는 데이터 엔지니어를 위한 도구가 아니다

트라이얼을 진행하며 가장 늦게, 그러나 가장 분명하게 깨달은 사실은

'파운드리는 데이터 엔지니어를 위한 도구가 아니다'라는 점이다. 이 깨달음은 자존심을 건드린다. 지금까지 데이터 프로젝트의 중심에는 늘 데이터 엔지니어와 분석가가 있었다. 파이프라인을 만들고 스키마를 설계하고 쿼리를 최적화하며 프로젝트의 성패를 좌우해 온 사람들은 자연스럽게 파운드리도 자신들의 손에 가장 잘 맞는 도구일 거라고 기대했다.

현실은 정반대였다. 파운드리의 중심에는 현장 책임자, 운영 관리자 등 상황을 종합해 결정을 내려야 하는 사람들이 있다. 파운드리는 이들이 데이터를 직접 만지지 않아도 데이터에 기반해 판단할 수 있도록 설계된 플랫폼이다. 데이터 엔지니어의 역할은 여전히 중요하지만 이제는 중심이 아니다.

이 차이를 이해하지 못하면 파운드리는 끝없이 불편한 도구로 남는다. 데이터 엔지니어 관점에서 파운드리는 비효율적으로 보인다. 쿼리 하나로 해결할 수 있는 일을 구조로 정의해야 하고, 즉각적인 결과 대신 장기적인 일관성을 요구한다. 그러나 이 비효율은 개발자의 편의가 아니라 운영자의 신뢰를 위한 대가다.

파운드리의 온톨로지를 설계할 때 가장 중요한 질문은 기술적인 것이 아니다. 즉 "이 테이블은 어떻게 나눌까?"가 아니라 "이 객체를 누가 보고, 언제 판단에 사용하는가?"다. 이 질문에 답할 수 있는 사람은 대부분 데이터 엔지니어가 아니다. 현업이다.

파운드리는 이 사실을 시스템 구조에 그대로 반영한다. 데이터 엔지니어 혼자서 모든 것을 결정할 수 없으며 그럴수록 구조는 오히려 현실과 멀어진다. 온톨로지는 기술 문서가 아니라 업무 언어로 설명될 수 있어야 한다. 그렇지 않으면 운영 단계에서 아무도 신뢰하지 않는다.

그제야 파운드리는 본모습을 드러내기 시작했다. 복잡해 보이던 구조는 실제 판단 흐름을 담으면서 의미를 갖게 되었다. 불편하게 느껴지던 UI는 현업의 언어를 담는 공간이 되었고, SQL이 줄어든 자리를 링크·상태·액션이 채웠다. 또한 트라이얼을 대하는 방식이 달라졌다. 무엇을 만들 것인가보다 누가 이 판단을 사용할 것인가를 먼저 물었다. "이 알림을 받는 사람은 누구인가?", "이 상태 변화는 어떤 액션을 촉발해야 하는가?" 같은 질문이 설계의 출발점이 되었다.

다시 말해 파운드리는 특정 직군을 위한 것이 아닌 조직이 판단하는 방식을 공유하기 위한 도구다. 데이터 엔지니어는 그 과정에서 중요한 역할을 맡지만 중심은 아니다. 이러한 깨달음은 팀 구성에도 영향을 미쳤다. 회의에는 더 이상 기술자만 모이지 않았다. 어떻게든 현업 담당자가 참여했고, 그들의 설명이 곧 설계의 입력값이 되었다. 데이터 엔지니어는 구현자가 아니라 번역자에 가까운 역할을 맡게 되었다. 현실의 복잡한 판단을 시스템이 이해할 수 있는 구조로 옮기는 것이다.

다음 장에서 소개할 화장품 제조 공장 실습에서도 결정적인 변화는 데이터 양이 늘었을 때가 아니라 데이터 구조를 판단 가능하게 바꾸었을 때 일어났다. 다시 말해 불량 수치가 아니라 '출하 가능 상태', 공정 결과가 아니라 '조치 필요 상태', 품질 점수가 아니라 '판단 대기 상태' 등으로 구조를 바꾸자 회의의 성격이 달라졌다. "수치가 맞느냐?"가 아니라 "이 상태에서 무엇을 할 것인가?"를 논의하기 시작하자 데이터는 판단의 기준으로 자리 잡았다.

화장품 제조 공장
실습 데이터 소개

왜 화장품 제조 공장이었을까?

화장품 제조 공장을 실습 대상으로 선택하기에 앞서, 우리 팀은 먼저 구체적인 회사를 설정했다. 이름은 가칭 '라비에코스메틱 Lavie Cosmetic'이다. 라비에코스메틱은 2008년에 설립된 중견 화장품 OEM·ODM 제조사로, 기초 화장품과 기능성 화장품을 중심으로 국내외 브랜드의 위탁 생산을 담당해 왔다. 수도권 인근에 단일 제조 공장을 운영하며, 연구소와 품질 관리 조직을 별도로 두고 있다.

라비에코스메틱의 연혁은 한국 화장품 산업의 성장 과정과 크게 다르지 않다. 설립 초기에는 소규모 브랜드의 단순 위탁 생산이 주력이었다. 그러다 2010년대 중반 이후 K-뷰티 확산과 함께 생산 품목과 물량이 급격히 늘어났다. 2020년 이후에는 해외 수출 비중이 증가하면서 품질 기준과 납기 압박이 동시에 높아졌다. 연 매출은 수백억 원 규모로 성장했

지만, 내부 운영 방식은 여전히 사람의 경험과 관행에 크게 의존하고 있었다.

겉보기에는 단일 공장, 정해진 공정 흐름, 배치 단위 생산, 명확한 출하 기준을 갖춘 단순한 제조 공장이다. 이 때문에 많은 사람은 화장품 제조를 '데이터로 다루기 쉬운 제조 도메인'이라고 생각한다. 실제로 ERP에는 생산 실적과 재고가 정리되어 있고, MES에는 공정 이력과 설비 로그가 쌓이며, 품질 시스템에는 검사 결과가 기록된다. 데이터 양만 놓고 보면 부족함이 없어 보인다.

그러나 이런 단순함은 착각을 부른다. 화장품 제조는 품질, 공정, 출하 판단이 동시에 얽혀 있다. 하나의 로트lot에서 불량이 발생하면 생산 문제로 끝나지 않는다. 해당 배치의 출하 여부와 납기 일정이 흔들리며 고객 대응과 클레임 리스크로 이어질 수 있다. 따라서 공정 중 발생한 작은 편차 하나가 품질 기준을 넘었는지, 아니면 관리 범위 내의 정상 변동

인지 판단해야 한다. 그 판단은 즉시 운영 의사결정으로 이어진다.

또한 단일 공장처럼 보이지만 실제 의사결정 구조는 복합적이다. 품질팀은 안전성과 기준을, 생산팀은 일정과 효율을 중시한다. 그리고 영업팀과 물류팀은 출하 지연을 최소화하려 한다. 같은 데이터를 두고도 부서마다 해석과 우선순위가 다른 것이다. 이때 시스템은 데이터를 보여줄 뿐, 어떤 판단이 필요한지는 말해주지 않는다. 판단은 결국 사람 사이의 조율과 회의로 넘어간다.

이 지점에서 '이 정도면 단순하다'는 생각은 무너진다. 화장품 제조는 고도의 알고리즘이나 복잡한 수학 모델 없이도 매 순간 판단이 필요한 산업이다. 오히려 그렇기 때문에 판단 기준을 구조로 정리해 두지 않으면 작은 문제에도 운영이 쉽게 흔들린다. 데이터는 충분한데 결정은 느리고, 책임은 분산되며 예외는 관행으로 처리된다.

이 책에서 화장품 제조 공장을 실습 대상으로 선택한 이유는 여기에 있다. 이 도메인은 지나치게 복잡하지 않으면서도 결코 단순하지 않다. 또한 온톨로지와 판단 구조의 필요성이 가장 잘 드러나면서도 독자가 현실을 떠올리기 쉬운 영역이다. 화장품 제조 공장은 파운드리가 단순한 데이터 통합이나 분석 도구가 아니라, 판단 구조를 다루는 시스템임을 보여주기에 가장 적절한 출발점이었다.

가상 제조 공장의 운영 전제

라비에코스메틱의 제조 공장은 한 부지에서 원료 입고부터 출하까지의 모든 공정이 이루어지며 외주 공정은 최소화되어 있다. 하지만 운영 방식은 단순하지 않다. 이 공장은 다품종 소량 생산을 기본으로 한다. 계절별 신제품, 브랜드별 주문 생산, 기능성 라인의 소규모 배치를 반복하며 생산 계획은 늘 유동적이다. 대량 생산 중심의 안정적인 라인이 아니라 배치를 자주 바꾸고 공정을 전환하는 구조다.

생산의 기본 단위는 배치batch다. 배치는 단순한 식별자가 아니라 품질·책임·추적의 기준이 된다. 하나의 배치는 특정 제품을 특정 시점에 특정 레시피로 생산한 물량을 의미한다. 어떤 문제가 발생하든 판단은 항상 "이 배치가 어떤 상태에 있는가?"라는 질문으로 귀결된다.

제조 현장, 특히 화장품·제약·식품 산업에서는 배치와 로트를 혼용하곤 한다. 하지만 엄밀히 말하면 배치는 공정의 단위이고, 로트는 유통과 추적의 단위다. 로트는 '추적을 위한 식별 번호'다. 현장에서는 하나의 배치가 하나의 로트가 될 수도 있지만, 상황에 따라 하나의 배치를 여러 로트로 쪼개거나(소분 포장 시), 여러 배치를 모아 하나의 로트로 묶기도 한다.

배치 개념은 시스템마다 다르게 표현된다. ERP에서는 생산 오더 번호로, MES에서는 공정 이력의 묶음으로, 품질 시스템에서는 검사 대상 단위로 각각 관리된다.

· 배치와 로트의 차이점 ·

구분	배치(batch)	로트(lot)
관점	생산·공정 중심	물류·품질·추적 중심
핵심 질문	한 번에 얼마나 생산했는가?	제품 이력을 어떻게 추적할 것인가?
변경 시점	배합이나 화학 반응이 끝날 때	포장, 입고 또는 검사 단계에서 부여
주요 활용	공정 효율 분석, 설비 가동률 측정	리콜 처리, 재고 유통기한 관리

공정 흐름은 비교적 전형적이다. 원료가 입고되고 계량을 거쳐 제조 공정에 들어간다. 제조가 끝나면 충진으로 내용물을 용기에 담고 포장한다. 이후 품질 검사를 거쳐 출하 여부가 결정된다. 이 흐름만 놓고 보면 명확하고 직선적이다.

그러나 각 단계 사이에는 사람의 판단이 개입되는 지점이 끊임없이 존재한다. 제조 중 발생한 작은 편차를 허용할지, 충진 후 검사 결과를 어떻게 해석할지, 포장 지연이 출하 일정에 어떤 영향을 미칠지 등에 대한 판단은 자동화되어 있지 않다.

데이터 환경도 부분적으로만 연결되어 있다. ERP에는 생산 계획과 실적, 재고와 출하 정보가 정리되지만 공정 중 발생한 세부 사항은 담기지

· 제조 공정 내 주요 판단 개입 지점 ·

구분	보유 데이터(시스템)	사람의 판단이 개입되는 지점 (판단 요소)	판단의 결과 및 영향
제조 공정	설비 센서, 이벤트 로그, 공정 이력(MES)	공정 편차 허용 여부: 제조 중 발생한 미세한 온도·압력·시간 편차를 불량으로 볼 것인가, 허용 범위로 볼 것인가?	재작업 여부 결정, 생산 수율 변화
충진 공정	단계별 이력, 충진량 데이터(MES)	검사 결과 해석: 단순 수치를 넘어 현재 발생한 데이터 패턴이 설비 결함인지 일시적 현상인지 판단	설비 가동 중지 또는 지속 결정
포장 공정	생산 실적(ERP/MES)	지연 영향도 평가: 포장 단계의 지연이 전체 납기와 출하 일정에 미치는 영향 판단	작업 우선순위 변경, 물류 일정 조정
품질 검사	검사 결과 수치 (MES/LIMS*)	최종 출하 여부 결정: 데이터와 현장 상황을 종합해 고객에게 보낼 수 있는 품질인지 판단	출하 승인 또는 반려(부적합 처리)
공통/운영	재고·출하 정보(ERP)	책임 소재 및 조치 결정: 발생한 이슈에 대해 품질팀 또는 설비팀 중 누가 대응할지 판단하고 후속 조치 정의	부서 간 협업 및 책임 소재 확정

*LIMS(Laboratory Information Management System): 실험실 정보 관리 시스템

않는다. MES에는 공정 단계별 이력과 설비 로그가 쌓이지만 출하 판단이나 품질 책임과 직접 연결되지 않는다. 설비에서 나오는 센서 데이터와 이벤트 로그는 또 다른 형태로 존재한다.

다시 말해 각 시스템은 제 역할을 하지만 판단을 위한 하나의 흐름으로 엮이지 않는다. 데이터는 존재하지만, 그 데이터가 무엇을 의미하고 어떻게 대처해야 하는지는 사람의 머릿속에만 남아 있다. 그래서 현업의 판단이 자주 개입되고 해석은 대부분 현장 경험에 의존한다. 같은 상황이라도 담당자에 따라 판단이 달라지고, 기준은 암묵적으로 전승된다. 이 공장이 복잡한 이유는 데이터가 부족해서가 아니라 판단 구조가 정리되지 않았기 때문이다.

이 책에서 다루는 화장품 제조 공장은 바로 이런 전제를 가진다. 단일 공장이지만 복합적인 의사결정 구조를 지니고 있고, 데이터는 충분하지만 판단은 분산되어 있다. 이 조건은 파운드리를 실험하기에 이상적이다. 판단을 코드나 문서가 아니라 구조로 옮겼을 때 무엇이 달라지는지를 가장 현실적으로 보여주기 때문이다.

가상 제조 공장의 운영 시나리오

실습 과정을 본격적으로 다루기에 앞서, 데이터 접근 연결부터 아폴로 Apollo 운영까지 이어지는 화장품 제조 공장 실습의 전체 프로세스 맵은 다음 그림과 같다.

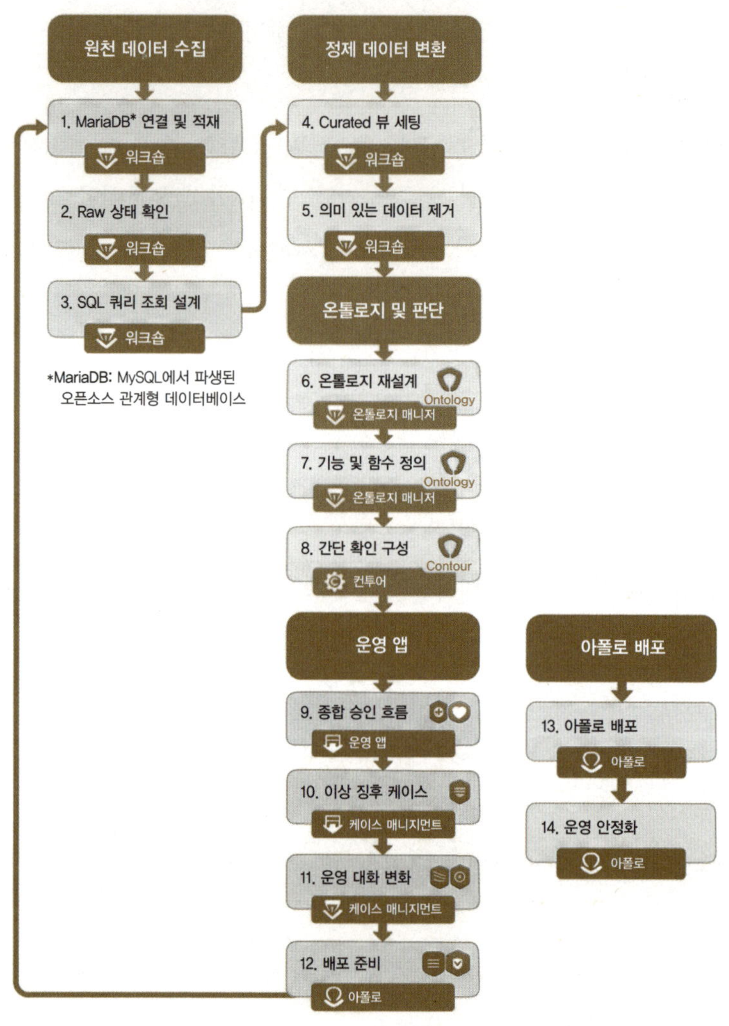

이어서 화장품 제조 실습에서 발생할 법한 시나리오를 살펴보자. 라비에코스메틱 공장이 정상 운영되는 날은 겉보기에 상황이 잘 정돈되어 있다. 아침에는 생산 계획에 따라 당일 배치를 확정하고 원료를 계량해

투입 준비를 마친다. 제조 공정이 시작되면 MES에는 공정 진행 이력이 쌓이고, 설비에서는 온도·압력·교반 상태 같은 센서 데이터가 지속적으로 기록된다. 제조가 끝난 배치는 충진과 포장 공정으로 넘어가고, 생산 실적은 ERP에 반영된다. 이후 품질 검사를 거쳐 검사 결과가 기준을 만족하면 출하 가능으로 분류되어 물류 일정에 맞춰 출하된다. 이 흐름만 보면 공장은 계획대로, 데이터도 시스템대로 흘러간다.

문제는 이 정상 흐름이 예상보다 자주 흔들린다는 점이다. 가장 흔한 시나리오는 불량 발생이다. 제조 공정 중 특정 원료의 점도가 기준 범위를 벗어나거나 충진 과정에서 내용량 편차가 발생하면 품질 검사에서 불량으로 판정된다. 이때 불량 수량과 유형, 발생 공정 등의 데이터는 시스템에 바로 기록되지만, 즉시 조치 필요 여부나 허용 범위 내 관리 가능 여부에 대한 판단은 자동으로 결정되지 않고 사람에게 넘어간다.

공정 지연도 자주 발생하는 시나리오다. 설비 교체나 공정 전환이 예상보다 길어지면 다음 배치의 시작 시간이 밀린다. MES에는 공정 지연이 기록되지만 이 지연이 납기 전체에 영향을 미치는지, 일부 조정으로 흡수 가능한지는 별도 판단이 필요하다. 생산팀은 공정 효율을 기준으로, 영업팀이나 물류팀은 출하 일정을 기준으로 판단을 내린다. 즉 같은 지연 데이터를 두고도 서로 다른 해석이 동시에 공존할 수 있다.

설비 이상 징후는 더욱 미묘하다. 센서 값이 기준을 조금 넘어서 알람이 울려도 고장으로 이어지지 않거나, 현장에서는 '늘 있던 알람'이라며 대수롭지 않게 넘기기도 한다. 데이터가 있어도 특정 신호가 단순 관찰로 충분한지 아니면 즉시 조치해야 하는 수준인지에 대한 판단 기준이 구조화되어 있지 않다면 결국 경험 많은 사람의 감각에 의존하게 된다.

이 모든 문제가 한 지점으로 모이는 순간이 바로 출하 판단 보류다. 불량이 일부 존재하고, 공정이 다소 지연되었으며, 설비 알람도 몇 차례 발생한 배치가 있다면 시스템은 여전히 출하 대기 상태로 남는다. ERP는 출하 가능 여부를 명확히 말해주지 않고, MES는 공정 이력만 보여주며, 품질 시스템은 검사 결과를 나열할 뿐이다. 데이터는 충분하지만 지금 출하해도 되는지에 대한 판단은 즉시 내려지지 않는다. 결국 관련 부서가 모여 회의를 열고 각자의 데이터를 근거로 의견을 나눈 뒤 결정을 내린다.

이 지점이 바로 '데이터는 있는데 판단이 느려지는 순간'이다. 데이터가 판단으로 이어지는 구조가 없으면 각 시스템이 제 역할을 다해도 "지금 무엇을 해야 하는가?"로 수렴되지 않는다. 파운드리는 바로 이 느려진 판단 지점을 어떻게 구조로 바꾸는지 검증하기 위한 도구다. 이 공장 운영 시나리오는 이후 장에서 다룰 실습의 출발점이 된다.

실습에 사용한 데이터 파일 전체 구성

이 공장 운영 시나리오를 실제로 검증하기 위해 이 책에서는 라비에코스메틱 공장 데이터를 가정한 12개의 파일을 준비했다. 이 데이터들은 단순한 예제용 샘플이 아니라 실제 제조 현장에서 마주치는 데이터 상태를 그대로 반영하고 있다.

이 12개의 데이터 파일은 무작위로 모여 있지는 않지만, 처음부터 통합된 구조로 만들어진 것도 아니다. 즉 '잘 다듬어진 데이터셋'과는 거리가 멀지만 각기 다른 시스템의 관점을 충실히 반영하며 저마다 역할과 논리를 지니고 있다. 개별 시스템의 관점에서는 충분히 '정상적인' 데이터

번호	파일명	시스템 관점	주요 내용	첫인상
1	production_plan.csv	ERP	일별·배치별 생산 계획	잘 정리됨
2	production_result.csv	ERP	생산 실적, 완료 수량	문제없어 보임
3	batch_master.csv	공통	배치 ID, 제품, 레시피	기준 데이터
4	product_master.csv	ERP	제품 코드, 제품군	안정적
5	process_history.csv	MES	공정 단계별 이력	상세함
6	process_time_log.csv	MES	공정 소요 시간	해석 필요
7	quality_inspection.csv	품질	검사 항목, 결과	핵심 데이터
8	defect_summary.csv	품질	불량 유형·수량	판단 기준 불명확
9	equipment_event_log.csv	설비	알람·이벤트	과잉 정보
10	sensor_timeseries.csv	설비	온도·압력 센서	방대함
11	shipment_order.csv	SCM	출하 지시 정보	결과 중심
12	shipment_result.csv	SCM	출하 완료 이력	사후 기록

로 보이며, 실제 운영에서도 오랫동안 사용되어 왔다.

문제는 파일 간 관계가 존재해도 그 연결이 명시적으로 드러나지 않는다는 점이다. 어떤 파일은 배치 기준으로, 어떤 파일은 공정 단계 중심으로, 또 다른 파일은 설비 이벤트 단위로 기록되어 있다. 실제 현장에서 ERP, MES, 설비 데이터가 공존하는 방식과 크게 다르지 않다. 일부는 전형적인 ERP 데이터로 생산 오더, 생산 실적, 출하 정보처럼 계획과 결과 중심으로 정리되어 있다. 또 다른 일부는 MES 데이터로 공정 단계별 이력과 작업 시간, 공정 상태 변화가 기록되어 있다. 나머지는 설비 로그로 센서 값과 이벤트 알람, 장비 동작 이력이 시간 순서대로 쌓여 있다.

이 상태로는 데이터가 충분해도 판단에 활용하기 어렵다. 각 파일은 자기 역할만 놓고 보면 충분히 타당하지만 서로를 전제로 만들어지지는 않았기 때문이다. 즉 사람의 머릿속에서는 연결이 가능해 보이지만 시스템에서는 바로 이어 붙일 수 없다. 이러한 데이터 구성이야말로 온톨로지가 왜 필요한지를 가장 직접적으로 드러내는 출발점이다.

이 책의 실습은 바로 여기서 시작된다. 이런 상황에서 데이터를 어떻게 정제하고, 무엇을 버리며, 어떤 기준으로 다시 연결해야 판단 가능한 구조가 만들어지는지를 단계별로 따라간다. 이 데이터들에는 다음과 같은 네 가지 품질 문제를 의도적으로 포함했다.

1. **기준 불일치:** 같은 불량을 가리키는 값이 시스템마다 다른 기준으로 기록되어 있다. 어떤 파일에서는 비율로, 어떤 파일에서는 수량으로 표현된다.

2. **데이터 누락:** 특정 배치에 대한 검사 결과가 일부 누락되거나, 설비 이벤트가 기록되지 않은 구간이 존재한다. 데이터 수집 오류가 아니라 실제 운영 중 흔히 발생하는 상황을 반영한 것이다.

3. **시간 불일치:** ERP의 기준 시점, MES의 공정 완료 시점, 설비 로그의 이벤트 발생 시점이 완벽하게 일치하지 않는다. 같은 이벤트를 가리키는 것처럼 보이지만 시간 축 위에서는 어긋나 있다.

4. **의미 중복:** 서로 다른 파일에 비슷한 정보를 담고 있지만 완전히 같지 않은 칼럼들이 존재한다. 어느 쪽을 기준으로 삼아야 할지도 명확하지 않다.

시스템 관점별 데이터 파일 분류

이제 이 12개의 데이터 파일을 하나씩 살펴보며 실습에 적합한 이유를 알아보자. 각 파일은 표면적으로 큰 문제가 없어 보였다. 칼럼 개수는 충분했고, 생산 계획부터 공정 이력, 품질 검사 결과와 설비 로그까지 필요한 정보는 거의 빠짐없이 들어 있었다. 값 역시 대부분 정상 범위에 있었고 형식이나 유형 오류처럼 눈에 띄는 데이터 품질 문제도 많지 않았다. 그러나 실제 운영 관점의 질문을 던지자 상황이 달라졌다.

• **생산 계획 데이터**production_plan.csv**와 생산 실적 데이터**production_result.csv: 전형적인 ERP 관점에서 만들어진 파일들로 생산 오더, 계획 수량, 실제 생산 수량, 작업 일자 같은 정보와 언제 어떤 제품을 얼마만큼 생산할지 명확히 기록되어 있다. 경영과 관리 관점에서는 충분히 신뢰할 수 있고, 생산이 계획대로 이루어졌는지 확인하는 데도 큰 문제가 없다. 계획 대비 실제 생산 수량이 기록되어 있어, 이 두 파일만 놓고 보면 계획대로 잘 생산된 것처럼 보인다. 그러나 이 데이터들은 공정 중에 어떤 일이 있었는지, 그 결과가 품질이나 출하 판단에 어떤 영향을 미쳤는지까지는 말해주지 않는다.

production_plan.csv(일부)			
plan_date	batch_id	product_code	plan_qty
2024-06-01	B240601-01	P-ESS-01	5,000
2024-06-02	B240601-02	P-LOT-03	3,000

production_result.csv(일부)			
batch_id	actual_qty	start_time	end_time
B240601-01	4,950	08:10	11:40
B240601-02	3,020	13:05	17:30

수치는 정상처럼 보이지만 이 결과가 출하 가능한 상태인지는 알 수

없다.

- **배치 마스터 데이터**batch_master.csv**와 제품 마스터 데이터**product_master.csv: 생산 단위를 식별하고 추적하기 위한 파일들로 제품 코드, 배치 번호, 레시피 정보, 생산 시점 등 배치 및 제품 정보 항목이 포함되어 있다. 배치 마스터에는 배치 ID와 해당 제품, 레시피 정보가 정리되어 있고, 제품 마스터에는 제품 코드와 분류 정보가 담겨 있다. 이 데이터들은 배치 단위 운영의 핵심이며 다른 파일을 연결하는 열쇠처럼 보이지만, 시스템마다 표현 방식과 참조 방식이 달라 완벽한 연결을 보장할 수 없다. 어떤 파일에서는 배치가 중심이 되고, 어떤 파일에서는 제품이 중심이 된다. 같은 배치를 가리키고 있어도 연결 기준은 일관되지 않다. 기준 데이터임에도 기준이 하나로 고정되어 있지 않아 이후 문제를 초래한다.

batch_master.csv(일부)			
batch_id	product_code	recipe_id	manufacture_date
B240601-01	P-ESS-01	RCP-12	2024-06-01
B240601-02	P-LOT-03	RCP-08	2024-06-01

product_master.csv(일부)		
product_code	product_name	product_type
P-ESS-01	에센스 A	스킨케어
P-LOT-03	로션 C	스킨케어

기준 데이터는 있지만 어떤 판단의 기준인지 정의되어 있지 않다.

- **공정 이력**process_history.csv**과 공정 시간 로그**process_time_log.csv: MES 관

점의 데이터로 훨씬 상세하다. 공정 이력 파일에는 각 배치가 어떤 공정을 언제 거쳤는지 기록되어 있고, 공정 시간 로그에는 단계별 소요 시간이 담겨 있다. 현장에서는 매우 중요한 데이터지만, 이것만으로는 공정 상태(정상/지연/조치 필요)를 바로 판단하기 어렵다. 즉 정보는 많지만 의미는 아직 정의되지 않았다.

process_history.csv(일부)			
batch_id	process_step	status	event_time
B240601-01	제조	완료	10:45
B240601-01	충진	완료	11:30
B240601-02	제조	완료	15:10

process_time_log.csv(일부)		
batch_id	process_step	duration_min
B240601-01	제조	155
B240601-02	제조	185

시간이 길거나 짧을 때 어디까지 허용할지 기준이 없다.

• 품질 검사 데이터quality_inspection.csv**와 불량 요약 데이터**defect_summary.csv: 이 실습에서 가장 중요한 파일 중 하나로, 품질 시스템의 관점을 가장 잘 보여준다. 검사 항목별 측정값, 합격·불합격 여부, 불량 유형 및 수량이 명확히 기록되어 있어 품질 관리 측면에서는 충분히 정밀한 데이터다. 그러나 이 결과가 즉시 어떤 조치를 요구하는지는 명시되어 있지 않다. 검사 결과는 존재하지만 그것이 출하 보류, 재작업, 단순 기록 중 무엇인지에 대한 판단은 여전히 사람의 몫이다. 불량이 있다는 사실과

그 불량이 조치 대상인지 아닌지는 전혀 다른 문제이기 때문이다. 즉 이 데이터는 판단의 재료일 뿐, 판단 그 자체는 아니다.

quality_inspection.csv(일부)			
batch_id	test_item	result	measured_value
B240601-01	점도	합격	4,980
B240601-01	내용량	불합격	98.2

defect_summary.csv(일부)		
batch_id	defect_type	defect_qty
B240601-01	내용량 부족	50
B240601-02	없음	0

불량은 보이지만 그것이 조치 대상인지 기록 대상인지는 알 수 없다.

• **설비 이벤트 로그**equipment_event_log.csv**와 센서 시계열 데이터**sensor_timeseries.csv: MES나 설비 관리 시스템에서 생성된 파일들로, 가장 방대한 정보를 담고 있다. 온도, 압력, 교반 속도 같은 연속적인 센서 값과 함께 알람 발생이나 장비 정지 같은 이벤트 로그가 시간 순서대로 끝없이 쌓인다. 이들은 공정 상태를 가장 직접적으로 보여주는 기술적으로 풍부한 데이터지만, 해석 없이는 의미를 갖기 어렵다. 즉 어떤 알람과 센서 변화가 중요한지 판단할 기준이 없어 판단을 돕기보다 오히려 혼란을 키운다. 실제 현장에서 '데이터는 많은데 잘 안 본다'는 말이 나오는 이유가 바로 이것이다.

equipment_event_log.csv(일부)		
equipment_id	event_type	event_time
EQ-MX-01	TEMP_HIGH	09:32
EQ-MX-01	NORMAL	09:40

sensor_timeseries.csv(일부)		
equipment_id	timestamp	temperature
EQ-MX-01	09:31	78.2
EQ-MX-01	09:32	82.5

이상 징후처럼 보이지만 조치가 필요한 이벤트인지 아닌지는 판단할 수 없다.

- **출하 지시 데이터**shipment_order.csv**와 출하 결과 데이터**shipment_result.csv**:** 출하 및 물류 관련 데이터에 해당하며 출하 지시, 출하 완료 여부, 납기 정보와 같은 항목들이 정리되어 있다. 그러나 이 데이터 역시 출하 지시 시점과 실제 출하 시점은 명확하게 기록되지만 출하 결정이 내려지기까지의 판단 과정은 담고 있지 않다. 즉 당시에 어떤 근거로 출하를 결정했는지는 남지 않고 결과로만 존재한다.

shipment_order.csv(일부)		
shipment_id	batch_id	planned_date
S240601-01	B240601-01	2024-06-02

shipment_result.csv(일부)		
shipment_id	shipped_date	status
S240601-01	2024-06-02	완료

출하는 완료되었지만 왜 출하되었는지는 남아 있지 않다.

　이렇게 12개의 파일을 차례로 살펴보면 공통된 특징이 드러난다. 각 파일은 자기 시스템 기준으로는 맞다. 어느 하나도 잘못되었다고 말하기 어렵다. 그러나 이 데이터를 앞에 두고 실제 운영 관점의 질문을 던지면 상황이 달라졌다. "이 배치는 지금 출하 가능한가?"라는 간단한 질문에도 데이터는 여러 조각의 정보를 내놓을 뿐 명확한 답을 주지 않았다. 생산은 완료되었고, 일부 검사 결과는 합격이었으며, 설비 알람도 치명적이지 않아 보였다. 그럼에도 이 조합이 출하 가능과 보류 중 무엇을 의미하는지 데이터만으로는 판단할 수 없었다.

　"이 불량은 조치 대상인가?"라는 질문도 같은 문제를 드러냈다. 불량 수량과 유형은 기록되어 있었다. 하지만 그 불량이 공정을 즉시 멈춰야 하는지, 재작업으로 해결 가능한지, 아니면 기록만 남기고 넘어갈 수 있는지는 데이터 안에 정의되어 있지 않았다. 같은 불량이라도 상황에 따라 전혀 다른 대응이 필요한데, 판단 기준이 칼럼이나 값의 형태로 존재하지 않았기 때문이다.

　정리하면 데이터는 각 시스템의 관점에서는 충분했지만, 운영자가 지금 어떤 결정을 내려야 하는지에 대한 구조는 어디에도 없었다. 분석이나 보고에는 사용할 수 있었지만, 즉각적인 운영 판단에는 그대로 쓸 수 없는 상태였다. 이 간극이 바로 이 실습의 출발점이며 다음 장에서 이 간극을 어떻게 메워 나갔는지 단계별로 설명하겠다.

실습 데이터를 통해 검증하려 했던 것

'데이터는 있는데 판단은 없는 상태'가 파운드리가 등장해야 하는 시점이며, 이 책의 실습도 바로 여기서 출발한다. 목표는 칼럼을 더 늘리거나 값을 더 정제하는 것이 아니다. 이미 있는 데이터를 어떻게 재배치하고, 어떤 기준으로 연결해야 판단 가능한 구조가 만들어지는지 검증하는 것이다.

가장 먼저 확인하고 싶었던 것은 온톨로지 없이는 무엇이 불가능한가였다. 데이터는 충분히 존재하는데도 "지금 무엇을 해야 하는가?"라는 질문에 답할 수 없는 이유를 명확히 드러내고 싶었다. 그래서 기존 데이터 프로젝트라면 모든 파일을 연결하고 최대한 많은 정보를 한곳에 모으는 데 집중했을 테지만 처음부터 그 방향을 의도적으로 피했다. 칼럼을 맞추고 연결하는 방식으로는 상태·책임·조치의 기준을 표현할 수 없다는 점을 직접 확인하려 했다. 통합의 완성도가 아니라 판단이 가능한 구조를 만드는 것이 핵심이었기 때문이다.

실습은 원천 데이터 적재부터 시작했다. 기존 데이터 프로젝트에서 늘 해오던 방식대로 파일을 올리고, 칼럼을 확인하고, 기본적인 형식 오류만 점검했다. 이 단계에서는 큰 저항 없이 첫 단추를 무난하게 끼운 듯했다. 데이터는 문제없이 올라갔고, 테이블은 깔끔하게 생성되었으며, 각 파일도 자기 이름표를 달고 저장소에 자리 잡았다.

문제는 그다음이었다. 원천 데이터를 모두 적재한 상태에서 "이 배치는 지금 출하 가능한가?"라는 질문을 던져보았다. 질문은 단순했지만 답을 찾는 과정은 예상보다 훨씬 복잡했다. 출하 여부를 판단하려면 생산 완료, 품질 검사 통과, 설비 이상, 납기 일정 등에 문제가 없는지 함께 봐야 했다. 생산 실적은 ERP에 있었고, 품질 결과는 검사 데이터에 있었으며, 설비 로그와 출하 일정도 각각의 파일에 담겨 있었다.

그래서 SQL을 통해 파일들을 조인하기 시작했다. 배치 ID를 기준으로 생산 실적과 품질 데이터를 연결하고, 시간 조건을 맞춰 설비 로그를 붙였다. 기술적으로는 가능해서 쿼리도 실행되고 결과도 나왔지만, 여전히 답은 찾지 못했다. 어떤 배치는 품질 불합격 항목이 하나 있었지만 경미해 보였고, 어떤 배치는 설비 알람이 있었지만 곧 정상으로 복귀했다. 이 상황을 출하 불가와 조건부 출하 중 무엇으로 볼지에 대한 기준은 데이터 어디에도 없었다.

이 첫 번째 시도는 기술적으로 실패한 것이 아니었다. 데이터는 정상적으로 적재되었고 시스템도 문제없이 동작했다. 실패는 질문의 방식에 있었다. "이 데이터를 어떻게 연결할까?"를 고민할 뿐, "이 판단은 어떤 상태에서 내려지는가?"를 정의하지 못했다.

원천 데이터를 아무리 잘 적재해도 데이터를 그대로 이어 붙이는 방식으로는 판단의 언어로 질문을 던질 수 없었다. SQL 쿼리는 숫자와 상태를 나열할 뿐, "그래서 지금 무엇을 해야 하는가?"라는 질문에는 침묵했다. 원천 데이터 적재는 끝났지만 판단은 한 발짝도 앞으로 나아가지 못했다.

또 다른 실패는 데이터 양에서 비롯되었다. 설비 이벤트 로그와 센서 시계열 데이터를 함께 조회하자 결과가 순식간에 방대해졌다. 알람이 많아졌고 센서 값도 계속 변했다. 어떤 신호가 중요한지 기준이 없으니 데이터는 정보가 아니라 소음에 가까워졌다. 원천 데이터 단계에서 모든 데이터를 그대로 올린 것이 오히려 판단을 더 어렵게 만들었다.

이 실습에서는 원천 데이터를 적재하는 첫 단계에서 원본 데이터를 되도록 손대지 않고 그대로 두되, 정제 단계에서 최소한의 정제와 정합만 수행하는 방식을 택했다. 이 과정에서 중요한 기준은 데이터의 '깨끗함'이 아니라 '의미의 명확함'이었다. 어떤 데이터는 값이 완벽해 보였지만 무엇을 판단하는 데 쓰일지 설명할 수 없어서 정제 단계부터 보류했다. 반대로 값이 조금 거칠더라도 특정 상태 전이나 조치 기준을 설명할 수 있는 데이터는 남겼다.

온톨로지 단계로 올라가면서 이 구분은 더욱 분명해졌다. 모든 데이터를 온톨로지에 올릴 수는 없어서 배치 상태를 정의하는 데 직접 기여하거나 판단 기준을 계산하는 데 필요한 데이터만 선택했다. 기존 데이터 프로젝트였다면 반드시 포함했을 데이터들을 판단에 필요 없다는 이유로 많이 제외했다.

이 실습에서 특히 확인하고 싶었던 질문은 "정말 모든 데이터를 써야만 할까?"였다. 답은 점점 분명해졌다. 책임과 액션으로 이어질 수 있는 데이터만으로도 판단을 내리는 데는 문제없었고, 나머지는 참고 자료이거나 기록으로 남겨도 충분했다. 즉 데이터를 버리지 않고 역할을 재정의했다.

결국 이 실습의 목적은 데이터의 양이나 정합성을 검증하는 데 있지 않았다. 데이터가 판단 구조 안으로 들어갈 수 있는지, 그리고 그 판단 구조가 실제 운영 질문에 답할 수 있는지를 확인하는 과정이었다. 원천 데이터에서 정제 단계를 거쳐 온톨로지로 올라가는 흐름은 데이터를 정제하는 과정이 아니라 의미를 선별하는 과정이었다. 이 장 이후부터는 그 선별 과정에서 어떤 실패를 겪었고, 어떤 기준이 끝내 살아남았는지를 구체적으로 따라간다.

본격적인 실습에 앞서 전하는 말

이 장에서 소개한 화장품 제조 데이터는 정답을 보여주기 위한 예제가 아니다. 오히려 처음부터 매끄럽게 작동하지 않도록 일부러 불완전하게 설계했다. 칼럼이 부족하거나 값이 잘못된 게 아니라, 판단에 필요한 구조 자체가 없는 데이터다.

다음 장에서는 파운드리 트라이얼에서 데이터를 어떻게 적재하고 정제했는지, 그리고 그 과정에서 우리가 무엇을 잘못 이해하고 있었는지를 구체적인 경험을 통해 소개하겠다. 먼저 이 데이터로 실제로 무엇이 잘못되는지를 그대로 따라간다. 처음에는 온톨로지를 잘못 설계해 판단이 무너졌다. 어떤 상태 정의는 현실과 맞지 않았고, 어떤 행동은 현업의 흐름을 오히려 방해했다. 그 실패를 감춘 채 정답으로 건너뛰지 않고, 무엇이 잘못됐는지와 어디서 구조가 어긋났는지를 하나씩 밝혀본다.

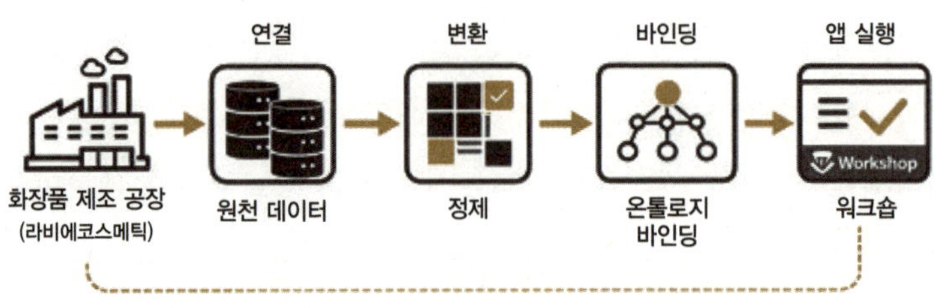

그다음에는 잘못된 설계를 어떻게 수정했는지를 보여준다. 단순히 모델을 고치는 과정이 아니라, 판단 기준과 책임 구조를 다시 세우는 과정을 함께 따라간다. 이 수정 과정은 반복적이고 때로는 답답하다. 그러나 바로 그 지점에서 온톨로지가 설계 문서가 아니라 운영 구조라는 사실이 분명해진다.

수정된 온톨로지가 운영에 올라가면서 일어난 변화도 숨기지 않는다. 어떤 문제는 해결되었지만, 어떤 불편은 오히려 더 분명해졌다. 현업의 반발, 기준 변경에 대한 부담, 운영 속도 저하 같은 현실적인 변화까지 그대로 다룬다. 즉 성공 사례만 나열하지 않고 실제로 겪은 변화 전체를 보여준다.

그래서 이 실습은 '따라 하면 잘 되는 실습'보다는 '따라 하면 한 번은 반드시 막히는 실습'에 가깝다. 그 막히는 지점이 바로 이 책이 전달하고자 하는 핵심이다. 온톨로지와 파운드리를 이해하는 것은 결과를 복제하는 것이 아니라 왜 막히는지를 이해하는 데서 시작된다. 이 장 이후의 내용은 그 막힘을 어떻게 통과했는지를 함께 고민하는 과정이 될 것이다.

데이터 적재와 정제의 현실

데이터 커넥션은 '파이프라인'이 아니라 '관문'이다

파운드리에서의 데이터 적재는 익숙하면서도 낯설다. 데이터 커넥터를 통한 연결 방식이나 API, 파일, DB 커넥션 등 기술 스택 자체는 특별히 새롭지 않다. 문제는 데이터를 어디로, 어떤 의미로 넣느냐. 기존 데이터 프로젝트에서는 데이터 적재 자체가 목적이었다면, 파운드리에서 적재는 데이터가 온톨로지로 진화하기 위한 출발점일 뿐이다.

파운드리를 처음 접한 데이터 엔지니어들은 "결국 기존 ETL과 같지 않나요?"라는 말을 가장 자주 한다. 겉으로 보면 틀린 말은 아니다. 데이터는 여전히 소스에서 추출되고, 변환 과정을 거쳐 적재된다. 그래서 파운드리에서 데이터 적재를 시작하면 많은 사람이 ETL 화면부터 찾는다. 그리고 어디서 데이터를 끌어오고, 어떻게 변환하고, 어디에 저장할지를 묻는다.

파운드리에서 데이터 변환의 핵심은 단순 ETL이 아니라 의미 변환 semantic transformation이다. 기존 ETL의 목적은 데이터를 분석하기 좋은 형태로 정제하는 것이다. 그래서 변환의 기준이 항상 기술적이다. 데이터 유형을 맞추고 단위를 통일하며, 조인을 통해 테이블을 넓히고 필요한 계산을 미리 수행해 둔다. 분명 중요한 과정이지만 "이 데이터로 무엇을 결정할 수 있는가?"라는 결정적인 질문에는 답하지 못한다. ETL은 결괏값을 예쁘게 다듬어 내지만, 그 값이 어떤 판단을 촉발하는지는 알려주지 않는다.

반면 파운드리에서 변환은 '의미의 결정'이자 비즈니스 선언에 가깝다. 특정 값이 시스템 안에서 무엇을 상징하는지를 명확히 규정하는 일이기 때문이다. 파운드리의 데이터 커넥션은 단순한 기술적 연결이 아니다. 파운드리는 데이터를 단순히 '가져오는 것'과 조직의 의사결정 체계 decision-making framework에 '편입시키는 것'을 구분하지 않는다. 이를 이해하지 못하면 이후의 정제와 온톨로지 설계는 계속 어긋난다.

파운드리의 데이터 커넥터는 '파이프라인'이 아니라 '관문'이다. 설정 화면을 보면 DB 연결, API, 파일 업로드 등 기술적으로 새로운 것은 없어 보인다. 그러나 실제로 써보면 이 연결이 기존 ETL과 전혀 다르다는 점을 곧 깨닫게 된다. 기존 ETL에서는 연결이 곧 흐름이다. 데이터는 정해진 목적지를 향해 자동으로 가공되어 흘러간다. 반면 파운드리에서의 연결은 엄격한 관문이다. 이 관문을 통과한 데이터는 '아직 누구의 판단에도 기여하지 않는 미완의 상태'로 대기하여 처음에는 비효율적으로 느껴진다. 하지만 불편해 보여도 매우 정직한 설계다.

실습에서 화장품 제조 공장의 데이터를 연결할 때도 이 점이 선명하게 드러났다. 원료 입고 데이터, 배합 이력, 공정 로그, 품질 검사 결과는 기존 관점에서 모두 '쓸모 있는 데이터'다. 그러나 Raw 영역에 올라온 이 데이터들을 가공 없이 바라보면 우리는 곧 당황하게 된다. 원료 입고 수량이 계획 대비인지 실적 기준인지 모호하고, 배합 이력은 정상 배치인지 재작업 배치인지 구분되지 않으며, 품질 검사 결과는 판단 기준이 무엇인지 드러나지 않는다. 즉 데이터는 있지만 맥락은 없다. 데이터 커넥션 단계에서 이 결핍을 날것 그대로 드러내는 것이 파운드리의 의도다. 이 단계에서 억지로 의미를 덧칠하기 시작하면 이후 Curated와 Ontology 단계에서 반드시 데이터 정합성 충돌이 발생한다.

그렇다면 데이터 커넥션의 진짜 목적은 무엇일까? 이 단계의 목적은 '특정 데이터가 우리 조직의 운영 시스템 안으로 들어올 자격'이 있는지를 검증하는 것뿐이다. 신뢰할 수 있는 출처인가, 변경 주기sync frequency는 적절한가, 누가 이 데이터를 책임지는가, 소스 시스템 중단 시 어떤 영향을 주는가 등에 답하지 못하는 데이터는 아무리 양이 많아도 이후 단계로 넘어가서는 안 된다.

화장품 제조 공장 실습에서도 모든 데이터를 무분별하게 연결하지 않았다. '데이터가 있으니까 연결한다'가 아니라 '이 데이터가 온톨로지에서 어떤 판단에 쓰일 수 있는가'를 기준으로 선별했다. 이 신중한 선택 덕분에 이후 정제 단계에서 우리는 훨씬 덜 흔들렸다.

이제 비로소 다음 질문이 가능해진다. 이 데이터는 어떤 객체의 속성이 될 수 있는가? 어떤 상태 변화를 설명할 수 있는가? 어떤 판단을 촉발할 수 있는가? 이 질문에 답하며 데이터를 다듬는 과정이 바로 정제Curation다.

원천 데이터에서 온톨로지까지: 사실이 판단으로 바뀌는 3단계

파운드리를 처음 접하는 사용자들은 종종 "원천 데이터와 정제 데이터는 그냥 정제 전과 후의 차이 아닌가요?"라고 묻는다. 겉으로는 맞는 말처럼 보이지만 이 둘의 차이는 훨씬 본질적이다. 원천 데이터에서 정제 데이터로, 그리고 다시 온톨로지로 넘어가는 과정은 단순한 정제 단계가 아니라 데이터의 '역할 전환'이다. 이 흐름을 이해하지 못하면 파운드리의 구조가 복잡하고 답답하게 느껴질 수밖에 없다. 반대로 이 전환이 몸에 익으면 기존 데이터 플랫폼으로 되돌아가기 어려워진다.

파운드리에서 외부 데이터는 항상 Raw 영역Landing Zone으로 유입된다. 이 단계에서 데이터는 아직 아무런 비즈니스 의미도 갖지 않는다. ERP에서 왔든, MES에서 왔든, 엑셀 파일이든 상관없다. 이 단계에서 파운드리는 데이터를 오직 사실fact로만 취급한다. 즉 기존 DW가 적재 단계에서 테이블 이름과 스키마로 의미를 부여하는 것과 달리, 파운드리는 해석을 일부러 뒤로 미룬다. 의미는 실제 운영 판단의 맥락에서 결정되어야 하기 때문이다.

① Raw(사실은 존재하나 맥락은 부재한 상태)

Raw 영역에 들어가는 원천 데이터는 말 그대로 사실의 집합이다. 값이 정확하고 양도 충분할 수 있지만, 원천 데이터만으로는 아직 어떤 판단도 가능하지 않다. 원천 데이터는 질문에 스스로 답하지 않으며 그저 '이런 값이 존재했다'는 사실만 보존한다. 파운드리는 이 해석이 보류된 상태를 의도적으로 유지한다.

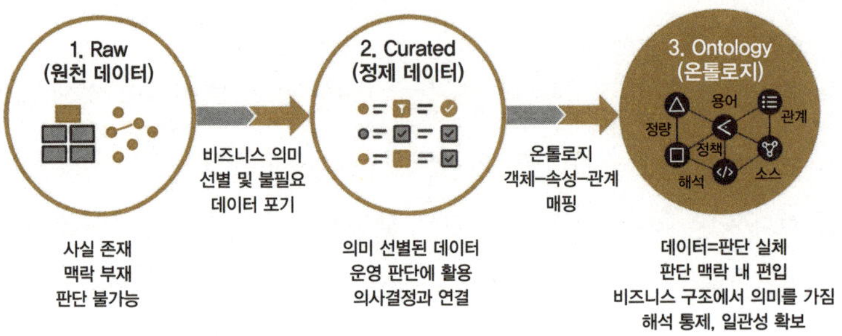

화장품 제조 데이터를 Raw 영역에 처음 올렸을 때 '데이터는 많은데, 아무 말도 하지 않는다'는 인상을 받았다. 배합 온도는 기록되어 있지만 정상 범위인지 알 수 없었고, 품질 검사 수치는 존재하지만 합격 기준이 무엇인지 드러나지 않았으며, 공정 시간은 기록되어 있으나 지연인지 계획된 대기인지 구분되지 않았다. 이런 상태에서는 아무리 분석을 시도해도 결과에 늘 추가 설명이 필요하다.

② Curated(기술적 정제를 넘어 비즈니스 의미를 선택하는 단계)

정제 단계로 넘어가면 데이터의 성격이 완전히 달라진다. 정제 데이터는 단순히 '깨끗하게 닦인 데이터'가 아니라, 실제 운영 판단에 쓰일 수 있도록 '의미가 선별된 데이터'다. 정제 단계의 핵심 질문은 "이 데이터는 어떤 의사결정을 가능하게 하는가?"이며, 이에 답할 수 있는 데이터만 다음 단계로 나아갈 자격을 얻는다.

많은 조직이 이 과정을 '정제Cleaning'라고 부르지만 데이터가 단순히 깨끗해진다는 인상을 주기 때문에 주의해야 한다. 파운드리에서 변환 단계는 데이터가 단호해지는 과정이며, 이 단계에서는 시스템 오류 데이터가 아니라 비즈니스 의미를 설명할 수 없는 정상 데이터가 가장 많이 제거된다. 화장품 제조 공장 실습에서도 모든 공정 로그를 적재할 수 있었지만 실제 판단에 어떤 영향을 주는지 명확히 답할 수 없는 항목은 과감히 제외했다. 실제 조치를 유발하지 않는 품질 지표 역시 이 단계로 올리지 않았다.

이 과정은 상당히 불편하다. 그동안 '데이터가 있으니까 일단 다 쓰자'고 생각했던 관성을 거슬러 의도적으로 데이터를 포기해야 하기 때문이다. 그러나 이 포기가 없다면 Curated 영역은 그저 Raw의 복사본이 되고, 파운드리는 기존의 데이터 레이크와 다를 바 없어진다.

③ Ontology(데이터가 '판단의 실체'가 되는 순간)

정제 데이터가 온톨로지로 매핑mapping되는 순간, 그 데이터는 완전히 다른 차원의 존재가 된다. 온톨로지는 데이터를 객체object, 속성property, 링크에 연결한다. 이 연결이 일어나는 순간 데이터는 더 이상 단순한 숫자가 아니라 조직의 판단 맥락 안으로 편입된다. 예를 들어 품질 검사 수치 하나는 Raw 영역에서는 단순한 측정값에 불과하지만, Curated 영역에서는 정제된 품질 지표가 되고, 온톨로지에서는 해당 배치가 출하 가능한지 결정하는 근거가 된다. 온톨로지로 승격된 데이터는 오직 정의된 비즈니스 구조 안에서만 의미를 갖는다. 해석의 자유는 제한되지만, 그 대신 전사적 판단의 일관성을 확보할 수 있다.

이 세 단계를 명확히 구분하지 않으면 운영에 문제가 생긴다. 그래서 파운드리는 이런 위험을 막기 위해 의도적으로 단계를 나누고 데이터 이동을 까다롭게 관리한다. 예를 들어 Raw에서 성급하게 의미를 확정하면 추후 소스 시스템을 변경할 때 구조 수정이 어려워진다. 또한 Curated의 범위를 지나치게 넓히면 온톨로지가 비대해지고 시스템 운영이 무거워진다. 온톨로지로 검증되지 않은 데이터를 너무 많이 끌어올리면 판단 기준이 흐려지고 신뢰가 무너진다.

이를 참고하여 화장품 제조 공장 실습에서도 Raw 영역에서는 사실에 충실하게fact-based, Curated 영역에서는 판단에 필요한 만큼만insight-based, Ontology 영역에서는 책임과 액션이 발생하는 지점까지만action-based 진행했다. 그 덕분에 데이터가 늘어날수록 시스템 구조는 복잡해지지 않고 오히려 설명하기 쉬워졌다.

연결 단계에서 발생하는 가장 흔한 실수는 '미리 깔끔하게 만들어 두자'는 유혹에 빠지는 것이다. 칼럼명을 업무 용어로 미리 바꾸거나, 여러 소스를 하나의 테이블로 성급하게 합치거나, 계산 칼럼을 만들어 의미를 확정하는 경우가 그렇다. 단기적으로 편해 보일지 몰라도 파운드리에서는 비즈니스 로직을 너무 일찍 고착화hard-coding하는 치명적인 실수가 된다. 그 결과, 나중에 온톨로지를 설계할 때 "이 데이터는 왜 소스와 다르게 정의되어 있죠?"라는 질문에 답하지 못한다. 파운드리는 이 실수를 막기 위해 데이터 커넥션 단계에서 로직 개입을 최소화하도록 설계되어 있다. 의도적으로 통제했기 때문에 처음 사용하면 불편함을 느낄 수밖에 없다.

파운드리 트라이얼의 첫 번째 고비

트라이얼에서 가장 먼저 마주하는 현실은 우리가 그동안 데이터를 너무 쉽게 믿어왔다는 사실이다. 소스 시스템의 데이터는 당연히 정확하다고 가정해 왔으나 파운드리에 데이터를 올리기 시작하면 이 가정은 빠르게 무너진다. 같은 개념을 가리키는 칼럼이 시스템마다 다르고 기준 시점도 제각각이라서 데이터 누락과 예외가 일상적으로 발생하기 때문이다.

기존 ETL에서는 이런 문제를 '정제'라는 이름으로 덮어왔다. 결측치를 임의로 채우고, 형식을 맞추고, 기계적으로 오류를 제거했다. 그러나 파운드리의 정제 과정은 이보다 훨씬 까다롭다. 단순히 값을 고치는 기술적 행위를 넘어, 이 데이터가 비즈니스적으로 무엇을 의미하는지 정의해야 하기 때문이다.

예를 들어 '상태'라는 값 하나를 적재하는 데도 질문이 따라온다. 이 상태는 언제 변경되는가? 변경의 주체는 누구인가? 이 상태가 바뀌면 어떤 액션이 가능해지는가? 이런 질문에 답하지 못하면, 데이터는 데이터셋으로 적재할 수는 있어도 온톨로지의 객체로 승격되지 못한다. 데이터는 존재하지만 판단에는 쓰이지 않는 고립된 상태가 되는 것이다.

이 과정에서 많은 데이터가 탈락한다. 기존 시스템에서는 문제없이 쓰이던 데이터가 의미가 불분명하다는 이유로 보류되는 것이다. 언뜻 낭비처럼 보일 수 있지만 그동안 우리가 의미 없는 데이터를 의미 있는 것처럼 착각하며 사용해 왔다는 서늘한 진실이 드러나는 순간이다.

또 하나의 현실은 속도다. 파운드리에서는 데이터 적재가 느리게 진행된다. 정확히 말하면 초반의 파이프라인 설계 단계가 느리다. 모든 변환과 연결이 결국 온톨로지라는 운영 구조를 지향하기 때문에, 무조건 빠르게 쌓아두기보다 어디에 쓰일지를 먼저 정한다. 답답하게 느껴질 수 있지만 구조가 한번 잡히면 이후 확장은 비교할 수 없이 빨라진다. 제조

• 파운드리 트라이얼의 첫 번째 고비 •

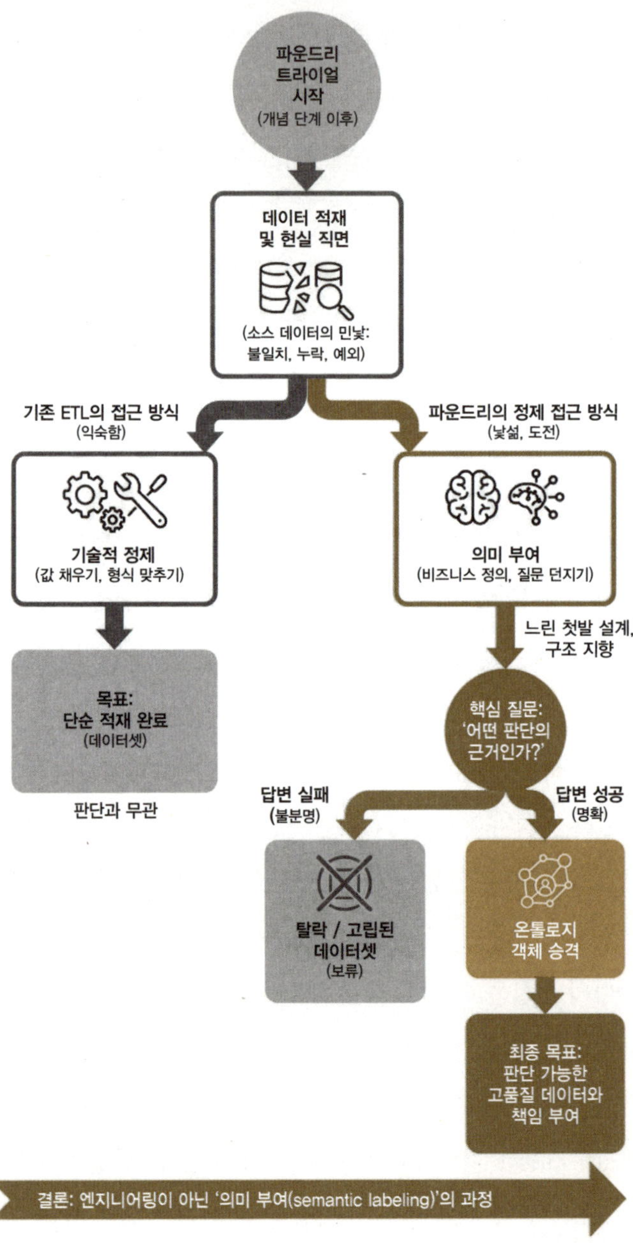

파운드리
트라이얼
시작
(개념 단계 이후)

데이터 적재
및 현실 직면

(소스 데이터의 민낯:
불일치, 누락, 예외)

기존 ETL의 접근 방식
(익숙함)

파운드리의 정제 접근 방식
(낯섦, 도전)

기술적 정제
(값 채우기, 형식 맞추기)

의미 부여
(비즈니스 정의, 질문 던지기)

느린 첫발 설계,
구조 지향

목표:
단순 적재 완료
(데이터셋)

판단과 무관

핵심 질문:
'어떤 판단의
근거인가?'

답변 실패
(불분명)

답변 성공
(명확)

탈락 / 고립된
데이터셋
(보류)

온톨로지
객체 승격

최종 목표:
판단 가능한
고품질 데이터와
책임 부여

결론: 엔지니어링이 아닌 '의미 부여(semantic labeling)'의 과정

데이터는 양이 방대하고 예외 케이스도 많다. 이런 데이터일수록 Raw-Curated-Ontology의 구분이 없으면 시스템은 빠르게 혼란에 빠진다. 느려 보이지만 이 느림 덕분에 비즈니스 구조는 견고하게 살아남는다.

정제 과정에서 특히 인상 깊었던 점은 이 작업이 더 이상 데이터 엔지니어만의 전유물이 아니라는 것이다. 현업 전문가의 도메인 지식이 없으면 정제 파이프라인은 멈춘다. "이 값이 왜 비어 있나요?"라는 질문에 대한 답은 시스템 문서가 아니라 사람의 경험 속에 있다. 이런 대화가 반복되면서 데이터 적재는 업무를 깊이 이해하는 과정으로 변모한다.

또한 이 과정은 때로 불편한 진실을 드러낸다. 어떤 지표는 실제로 아무도 책임지고 관리하지 않았고, 어떤 데이터는 관행적으로 입력되고 있었을 뿐이다. 파운드리는 이런 불투명한 데이터를 그대로 수용하지 않고 어떤 판단의 근거로 쓰이는지 냉정하게 묻는다. 이 질문에 답하지 못하면 그 데이터는 온톨로지 구조 안으로 들어오지 못한다.

처음에는 이 기준이 가혹하게 느껴진다. 그러나 시간이 지나면 이 엄격한 기준이야말로 파운드리의 가장 큰 장점이라는 사실을 깨닫게 된다. 데이터가 적재되는 명분이 분명해지고, 모든 데이터에 책임이 부여되기 때문이다.

결국 파운드리에서의 데이터 적재와 정제는 기술적인 엔지니어링이 아니라 느리고 번거롭고 때로는 좌절스러운 의미 부여 과정이다. 그러나 이 고통스러운 과정을 거치지 않고서는 '판단 가능한 고품질 데이터'는 결코 만들어지지 않는다.

ETL이 아니라 의미 변환

앞서 소개한 파운드리의 의미 변환을 구체적 사례로 살펴보자. 화장품 제조 공장의 온도 데이터를 예로 들면, ETL 관점에서는 평균을 내고 이상치를 제거하는 데 집중한다. 하지만 의미 변환 관점에서는 이 온도가 '공정 안정 상태'를 판가름하는 기준인지, '설비 교체 신호'인지를 먼저 선언한다. 이것이 선행되지 않으면 아무리 정교한 기술적 계산도 실제 운영 현장에서는 무용지물이 된다.

의미 변환은 데이터를 단순히 묶는 것이 아니라 데이터에 역할을 부여하는 과정이다. 기존 방식이 테이블을 합치고 스키마를 확장하는 데 매몰된다면, 파운드리의 의미 변환은 특정 값이 상태status를 바꾸는 신호인지, 경고를 발생시키는 계기인지, 아니면 단순 참고용인지를 집요하게 묻는다. 역할이 명확하게 정의되지 않은 변환은 온톨로지에서 아무런 생명력도 갖지 못한다.

이제 이러한 의미 변환 과정에서 필수적으로 발생한 현업과의 충돌이 어떻게 건강한 시스템을 만드는 동력이 되었는지 이야기하겠다. 실습 중 가장 인상 깊었던 장면은 같은 변환 로직을 두고도 전혀 다른 결과를 도출한 순간이었다. 한 팀은 '배합 시간의 평균을 계산해 대시보드 지표로 쓰자'며 기술적으로 접근했다. 반면 다른 팀은 '배합 시간이 기준 범위를 벗어나면 해당 배치는 즉시 재검토under review 상태로 전이된다'고 선언했다. 기술적으로는 비슷한 연산이었지만 전자는 정적인 보고서에 머물렀고, 후자는 운영 앱Operational Apps에서 실질적인 행동을 촉발했다. 이 차이가 바로 의미 변환의 힘이다.

또한 실습 중 목격한 전형적인 실패 패턴은 '일단 기존 방식대로 다 만들어 두고 나중에 의미를 붙이자'는 태도였다. 이 방식은 예외 없이 실패했다. 변환 로직은 복잡해졌으나 정작 어떤 판단에 쓰이는지는 누구도 설명하지 못해서 결국 전체 구조를 다시 설계해야 했다. 파운드리에서는 비즈니스 의미를 먼저 결정해야 기술적 계산이 비로소 의미를 갖는다.

의미 변환이 제대로 작동하기 시작하면 팀의 대화 주제부터 달라진다. "이 칼럼의 출처가 어디지?"라는 기술적 질문 대신 "이 값이 임계치를 넘으면 현장에서 어떤 조치를 취해야 하나?"를 묻게 된다. 이 과정에서 불필요한 변환 로직은 줄어들고 시스템에 대한 설명은 명쾌해진다. 화장품 제조 공장 실습에서도 초반에는 변환 코드가 비대해졌으나 의미 변환의 기준을 정립한 후에는 데이터 파이프라인이 단순해졌다.

정리하면 "지금 수행하는 작업이 단순한 ETL인가, 아니면 가치 있는 의미 변환인가?"라는 질문에 확신 있게 답할 수 있다면, 파운드리의 정제 단계를 온전히 이해했다고 볼 수 있다.

데이터 모델링 실패 사례에서 깨달은 것

데이터 모델링을 시작할 때 우리는 자신감이 있었다. 이미 여러 제조 데이터 프로젝트를 경험했고, ERP·MES·SCM 기반의 스키마에도 익숙했다. 그래서 초기 모델은 아주 자연스럽게 설계했다. 문제는 그 모델이 비즈니스 운영이 아닌 기존 시스템의 구조를 그대로 복제할 정도로 '너무 자연스러웠다'는 점에 있었다.

첫 번째 실패: 시스템 중심 모델링source-mirroring

가장 먼저 만든 것은 전형적인 제조 데이터 모델이었다. 원료 테이블, 배합 테이블, 공정 이력 테이블, 품질 검사 테이블 등 각 테이블은 소스 시스템을 완벽히 반영했고 정규화도 깔끔했다. ERD를 놓고 보면 흠잡을 데가 없었다. 하지만 이 모델을 온톨로지로 끌어올리면 그것으로 무엇을 판단할 수 있느냐는 근본적인 질문이 터져 나왔다. 아무도 답하지 못했다.

즉 이 모델은 데이터를 설명하는 데는 훌륭했지만 운영 상황을 설명하지는 못했다. 모든 데이터는 과거 이력일 뿐이었고, 어디에도 지금 조치가 필요한 상태에 대한 정의는 없었다. 파운드리에서는 ERD가 깔끔하다고 해도 좋은 데이터 모델이 아님을 이때 처음 깨달았다.

두 번째 실패: 복잡성에 함몰된 통합 모델over-engineering

첫 번째 실패 이후 우리는 모든 과정을 유기적으로 묶어보자며 방향을 바꿨다. 원료 – 배합 – 공정 – 품질을 하나의 흐름으로 잇고 가능한 모든 관계를 미리 정의했다. 논리적으로는 완벽했다. 데이터 누락도 없었고 확장성도 충분해 보였다.

그러나 실습을 진행하며 이 모델은 속절없이 무너졌다. 객체 하나를 이해하려면 연결된 다른 객체들까지 줄줄이 파악해야 했고, 작은 데이터 변경 하나가 전체 온톨로지 구조에 영향을 주었다. 무엇보다 너무 복잡해서 실무에서 쓰기는 어려울 것 같다는 팀원의 반응이 결정적이었다. 즉 이 모델은 먼 미래를 대비했을지 모르나 당장의 운영 현장을 설명하지는 못했다. 파운드리에서 과도한 확장성은 장점이 아니라 오히려 운영 리스크가 될 수 있음을 체감했다.

세 번째 실패: KPI 중심 모델링outcome-only

다음으로는 '판단이 문제라면 지표부터 잡자'는 식으로 접근했다. 수율, 불량률, 공정 편차, 재작업 비율을 중심으로 모델을 재구성했다. 처음에는 반응이 좋았다. 대시보드도 빠르게 구현되었고 회의에서도 소통이 원활했다.

하지만 곧 한계가 드러났다. KPI는 결과였을 뿐, 원인이나 맥락은 아니었다. 문제가 발생하면 운영자는 원인을 찾기 위해 다시 원천 데이터를 뒤져야 했고, 최종 판단은 여전히 시스템 밖에서 사람의 직관에 의존했다. KPI 중심 모델은 무슨 일이 있었는지는 보여주지만 지금 당장 어떤 액션을 취해야 하는지는 알려주지 못했다.

세 번의 실패를 겪고 나서야 공통점이 보이기 시작했다. 우리는 데이터를 중심으로 모델링해 소스 시스템이나 결과 수치를 기준으로 구조를 만들었지만, 정작 판단이 이루어지는 결정적인 순간critical moment은 모델에 담지 못했다. 즉 모델 안에 '결정해야 하는 시점'이 없었다. 기존의 데이터 모델링 방식이 파운드리의 운영 중심operational-centric 설계 앞에서는 무력화된다는 사실은 꽤 충격적이었다.

이후 모델을 처음부터 다시 만들며 우리는 질문을 완전히 바꿨다. "이 데이터가 어디서 왔는가?" 또는 "무엇을 계산할 것인가?" 대신 이렇게 물었다. "공정 관리자는 언제 이 배치가 문제가 된다고 확신하는가?" 이 질문에 답하려다 보니 모델의 중심이 다음과 같이 자연스럽게 이동했다.

- **테이블 중심에서 상태 중심으로:** 단순히 데이터를 쌓는 테이블이 아니라 객체의 현

재 상태를 정의하는 것을 중요시했다.

- **이력 중심에서 전이 중심으로:** 과거 기록보다 정상에서 주의로 상태가 바뀌는 상태 전이 시점이 핵심이 되었다.
- **속성 중심에서 판단 근거 중심으로:** 데이터는 객체의 단순한 필드가 아니라 액션을 촉발하는 판단의 근거가 되었다.

이때부터 비로소 Raw→Curated→Ontology의 흐름이 모델 안에서 유기적으로 살아 움직이기 시작했다.

여러 번의 모델링 실패를 겪은 뒤에야 우리는 문제의 본질에 도달할 수 있었다. 데이터가 부족했던 것도, 기술적인 기법이 잘못되었던 것도 아니다. 우리는 단 한 번도 이 데이터가 누구의 관점에서, 누구의 판단을 위해 쓰이는지 진지하게 고민해 보지 않았다. 그저 DBMS^{Database Management System}(데이터베이스 관리 시스템)에 기계적으로 데이터를 적재하는 데만 몰두했던 것이다.

오랫동안 데이터 업계에는 데이터가 객관적이고 중립적이며, 해석은 나중 문제라는 믿음이 암묵적으로 깔려 있었다. 하지만 이 책에서의 실습은 이 믿음을 완전히 무너뜨렸다. 파운드리에서 실패한 데이터 모델은 대부분 기술적으로는 정답에 가깝다. 그래서 더 위험하다. 진짜 실패는 모델이 논리적으로 완벽한 척하며 현장의 실질적인 운영을 방해하는 것이다.

데이터는 결코 중립적이지 않으며 특정 사용자의 목적과 관점에 의해 정의될 때만 생명력을 얻는다. 같은 화장품 제조 데이터라도 생산 관점에서는 '지연'이라는 상태가 핵심이지만, 품질 관점에서는 '위험'이라는 상태가 핵심이 된다. 이 차이는 단순한 데이터 필터링만으로 해결되지 않으며, 객체가 가질 수 있는 상태 전이 로직 자체가 달라져야 한다. 생산팀에게 배합 시간은 공정 안정성을 나타내는 지표이지만 품질팀에게는 불량 가능성을 의심해야 하는 신호이며, 생산 관리자에게는 출하 일정에 영향을 주는 리스크다. 이처럼 데이터 값은 같아도 온톨로지에서 정의되는 객체 상태와 그에 따른 판단은 전혀 다르다.

우리는 한때 모든 부서가 공통으로 사용하는 '전사 공통 데이터 모델' 이라는 환상을 품었다. 의도는 좋았으나 결과는 늘 같았다. 모델은 모든 요구 사항을 수용하느라 비대해지고 정의는 모호해졌다. 결국 누구도 업무 언어로 받아들이지 못했다. 중립성을 표방한 공통 모델은 이처럼 '아무의 관점도 반영하지 못하는 유령 모델'이 되고 만다. 특히 파운드리의 온톨로지에서는 관점이 배제된 판단이란 존재할 수 없기에 이러한 접근은 더욱 위험하다.

또한 관점이 결여된 데이터 모델은 곧 책임이 부재한 모델이다. 온톨로지로 승격된 데이터는 반드시 판단의 주체와 연결되어야 한다. 주체가 명확하지 않으면 그에 따른 액션도 설계할 수 없다. 많은 사람이 관점을 단순히 대시보드를 나누거나 권한을 분리하는 'UI의 차이' 정도로 생각한다. 하지만 파운드리에서 관점은 온톨로지 구조 그 자체여야 한다.

놀라운 점은 관점을 명확히 하자 모델이 오히려 단순해졌다는 것이다. 모든 데이터를 담거나 복잡한 관계를 맺으려 애쓰는 대신, 특정 판단에 필요한 최소한의 구조만 남겼다. 생산팀 관점의 온톨로지를 설계할 때 품질 검사의 세부 항목을 과감히 덜어내자 회의실에서는 '우리 팀의 판단 속도를 높이는 데는 이 정도면 충분하다'는 긍정적인 반응이 나왔다. 관점을 명확히 분리하자 부서 간 협업도 더 쉬워졌다. 특정 데이터가 상대 관점에서는 핵심이지만 우리 관점에서는 참고 정보일 뿐이라는 사실을 서로 받아들였기 때문이다. 모든 것을 하나의 모델에 욱여넣으려던 불필요한 소모전이 사라졌다.

돌이켜 보면 앞서 말한 모델링 실패가 없었다면 우리는 여전히 운영과 동떨어진 '그럴듯한 허상'을 만들고 있었을 것이다. 결국 원천 데이터에서 정제 데이터를 거쳐 온톨로지로 이어지는 모든 흐름은 "이 데이터는 누구의 판단을 돕기 위해 존재하는가?"라는 질문에 답하기 위한 여정이다. 이 질문에 명확한 답을 내놓지 못하는 데이터는 아무리 정교한 파이프라인을 거쳤을지라도 파운드리 안에서 어떠한 운영적 가치를 창출하지 못한다.

온톨로지
설계 실습

개념 정의부터 막히는 이유

온톨로지 설계를 시작하면 대부분 개념 정의에서 앞으로 나아가지 못한다. 도구가 어려워서도 아니고, 데이터가 없어서도 아니다. 우리는 원래 '정의'에 익숙하지 않다. 데이터 프로젝트를 오래 해온 사람일수록 개념 정의에 시간 쓰는 것을 불편해한다. 지금까지는 굳이 정의하지 않아도 일이 굴러갔기 때문이다. 즉 테이블과 칼럼이 있고 쿼리가 결과를 만들어 냈지만, 개념은 문서 어딘가에 숨어 있거나 사람들의 머릿속에 흩어져 있는 상태였는데도 보고서가 나오고 시스템이 돌아갔다. 온톨로지는 이 관행을 정면으로 거부하며 이렇게 묻는다. "이 개념을 시스템이 이해하도록 하나의 의미로 고정할 수 있는가?"

화장품 제조 공장 실습에서 가장 먼저 막힌 개념은 의외로 배치batch였다. 생산팀에게 배치는 '같은 레시피로 한 번에 만든 묶음'이었고, 품질팀

· 개념 정의 예시 ·

예시 개념	표면적 의미 (데이터 관점)	실제 해야 할 질문 (판단 관점)	판단 주체	책임 주체	개념 변경 시 영향 범위
출하 가능 상태	출하 여부를 나타내는 상태값	이 상태를 누가 가능으로 판단하는가? 품질인가, 생산인가? 예외는 허용되는가?	품질팀 또는 품질 책임자	최종 출하 승인자	생산, 물류, 영업, 클레임
불량	불량 수량/ 불량률	어느 시점의 불량인가? 공정 중인가, 최종 검사인가? 즉시 중단 대상인가?	품질 관리자	공정 책임자	생산 계획, 재작업, 원가
지연	계획 대비 일정 초과	이 지연은 허용 범위인가? 언제부터 문제가 되는가? 보고 기준은 무엇인가?	생산 관리자	라인 책임자	납기, 고객 대응, SCM
이상 징후	센서 값 초과, 알람 발생	이 신호는 관찰만 하면 되는가? 즉시 조치해야 하는가? 자동 정지 대상인가?	현장 운영자	설비/ 공정 책임자	안전, 생산 중단, 유지 보수

에게 배치는 '같은 검사 기준으로 판정되는 단위'였으며, 물류팀에게 배치는 '출하와 리콜의 기준 단위'였다. 모두 맞는 말이어서 더 문제가 되었다. 같은 단어이지만 의미가 전혀 달랐기 때문이다. 온톨로지에서는 이 중 하나만 선택하거나 전혀 다른 방식으로 재정의해야 한다. 이는 합의로만 해결할 수 있다.

이 지점에서 많은 팀이 "일단 대충 정의하고 나중에 정리하면 되지 않을까요?"라고 말할 것이다. 하지만 이러한 선택은 대개 실패로 이어진다. 개념 정의를 미루면 그 개념은 곧 데이터 구조에 스며들어 테이블 이름이나 칼럼명이나 쿼리의 전제가 된다. 이후에 개념을 바꾸려면 시스템 전체를 흔들어야 해서 '바꾸기엔 너무 늦었다'는 반응이 나온다. 온톨로지는 이 상황을 막기 위해 일부러 초반에 발목을 잡는다.

흥미롭게도 온톨로지 설계에서 숙련된 개발자가 가장 먼저 막히는 경우가 많다. 이유는 단순하다. 기술자는 문제를 정의 없이 해결해 온 경험이 많기 때문이다. 애매하면 칼럼을 하나 더 만들고, 기준이 다르면 테이블을 나누고, 충돌하면 쿼리로 처리한다. 이 방식은 빠르지만 의미를 고정하지 않는다. 하지만 온톨로지는 이 회피를 허용하지 않으며 칼럼을 하나 더 만들자는 선택지 자체가 없다.

이 지점에서 가장 중요한 인식 전환이 일어난다. 개념 정의는 데이터 문제가 아니다. 업무와 책임의 문제다. "이 개념을 기준으로 누가 판단하는가?", "판단 결과에 누가 책임지는가?", "이 개념이 바뀌면 누가 영향을 받는가?" 같은 질문에 답할 수 있을 때만 개념은 온톨로지로 올라갈 수 있다. 그래서 온톨로지 설계 회의에는 반드시 현업이 참여해야 한다.

하지만 이러한 설계 회의는 종종 불편해진다. 불편함은 실패가 아니라 그동안 피해왔던 합의를 이제야 정면으로 마주했다는 신호다. 또한 개념 정의에서 막히는 것이 정상이다. 그러지 않는 온톨로지 설계는 대부분 실패한다. 막힌다는 것은 암묵적 합의가 깨져 서로 다른 의미가 드러났으며 이제야 구조를 만들 준비가 되었다는 의미다. 온톨로지는 빠르게 만드는 구조가 아니다. 천천히, 그러나 다시 돌아가지 않도록 만드는 구조다.

현업 인터뷰의 중요성

온톨로지 설계를 시작하며 현업 인터뷰를 제안하면 많은 기술팀이 이렇게 말한다. "일단 우리가 구조를 잡아놓고 현업에게 검토만 받죠." 인터뷰를 꺼리는 이유는 현업마다 종종 다른 말이 나오기 때문이다. 같은 상황을 두고도 부서마다 설명이 다르고, 같은 용어를 써도 의미가 조금씩 어긋난다. 하지만 현업마다 다른 말이 나온다는 것은 판단 기준이 다르다는 뜻이다.

파운드리에서는 이러한 차이를 구조로 드러내지 않으면 거의 실패로 이어진다. 온톨로지 설계에서 현업 인터뷰는 요구 사항을 수집하는 단계가 아니라 구조를 만드는 과정 그 자체다. 온톨로지는 질문과 합의를 통해 함께 만들어 가는 것이지, 현업의 말을 그대로 옮기거나 기술자가 먼저 정리하는 것이 아니다. 이를 이해하지 못하면 기술자의 추측에 불과한 온톨로지가 만들어져 실패로 이어진다.

현업 인터뷰는 대부분 "이 데이터는 어디서 나오나요?", "이 칼럼은 무슨 뜻인가요?" 같은 질문으로 시작된다. 필요한 질문이긴 하지만 충분하지 않다. 온톨로지를 위한 현업 인터뷰는 정보를 묻는 자리가 아니라 '이 판단은 누가, 언제, 왜 하는가'를 밝히는 자리다. 따라서 "언제 이 상황을 문제라고 느낍니까?", "그때 무엇을 결정해야 합니까?" "결정을 미루면 어떤 일이 벌어집니까?"와 같은 질문으로 시작해야 한다. 이 질문에 대한 답은 문서가 아닌 사람의 경험에만 있다.

화장품 제조 공장 실습에서 가장 중요한 인터뷰 순간은 "이 수치가 기준을 넘으면 무조건 문제 아닌가요?"라는 질문을 던졌을 때다. 현업은 잠시 고민하다 이렇게 답했다. "상황마다 달라요. 그래서 우리가 직접 보는 거죠." 이 한 문장은 온톨로지 설계를 완전히 바꿔놓았다. '자동 경고'로 생각했던 것을 '판단 필요 상태'로 바꾸었고, 액션 설계가 달라졌다. 이 답을 듣지 못했다면 우리는 잘못된 자동화를 만들었을 것이다.

• 현업 인터뷰 질문 리스트(화장품 제조 공장 온톨로지의 경우) •

개념	판단 관점 질문	인터뷰에서 던져야 할 질문	이 질문이 필요한 이유
출하 가능 상태	판단 주체	"출하 가능 여부는 누가 최종 판단하나요? 품질팀인가요, 생산팀인가요?"	책임 주체가 불명확하면 액션 설계 불가능
	판단 기준	"판단 기준이 수치로 정해져 있나요, 아니면 상황에 따라 다른가요?"	기준이 없으면 상태 정의 불가능
	예외 처리	"기준을 넘었는데도 출하한 적이 있나요? 그때는 왜 그랬나요?"	예외를 구조로 남기기 위함
	영향 범위	"출하가 막히면 어느 부서까지 영향이 가나요?"	링크 설계의 근거가 됨
불량	발생 시점	"불량은 언제를 기준으로 판단하나요? 공정 중인가요, 최종 검사인가요?"	시간 개념 모델링
	불량 책임	"이 불량의 책임은 공정인가요, 원료인가요, 설비인가요?"	원인 객체 연결
	즉시 조치 여부	"이 정도 불량이면 라인을 멈추나요, 아니면 가동을 계속하나요?"	상태→액션 연결
	누적 영향	"불량이 누적되면 언제부터 문제가 되나요?"	상태 전이의 기준이 됨
공정 상태	정상 정의	"정상 공정이란 어떤 상태를 말하나요?"	'정상'의 암묵성 제거
	상태 변경 트리거	"어떤 일이 생기면 공정 상태가 바뀌나요?"	이벤트→상태 매핑
	판단 주체	"공정 상태는 자동으로 바뀌나요, 사람이 바꾸나요?"	자동/수동 경계 설정
	기록 여부	"상태 변경 이유를 기록으로 남기나요?"	케이스 생성 여부
이상 징후	신호의 의미	"이 알람은 참고용인가요, 즉시 조치 대상인가요?"	알람 남발 방지
	조치 책임	"이 알람이 울리면 누가 확인해야 하나요?"	액션 할당
	미조치 결과	"이 알람을 무시하면 어떤 문제가 생기나요?"	리스크 모델링
	과거 사례	"이 알람 때문에 실제로 문제가 난 적이 있나요?"	우선순위 판단

	배치 단위	"어디까지가 하나의 배치인가요?"	객체 경계 정의
배치 **(batch)**	상태 상속	"배치에 문제가 생기면 제품 전부에 영향이 가나요?"	영향 범위 모델링
	재처리 여부	"배치는 재작업할 수 있나요, 폐기해야 하나요?"	액션 분기
	책임 귀속	"배치 책임은 누구에게 있나요?"	최종 책임 고정

온톨로지 인터뷰에서 이러한 질문에 즉답이 나오지 않으면 개념 정의에 실패할 가능성이 높아진다. 또한 사람마다 다르게 답변하면 조직 내 합의가 필요하며, 답이 관행적이거나 느낌이나 경험에 기반한다면 구조화가 필요하다.

아이러니하게도 현업 인터뷰를 많이 할수록 온톨로지는 더 단순해진다. 모든 예외를 구조에 넣지 않고, 실제로 판단이 이루어지는 지점만 남긴 뒤 나머지는 사람의 영역으로 돌리기 때문이다. 인터뷰 없이 설계한 온톨로지는 모든 가능성을 구조로 해결하려 해서 무겁고 깨지기 쉽다.

온톨로지 인터뷰의 핵심은 정보 수집이 아니라 합의다. '이 상태는 문제로 본다', '이 상태는 참고로 둔다', '이 단계에서 사람의 판단이 필요하다' 등의 합의를 만드는 것이다. 인터뷰를 통해 '합의의 순간'을 만들어 온톨로지에 담으면 그것이 시스템 전체의 기준이 된다. 인터뷰를 마치고 현업이 "이제 시스템이 우리 생각을 이해하겠네요"라고 말하면 성공이다.

반면 인터뷰를 생략하거나 형식적으로 진행하면 시스템을 만들어도 현업은 신뢰하지 않고 판단은 여전히 시스템 밖에서 이루어진다. "이건 우리 업무와 좀 다른 것 같아요"라는 말이 나오면 온톨로지는 실패한 것이나 다름없다. 온톨로지 설계에서 인터뷰는 한 번 하고 끝나는 이벤트가 아니다. 구조를 수정하고 운영 중 새로운 판단이 등장할 때마다 반복해야 한다. 그래서 파운드리 프로젝트는 회의실이 아니라 현장과 가장 가까운 곳에서 살아남는다.

다음은 화장품 제조 공장 데이터로 온톨로지를 실습한 이후 '이 개념은 온톨로지로 올릴 수 있는가?'에 대해 만들어 본 판단 체크리스트다. 다만 체크리스트 이전에 "상황마다 달라요", "보통은 그렇게 안 봐요", "지금까지 문제없었어요" 같은 답변이 나오면 인터뷰를 멈추고 다시 정리해야 한다. 그러한 답변은 모두 온톨로지 불가 신호이기 때문이다. 또한 체크리스트 항목 중 '아니오'가 4개 이상이면 그 개념은 지금 상태로는 온톨로지로 올릴 수 없다. 개념별로 점검해 보자.

1. 판단 주체가 명확한가?

특정 개념의 상태를 누가 판단하는지 명확한가?	☐ 예 | ☐ 아니오
자동 판단과 사람 판단의 경계가 정해져 있는가?	☐ 예 | ☐ 아니오
둘 다 '아니오'에 해당한다면 개념이 아니라 참고용 지표에 가깝다.	

2. 판단 기준을 합의했는가?

어떤 기준(수치, 조건, 상황 등)으로 상태가 바뀌는지 말할 수 있는가?	☐ 예 | ☐ 아니오
팀이나 사람마다 기준이 다른가?	☐ 예 | ☐ 아니오
둘 다 '아니오'에 해당한다면 온톨로지가 아니라 관행의 집합에 가깝다.	

3. 상태 변화가 실제 액션을 유발하는가?

특정 개념의 상태가 바뀌면 무언가를 해야 하는가?	☐ 예 | ☐ 아니오
상태에 따라 가능한 액션과 불가능한 액션이 구분되는가?	☐ 예 | ☐ 아니오
둘 다 '아니오'에 해당한다면 데이터는 존재하지만 판단에는 쓰이지 않고 있다.	

4. 책임이 명확히 귀속되는가?

특정 개념을 기준으로 한 판단의 최종 책임자가 있는가?	□ 예 | □ 아니오
판단 결과에 대한 이의 제기 시 책임 소재가 분명한가?	□ 예 | □ 아니오

둘 다 '아니오'에 해당한다면 온톨로지로 올렸을 때 갈등이 발생할 수 있다.

5. 영향 범위를 설명할 수 있는가?

특정 개념의 상태 변화가 어디까지 영향을 미치는지 설명할 수 있는가?	□ 예 | □ 아니오
영향이 미치는 객체(제품, 배치, 공정 등)가 정리되어 있는가?	□ 예 | □ 아니오

둘 다 '아니오'에 해당한다면 링크 설계가 불가능하다.

6. 시간 개념을 정의했는가?

특정 개념을 언제 기준으로 판단하는지 말할 수 있는가?	□ 예 | □ 아니오
과거 상태와 현재 상태를 구분할 수 있는가?	□ 예 | □ 아니오

둘 다 '아니오'에 해당한다면 운영 중에 혼란이 발생할 수 있다.

7. 예외를 구조로 설명할 수 있는가?

기준을 벗어난 예외 사례가 존재하는가?	□ 예 | □ 아니오
그 예외를 규칙 또는 케이스로 남길 수 있는가?	□ 예 | □ 아니오

둘 다 '아니오'에 해당한다면 실무에서 바로 무너질 수 있다.

· 최종 판정 가이드 ·

체크 결과	판정
5개 이상 '예'	온톨로지로 올릴 수 있음
2~3개 '아니오'	개념 재정의 후 재검토 필요
4개 이상 '아니오'	아직 온톨로지 대상이 아님

잘못 만든 온톨로지 사례

현업 인터뷰를 몇 차례 거치며 개념을 어느 정도 정리하고 객체 후보도 충분히 도출하자 자신감이 생겼고, 그렇게 우리는 첫 번째 온톨로지를 설계했다. 당시 우리는 논리적으로 꽤 그럴듯해 보여 온톨로지가 틀렸다고는 생각하지 않았다. 객체가 잘 나뉘어 있었고, 링크도 빠짐없이 연결되어 있었으며, 문서로 보면 완성도도 높았다. 돌이켜 보면 이 온톨로지는 너무 그럴듯해서 오히려 더 위험했다. 문제는 운영을 상상하는 순간부터 시작되었다.

첫 번째 온톨로지: 제조 흐름 중심 설계

우리가 처음 만든 온톨로지는 화장품 제조 공정을 정직하게 반영했다. 원료material, 배합batch, 공정 단계process step, 설비equipment, 품질 검사quality test 등 각 객체는 데이터적으로 명확했다. 링크도 '원료→배합→공정→품질 검사' 순으로 실제 제조 흐름을 잘 따르고 있었다. 온톨로지 매니저 화면에 그려진 구조를 보면 누가 봐도 '제조 온톨로지'였다. 그러나 "그래서 지금 이 공정은 괜찮은 건가요?"라는 질문에 아무도 답하지 못했다.

왜 이 온톨로지는 실패했을까? 흐름을 설명했지만 상황은 판단하지 못했기 때문이다. 배합은 있었지만 '정상 배합'과 '문제 배합'의 구분이 없었고, 공정은 있었지만 '지금 개입이 필요한 상태'는 표현되지 않았다. 또한 품질 검사는 있었지만 '출하 판단'과 직접 연결되지 않았다. 즉 이 온톨로지는 제조 이력의 지도였지, 운영 판단의 지도는 아니었다.

두 번째 온톨로지: 품질 중심으로의 과도한 이동

첫 실패 이후, 우리는 방향을 급격히 틀어 온톨로지의 중심을 품질로 옮겼다. 배치는 품질 판단의 대상이 되었고, 공정 데이터는 품질을 설명하는 속성이 되었으며, KPI와 검사 기준이 구조의 중심에 섰다.

이 구조는 훨씬 '판단형'처럼 보였다. 대시보드도 잘 나왔고, '이상/정상' 구분도 가능해졌다. 하지만 운영 시나리오를 얹는 순간, 또 다른 문제가 드러났다. 이 온톨로지는 판단의 결과만 보여줬지, 판단이 필요한 시점을 보여주지 못했다. 특정 품질 문제가 발생하면 그 사실만 알려줄 뿐, 누가 언제 무엇을 해야 할지는 말하지 못했다. 품질 기준만 충족하면 생산 일정이 위태롭든 조치 시점이 지났든 온톨로지는 검사 결과만 보여주었다. 즉 품질팀 관점에서는 훌륭했지만, 생산팀과 생산 관리자 관점에서는 어긋나 있었다.

두 번의 실패를 겪고 나서야 공통된 문제가 보이기 시작했다. 우리는 계속 이렇게 질문했다. "이 데이터는 무엇을 설명하는가?" "이 구조는 얼마나 현실을 잘 반영하는가?" 하지만 정작 "이 온톨로지는 누가 언제 결정을 내리도록 돕는가?"라는 질문은 하지 않았다. 온톨로지 안에 결정 주체, 결정 시점, 결정 이후의 행동이 명확히 들어 있지 않았던 것이다.

잘못 만든 온톨로지는 대부분 겉보기에는 그럴듯하다. 문서로 설명하면 논리적이고 기술적으로도 완성도가 있어 보이기 때문에, 많은 팀이 잘못된 구조를 오랫동안 붙잡게 된다. 하지만 실제 운영 시나리오를 대입하면 온톨로지의 문제가 금세 드러난다.

화장품 제조 공장 실습의 실패는 특별한 실수가 아니었다. 오히려 파운드리를 제대로 쓰는 조직이라면 반드시 거쳐야 하는 과정이었다. 이후 우리는 온톨로지 설계의 기준을 완전히 바꾸었다. 정답을 찾는 대신 수정 가능한 구조를 만드는 데 집중했다. 또한 "이 배치는 언제 '지금 누군가 봐야 하는 대상'이 되는가?"라는 질문을 중심에 두자 온톨로지가 자연스럽게 달라지기 시작했다. 객체는 줄었고, 상태는 늘어났으며, 액션이 설계의 중심으로 올라왔다. 비로소 파운드리가 '제조 판단을 운영하는 시스템'으로 달리 보이기 시작했다.

• 잘못 만든 온톨로지 사례 •

실패 사례	겉보기 설계	실제 문제	실패한 이유	현장 상황
불량 객체를 단순 수치로 설계함	불량률, 불량 수량 중심	상태·액션 연결 없음	불량이 판단이 아니라 보고 지표로만 존재함	보고서는 많지만 조치는 늦어짐
출하 가능 상태를 자동 판단으로 고정함	수치 기준 초과 시 자동 불가	예외 처리 불가	책임 주체를 구조에서 제거함	현업이 시스템을 우회함
공정 상태를 설비 로그로만 정의함	설비 이벤트 =상태	사람의 판단이 반영되지 못함	공정은 '사람의 판단 영역'이라는 현실 무시	실제 상태와 화면 상태 불일치
이상 징후 알람을 모두 조치 항목으로 연결함	알람 발생 →즉시 조치	중요도 구분 없음	관찰용 신호와 조치 신호를 구분하지 않음	알람 피로, 무시
배치를 단순 식별자로만 취급함	배치 ID, 생산일자	책임·영향 범위 불명확	배치를 운영 단위로 보지 않음	문제 발생 시 책임 소재가 불분명해짐
개념을 시스템 단위로 나눔	ERP용 개념, MES용 개념	개념 중복·충돌	현실을 반영하지 않고 시스템 기준으로 설계함	통합 분석 불가
상태 정의를 과도하게 세분화함	정상/경고/주의/ 위험/중대 위험	판단 지연	상태가 많을수록 결정은 느려짐	회의만 늘어남
책임을 팀으로 지정함	품질팀, 생산팀	책임 불명확	조직에 책임을 부여하고 개인· 역할은 배제함	사고 후 다른 팀에 책임 전가

다음은 온톨로지 설계에 실패하는 전형적인 세 가지 패턴이다. 첫 번째는 지나치게 데이터 중심적인 설계다. 기존 시스템의 테이블과 칼럼을 최대한 손실 없이 담으려다 보니 이력, 상세, 코드 같은 객체들이 늘어나고 온톨로지는 점점 데이터 사전과 닮아간다. 분석가에게는 편할지 몰라도 운영자에게는 아무 의미가 없다. 상태 변화는 기록되지만 그 변화가 무엇을 의미하는지는 드러나지 않아서다. 결국 이 구조는 파운드리 안에 또 하나의 DW를 만드는 셈이다.

두 번째 실패는 과도한 일반화다. 여러 상황에서 공통으로 쓸 수 있는 객체를 만들려다 보니 객체는 추상적으로 설계되고 속성은 최소화된다. 이론적으로는 유연해 보이지만, 실제로는 아무것도 설명하지 못한다. 모든 것이 가능하다는 말은 아무것도 명확하지 않다는 뜻이다. 현장에서 현업이 판단에 활용하기 어려운, 재사용성은 높지만 사용성은 거의 없는 온톨로지다.

세 번째 실패는 시간 개념의 부재다. 객체와 링크는 잘 정의했지만 언제 무엇이 변하는지 표현하지 못해 '현재 상태'만 보여준다. 운영의 핵심은 언제 경고 수준을 넘었는지, 언제 조치가 필요한지 등 변화의 순간을 포착하는 것이다. 이를 구조적으로 표현하지 못하면 판단은 다시 사람에

• 실패 사례에서 공통으로 드러난 신호 •

위험 신호	의미
"일단 이렇게 해보고요."	판단 구조 부재
"예외는 나중에 생각하죠."	운영 불가 설계
"데이터는 다 있으니까요."	의미 정의 누락
"자동으로 처리되게 합시다."	책임 회피 구조

게 돌아간다. 보기에는 깔끔하지만 실제 상황에서는 매번 언제가 기준인지 설명해야 하는, 신뢰성 없는 온톨로지가 된다. 설명이 필요한 구조는 시스템으로서 실패한 것이다.

가장 뼈아프게 느끼는 실패는 액션을 늦게 정의한 것이다. 많은 사람이 처음에는 객체와 링크에 집중하고 액션은 나중에 붙이면 된다고 생각한다. 그러나 이 접근은 온톨로지를 정적인 구조로 만든다. 무엇을 할 수 있는지, 누가 할 수 있는지 정의되지 않으니 시스템은 판단을 제안하지 못한다. 여러 번 강조하듯이 온톨로지는 데이터의 구조가 아니라 판단의 구조다. 즉 객체는 판단의 주체나 대상이 되어야 하고, 링크는 판단의 맥락을 설명해야 하며, 액션은 판단의 결과를 담아야 한다. 이 중 하나라도 빠지면 온톨로지는 껍데기에 불과하다.

온톨로지 수정과 재설계 과정

잘못된 온톨로지를 한번 경험하고 나면 '처음부터 다시 만들자'는 말이 쉽게 나오지 않는다. 구조를 전부 갈아엎으면 기술적으로도 부담이 되고, 조직의 피로도도 급격히 높아진다. 따라서 재설계는 파괴가 아니라 무엇을 버리거나 남길지 선택하는 과정이 되어야 한다.

온톨로지 재설계 과정에서 우리는 문서가 아니라 말로 설명할 수 있는지를 기준으로 삼아, '설명할 수 없는 구조는 만들지 않는다'는 핵심 원칙을 세웠다. 이전에는 데이터를 보고 구조를 만들었다면 재설계에서는 판단의 순간부터 생각했다. "언제 이 시스템을 보게 되는가?", "그때 사용자는 무엇을 결정해야 하는가?" 같은 질문에 답할 수 없는 객체는 설계 대상에서 제외했다.

현업에게 설명했을 때 고개를 끄덕이지 않는 구조는 기술적으로 아무리 깔끔해도 폐기했다. 이 과정은 느렸다. 수정 하나에 여러 차례의 논의가 필요했고, 때로는 되돌아가기도 했다. 하지만 이전과 달리 수정하면서 혼란이 줄어든다는 확신이 들었다. 구조가 바뀔수록 질문은 줄고, 설명은 간결해졌다.

첫 번째 조치: 객체를 줄이고 상태를 드러낸다

재설계의 출발점은 단순했다. 객체를 늘리는 대신, 객체가 가질 수 있는 상태를 명확히 하자는 것이었다. 초기 온톨로지에는 원료material, 배합

• 잘못 만든 온톨로지 수정 사례 •

대상 개념	수정 전 잘못된 설계	문제점	수정된 설계	달라진 점
불량	불량률·불량 수량 테이블 중심	판단·액션과 연결 안 됨	제품/배치의 상태로 재정의	보고 지표→판단 기준
출하 가능 상태	수치 초과 시 자동 불가	예외·책임 부재	상태+사람 액션 (승인/보류) 분리	자동화→통제
공정 상태	설비 로그=상태	현실과 불일치	로그+현업 판단 이벤트 결합	기계 중심→운영 중심
이상 징후	모든 알람 =조치 대상	알람 피로	관찰용 신호와 조치 신호 분리	신호→판단 계층화
배치	단순 식별 ID	책임·영향 불명확	운영 단위 객체로 재정의	추적 단위→책임 단위
책임 구조	조직 단위 책임 부여	책임 회피	역할(role) 기반 으로 개인에 책임 부여	조직 책임→판단 책임
상태 정의	세분화된 다단계 상태	판단 지연	3단계 핵심 상태로 축소	설명 중심→결정 중심
링크	최대한 많이 연결	영향 폭발	최소 연결 원칙 적용	연결→영향 통제

batch, 공정 단계process step, 설비equipment, 품질 검사quality test 같은 객체들이 있었다.

하지만 재설계에 들어가며 먼저 객체의 기준을 바꿨다. 기존에는 업무 영역이나 시스템 단위를 기준으로 객체를 나눴지만 재설계에서는 책임과 액션의 단위를 기준으로 삼았다. 누가 판단하고, 어떤 액션을 할 수 있을지 명확히 설명할 수 있을 때만 객체로 남겼다. 결과적으로 온톨로지의 중심에는 배치와 공정 단계라는 두 객체만 남았다. 이 선택 하나로 구조는 놀라울 만큼 단순해졌고, 의미는 오히려 또렷해졌다.

두 번째 조치: 이력이 아니라 전이를 설계한다

기존 모델은 모든 것을 이력으로 저장하고 있었다. 언제 어떤 일이 있었는지를 나열하는 데는 완벽했지만 언제 개입해야 하는지는 말해주지 못했다. 그래서 재설계에서는 링크를 재정의했다. 이전과 달리 모든 링크를 표현하지 않고 판단에 영향을 주는 링크만 남겼다.

또한 "이 상태에서 다음 상태로 넘어갈 때, 누가 멈춰야 하는가?"라는 질문을 중심에 두고 배치 객체에 배합 준비, 배합 중, 품질 검토 필요, 출하 가능, 조치 필요 같은 상태를 정의했다. 상태 하나하나에 전이 조건과 책임 주체를 붙이자 데이터는 흐름이 아니라 결정의 계단이 되었다. 이 선택으로 많은 데이터를 포기하고 연결이 줄었지만 흐름은 명확해졌다. 그만큼 시스템의 응답성도 좋아졌다.

세 번째 조치: 액션을 나중에 붙이지 않는다

재설계에서는 액션을 설계의 후순위가 아니라 중심으로 끌어올렸다.

"이 상태에서 실제로 누가 무엇을 해야 하는가?"라는 질문에 답하지 못하는 칼럼과 지표 등은 온톨로지에 올리지 않았다. 즉 특정 객체가 어떤 액션을 촉발하는지, 그 액션의 조건은 무엇인지, 결과는 어디에 남는지를 먼저 정의했다. 그리고 나서 필요한 상태와 링크를 채워 넣었다.

예를 들어 '품질 검토 필요' 상태에는 품질 담당자에게 알림, 검사 결과 확인, 출하 보류 또는 승인 결정 같은 액션을 먼저 정의했다. 그러자 필요한 데이터는 자연스럽게 따라왔다. 처음에는 낯선 방식이었지만 운영 시나리오 검증에는 매우 효과적이었다.

네 번째 조치: 관점을 분리한다

뒤에서 자세히 다루겠지만 재설계 과정에서도 생산팀, 품질팀, 생산 관리자 관점으로 배치를 분리한 것이 결정적이었다. 처음에는 같은 객체에 모든 관점을 담으려 했다. 하지만 이 방식은 구조를 다시 무겁게 만들었다. 그래서 객체는 공유하되, 상태 해석은 관점별로 나눴다. 덕분에 온톨로지는 하나지만 판단은 각자의 언어로 할 수 있게 되었다.

다섯 번째 조치: 데이터는 증거로만 쓴다

데이터를 바라보는 시선도 달라졌다. '데이터는 상태 전이를 정당화하는 증거일 뿐이며, 객체나 상태가 아니고 그 자체로 판단을 내리지도 않는다'라는 기준을 세우니 Raw→Curated→Ontology 흐름이 비로소 하나로 이어졌다. Raw는 사실을 보관하고, Curated는 증거를 선별하며, Ontology는 판단을 운영한다는 흐름이다.

트라이얼을 시작하기 전에는 온톨로지를 하나의 설계물로 생각했다. 잘 정의된 개념, 정교한 링크, 빠짐없는 규칙을 갖추면 완성이라 부를 수 있을 거라 믿었다. 그러나 파운드리를 실제로 사용하고 재설계해 보면서 온톨로지는 프로젝트의 최종 산출물이 아니라 조직의 판단 기준임을 깨달았다. 처음에는 팀 내에서 구조를 완성해야 한다는 압박이 컸지만 재설계 이후에는 구조를 운영한다는 인식이 자리 잡았다. 화장품 제조 공장 실습에서의 온톨로지 재설계는 특별한 기교나 기술의 문제가 아니었다. 판단을 중심에 두겠다는 선택의 결과였다.

파운드리의 온톨로지는 처음부터 맞게 만들어지지 않는다. 진화를 전제로 만들어졌기에 수정 자체를 실패로 취급하지 않으며, 어디가 틀렸는지 판별하는 기준이 더 중요하다. 애초에 조직의 판단, 우선순위, 책임자, 환경이 늘 바뀌므로 온톨로지는 한 번에 완성될 수 없다.

어느 조직이든 처음 설계한 온톨로지는 대개 특정 시점의 문제의식을 반영한다. 그래서 그때는 유효하지만 운영을 시작하면 기존 구조로는 설명되지 않는 상황이 생기곤 한다. 이때 온톨로지를 수정하지 않으면 시스템은 곧 현실과 어긋나는데, 그럼에도 많은 조직이 여기서 멈추고 수정을 실패의 증거처럼 취급한다. 그러나 온톨로지의 수정은 시스템이 실제 판단에 쓰이고 있음을 뜻한다.

온톨로지를 살아 있게 만들려면 태도를 바꿔야 한다. 완벽한 구조를 만들겠다는 욕심을 내려놓고 설명 가능한 구조를 유지하려는 태도. 새로운 판단이 등장했을 때 구조를 고치는 것을 두려워하지 않는 태도. 트라이얼을 통해 가장 크게 바뀐 인식은 온톨로지가 개발의 대상이 아니라 운영의 대상이라는 점이었다. 코드를 배포하듯 온톨로지를 배포할 수는 없다. 지속적으로 다듬고, 검증하고, 공유해야 한다.

이를 깨닫고 나서야 파운드리 트라이얼은 비로소 전환점을 맞이했다. 온톨로지를 재설계하면서 새로운 기능을 추가하지 않았다. 대신 누가 봐야 하는지, 언제 판단해야 하는지, 판단 이후 무엇을 해야 하는지를 명확하게 바꾸었다. 이 세 가지가 분명해지자 데이터는 비로소 운영되기 시작했다.

기존 운영에서는 문제가 생길수록 품질 이슈 리포트, 공정 편차 보고서, 원인 분석 보고서 등 보고서가 늘어났다. 하지만 이러한 보고는 대부분 사후 정리에 가까웠다. 온톨로지를 재설계한 이후에는 상태가 바뀌는 순간 운영이 즉시 반응했다. '품질 검토 필요' 상태로 전이되면 품질 담당자에게 바로 알림이 전달되었고, '조치 필요' 상태가 되면 출하 보류가 자동으로 적용되었다. 보고가 줄어든 대신 개입은 눈에 띄게 빨라졌다. 새로운 AI 모델을 도입해서 얻은 결과가 아니라 판단의 구조를 다시 그린 결과였다.

책임의 위치도 명확해졌다. 이전에는 문제가 발생할 때마다 무엇이 문제인지, 누가 확인해야 했는지 질문이 따라붙었다. 온톨로지를 재설계한 이후에는 이런 질문이 더 이상 회의에서 나오지 않았다. 상태마다 책임 주체가 구조적으로 정의되어 있었고, 그 주체에게만 해당 액션이 열렸기 때문이다.

자동화에 대한 태도 역시 달라졌다. 초기에는 사람의 개입 없이 모든 것이 자동으로 처리되기를 기대하는 분위기가 있었다. 그러나 재설계 이후 자동화는 상태 전이의 일부만 담당했고, 최종 판단은 사람에게 남겨졌다. 이 구조는 오히려 현업의 신뢰를 높였다. "시스템이 대신 결정하지

• 온톨로지 재설계 이후 운영 변화 •

구분	재설계 전	재설계 후	변화의 본질
회의에서 오가는 질문	데이터의 정확성에 대한 질문	특정 배치의 책임자와 다음 조치에 대한 질문	데이터 해석 →판단과 책임
데이터의 역할	값과 수치 중심	상태와 판단 중심	데이터 위치 변화
문제 발생 시 대응	보고서 증가 (품질·분석 리포트 등)	상태 전이 시 즉시 개입 (알림, 출하 보류 등)	사후 보고 →실시간 개입
운영 반응 속도	느림(회의 후 조치)	빠름(상태에 따라 즉시 반응)	인지·조치 시점 앞당김
책임 구조	책임 불명확	상태별 책임 주체 명확	책임의 구조화
의사결정의 초점	책임 공방	선택의 문제	판단의 질 변화
자동화에 대한 인식	전면 자동화 기대	부분 자동화 +사람의 판단	자동화→통제
현업의 시스템 인식	검토 대상으로 인식	조정 대상으로 인식	수동 사용자 →공동 설계자
데이터 품질 논쟁	특정 데이터의 신뢰성 관련 논쟁	특정 데이터를 판단에 사용할지 논의	모든 데이터 ≠모든 판단
운영 지표 변화	문제 인지 지연→조치 지연 빈번→회의 과다	문제 조기 인지→조치 지연 감소→회의 감소	구조 변화의 결과
변화의 원인	새로운 기능·모델에 대한 기대감	판단 구조 재설계	기술→구조

않아서 좋네요. 대신 놓치지는 않게 해주니까요"라는 말은 온톨로지 설계가 무엇을 목표로 했는지 가장 잘 보여주는 평가였다.

현업의 참여 방식도 변했다. 이전에는 현업이 시스템을 검토 대상으로 바라보며 업무에 적합한지 의문을 표했다. 하지만 재설계 이후에는 현업이 시스템을 함께 조정하는 대상으로 인식하며 "이 상태는 기준을 조금 바꾸면 좋겠어요", "이 단계에서 알림이 오면 더 좋겠네요"라는 의견을 자연스럽게 내놓았다. 온톨로지를 운영과 함께 조정할 수 있게 되었기 때문이다.

가장 예상치 못했던 변화는 데이터 논쟁이 눈에 띄게 줄어들었다는 점이었다. 이전에는 "이 데이터 믿을 수 있나요?", "이 값은 예외 아닌가요?" 같은 질문이 끊이지 않았다. 재설계 이후에는 '이 데이터는 이 판단에 쓰이지 않습니다'라는 문장이 가능해졌다. 모든 데이터가 모든 판단에 사용되지 않도록 구조가 명확해졌기 때문이다.

요약하면 데이터가 판단에 참여하는 방식을 조금 바꾸기만 해도 온톨로지 재설계의 효과는 조직이 문제를 말하고 다루는 방식의 변화로 먼저 드러난다. 그런 관점에서 화장품 제조 공장 실습은 특별한 성공 사례가 아니다. 데이터를 바꾸거나 정리하는 데만 매달리기보다 판단을 잘 구조화하면 많은 조직이 이 수준의 변화를 경험할 수 있다.

국내외 프로젝트의 파운드리 앱 조합 패턴

다음 장부터는 이 온톨로지를 실제 운영 앱과 어떻게 연결했는지, 그리고 그 과정에서 파운드리 앱이 어떤 역할을 했는지 구체적으로 다뤄보겠다. 파운드리 앱의 기능을 본격적으로 다루기에 앞서, 각 단계에서 필수 앱들이 어떤 역할을 하는지 화장품 제조 공장 실습의 전체 프로세스를 다시 살펴보자. 이어서 비록 짧은 경험에 불과하더라도 이론이 아니라 운영에서 무엇이 가능해졌는지 이야기해 보자.

단계	목표	사용한 앱	핵심 작업 내용	이 단계에서 깨닫는 점
1	데이터 접근 연결	데이터 커넥션	MariaDB 커넥션 생성 12개 테이블에 로우 데이터셋 (Raw Dataset)으로 적재	예상보다 수월하다.
2	Raw 상태 확인	데이터 커넥션	테이블 스키마·칼럼 확인 파일별 관점 차이 인지	데이터는 있는데 답이 없다.
3	첫 질문 시도	컨투어	SQL로 출하 가능 여부 직접 조회 시도	첫 번째 실패
4	Curated 설계 시작	파이프라인 빌더	Raw→Curated 변환, 배치 중심 뷰 생성	모든 데이터를 쓰면 안 된다는 걸 깨달았다.
5	의미 없는 데이터 제거	파이프라인 빌더	판단과 무관한 칼럼·테이블 제외	버리는 게 설계다.
6	온톨로지 초안 설계	온톨로지 매니저	객체 정의(배치, 생산, 장비 등)	개념 정의에서 막혔다.
7	잘못된 온톨로지 경험	객체 탐색기	시스템 기준 객체 설계 시도	운영 관련 질문에 답하지 못했다.
8	온톨로지 재설계	객체 탐색기	상태와 책임 중심 재설계	판단의 주체가 드러났다.
9	링크 최소화	객체 탐색기	배치–생산–장비 관계 재정리	연결이 많을수록 망가졌다.
10	펑션 정의	펑션스	불량률, 출하 가능 여부 함수 등록	기준이 고정되기 시작했다.
11	온톨로지 바인딩	온톨로지 매니저	Curated→Ontology 매핑	데이터 탈락이 발생했다.
12	판단 가시화	워크숍	상태 중심 화면 구성 출하 가능/불가 표시	보고가 아니라 판단이 중요하다.
13	액션 연결	워크숍	승인, 보류, 예외 액션 정의	자동화가 아닌 통제가 중요하다.
14	업무 전환	워크숍	출하 보류/예외 승인 흐름 구성	버튼이 책임이 되었다.
15	케이스 생성	케이스 매니지먼트	출하 불가, 이상 징후 케이스 자동 생성	문제가 사라지지 않았다.
16	운영 대화 변화	워크숍	회의에서 기준·상태로 대화	감각에서 구조로 변화
17	변경 요구 발생	온톨로지 매니저	기준 변경 요청 등장	운영의 진짜 시작
18	배포 준비	아폴로	Dev(개발 환경)·Staging(검증 환경)·Prod(운영 환경) 분리	이제 되돌릴 수 없다.
19	배포 실행	아폴로	온톨로지·함수·앱 배포	판단 기준 공식화
20	운영 안정화	리소스 매니지먼트	모니터링, 롤백(rollback), 변경 관리	판단이 자산이 되었다.

- **데이터 커넥션**Data Connection: 소스 시스템 연결 및 동기화

- **컨투어**Contour: 기초 분석 및 데이터 탐색

- **파이프라인 빌더**Pipeline Builder: 정제된 데이터셋 설계

- **온톨로지 매니저**Ontology Manager: 조직의 판단 기준 정의

- **객체 탐색기**Object Explorer: 설계된 객체 조회 및 문제점 발견

- **펑션스**Functions: 복잡한 계산 및 비즈니스 로직 작성

- **워크숍**Workshop: 분석 화면을 실제 운영 앱으로 전환

- **케이스 매니지먼트**Case Management: 판단 과정 추적

- **아폴로**Apollo: 모든 것을 운영 자산으로 전환

- **리소스 매니지먼트**Resource Management: 시스템 가동률 및 데이터 무결성 모니터링

이 실습의 핵심은 MariaDB에서 데이터를 읽는 법이 아니라, 판단이 어떻게 시스템이 되는지를 끝까지 따라가는 데 있다. 아폴로는 팔란티어의 모든 소프트웨어와 데이터 파이프라인을 관리하는 지능형 지속적 배포CD 엔진이다. 클라우드나 온프레미스On-Premise 등 어떤 환경에서도 중단 없이 배포되고 최신 상태를 유지한다.

아쉽게도 트라이얼에서는 아폴로를 경험할 수 없었다. 트라이얼은 파운드리의 기능(분석, 앱 빌딩)을 체험하는 공간이지, 운영 인프라(아폴로)를 체험하는 공간이 아니기 때문이다. 만약 조직 차원에서 하이브리드 클라우드 배포 전략을 위해 아폴로를 도입할지 진지하게 검토하고 있다면, 팔란티어 측에 별도의 아폴로 단독 데모Apollo Standalone를 요청하는 것이 가장 정확한 방법이다. 다음은 국내외 프로젝트의 파운드리 앱 조합 패턴을 조사한 내용이다.

• [패턴 1] 워크숍+컨투어 중심형(가장 흔함) •

항목	내용
사용 앱	워크숍, 컨투어
주요 목적	데이터 통합+상황 가시화
주 사용자	공공기관, 제조 본사 기획부서
도입 배경	기존 BI의 한계 극복
온톨로지 수준	부분 적용(개념·상태 일부)

눈에 보이는 성과를 빠르게 입증해야 하고, 기존 BI 시스템의 한계를 극복할 대안으로 파운드리의 유연한 가시화 기능을 원하는 조직이 패턴 1(워크숍+컨투어 중심형)을 주로 선택한다. 이 방식은 조직의 예민한 판단 구조나 책임 소재를 건드리지 않으면서도 '데이터가 잘 보인다'는 즉각적인 만족감을 준다.

하지만 대다수 시도는 액션이나 케이스 관리 단계까지 나아가지 못한 채 멈춰 선다. 데이터의 의미는 보여주지만 실제 업무를 수행하지는 못하는 '보여주기용 시스템'에 머물기 때문이다. 결국 결정적인 판단은 여전히 시스템 밖 회의실에서 사람의 직관으로 이루어진다. 시스템은 과거

• [패턴 2] 워크숍+온톨로지 매니저+컨투어(확장형) •

항목	내용
사용 앱	워크숍, 온톨로지 매니저, 컨투어
주요 목적	의미 기반 분석+판단 구조 정립
주 사용자	대기업 제조, 금융 리스크 부서
도입 배경	단순 BI 한계 체감
온톨로지 수준	핵심 개념 중심

보다 조금 더 보기 좋은 컨투어나 화려한 대시보드 수준에 그친다.

패턴 2(워크숍+온톨로지 매니저+컨투어)를 선택하는 이유는 파편화된 개념과 상태를 조직 차원에서 통일하기 위해서다. 단순히 수치 중심의 KPI를 관리하는 것을 넘어, 현재 벌어지고 있는 상황을 맥락 중심으로 분석하려는 요구가 이 패턴을 이끈다.

하지만 실제 실행은 여전히 기존 외부 시스템에서 이루어지는 단계에 머무는 경우가 많다. 조직이 모든 문제를 공식 안건으로 다루는 케이스 매니지먼트를 지나친 관리 부담으로 인식하기 때문이다. 결국 '판단 근거는 잘 보이는데 정작 일은 진행되지 않는다'는 문제가 반복된다. 시스템 내에서 즉각적인 조치를 취할 수 있는 액션 기능이 없다 보니, 현업은 시스템 도입으로 인한 실질적인 변화를 체감하기 어렵다.

문제가 흐지부지 사라지지 않도록 구조화하고, 모호했던 책임 소재를 분명히 하려는 조직은 패턴 3(워크숍+온톨로지 매니저+컨투어+케이스 매니지먼트)을 주로 도입한다. 대화 속에서 증발하던 이슈를 시스템 안에 기록하여 끝까지 추적하겠다는 조직의 의지가 담겨 있다.

하지만 실제 구현은 액션의 완전한 자동화까지 나아가지 못하고 제한

• [패턴 3] 워크숍+온톨로지 매니저+컨투어+케이스 매니지먼트(운영형) •

항목	내용
사용 앱	워크숍, 온톨로지 매니저, 컨투어, 케이스 매니지먼트
주요 목적	판단→책임→추적
주 사용자	제조 품질, 재난·안전, 공공 운영
도입 배경	사고·감사·책임 문제 발생
온톨로지 수준	판단·책임 중심

• [패턴 4] 풀 스택 운영형(소수지만 가장 강력함) •

항목	내용
사용 앱	워크숍, 온톨로지 매니저, 컨투어, 운영 앱, 케이스 매니지먼트, 아폴로
주요 목적	판단·실행·운영의 일체화
주 사용자	대형 제조, 국책·안보·금융
도입 배경	실시간 운영 통제
온톨로지 수준	전사 핵심 기준

적인 수준에 그치는 경우가 많다. 운영 앱 역시 전체 공정이 아닌 일부 업무에만 적용되며 확장이 멈추곤 한다. 이 과정에서 가장 흔한 문제는 현업의 업무 부담이 실질적으로 늘어난다는 점이다. 과거에는 적당히 넘어갈 수 있었던 일들이 공식적인 케이스로 관리되면서, 현장에서는 시스템 때문에 일이 더 늘었다는 강력한 반발이 터져 나오기도 한다.

패턴 4(풀 스택 운영형)를 선택하는 이유는 빠른 자동화보다 판단의 일관성 확보에 더 높은 가치를 두기 때문이다. 조직 운영을 표준화하고, 누가 그 자리에 있든 시스템이 정한 논리에 따라 같은 결정을 내리게 하려는 목적이 핵심이다.

그럼에도 이 패턴이 흔치 않은 이유는 도입 즉시 조직 문화와 책임 구조 자체를 완전히 바꿔야 하기 때문이다. 게다가 시스템 유지 비용과 운영 난도가 매우 높다는 점도 진입 장벽이 된다. 결국 이 모델이 성공하려면 기술적 구현을 넘어 조직의 체질을 바꾸겠다는 경영진의 강력한 의지가 필수다. 또한 기술과 현장을 모두 이해하며 온톨로지 구조를 책임지고 관리할 '온톨로지 오너'가 존재해야 비로소 완성될 수 있다.

패턴별 실패 확률을 살펴보면 도입의 깊이와 위험도가 비례함을 알 수 있다. 패턴 1은 조직의 핵심 구조를 건드리지 않아 실패 위험이 가장 낮지만, 기대할 수 있는 혁신 효과도 미미하다. 패턴 2는 판단 구조가 일부 시각화되지만 실행과의 연결이 끊어져 있어, 현업이 변화를 체감하지 못하는 중간 수준의 위험을 내포한다. 조직의 책임 구조를 직접 건드리는 패턴 3은 실무자들 사이에서 거센 저항이 일어나 실패 위험이 중상 수준까지 높아질 가능성이 있다. 마지막으로 모든 구조를 통합하는 패턴 4는 성공할 경우 가장 극적인 효과가 있지만, 조직 문화의 대전환과 높은 운영 난도를 극복해야 하므로 실패 확률 또한 가장 높다.

국내외 프로젝트 분석을 통해 얻은 교훈은 파운드리가 기술적 결함보다 조직적 역량의 한계를 먼저 드러낸다는 점이다. 데이터를 통해 무엇이 문제인지, 즉 판단 근거를 시각화하는 단계까지는 비교적 순탄하게 진행된다. 그러나 그 판단에 구체적인 책임을 할당하고 소유권을 명확히 하는 순간부터 프로젝트는 급격히 어려워진다. 만약 이 단계를 넘어 판단을 실제 실행으로 강제하는 구조까지 나아간다면 비로소 조직의 일하는 방식이 근본적으로 바뀌기 시작할 것이다.

파운드리는 조직이 스스로의 판단을 직시하고 책임질 수 있는 수준만큼만 서서히 확장되는 플랫폼이다. PART 4에서는 이러한 관점에서 화장품 제조 데이터의 온톨로지 구현 과정과 파운드리 각 앱의 활용에 관해 우리 팀이 직접 경험한 내용을 소개하겠다.

PALANTIR
FOUNDRY

PART 4

파운드리
앱별 실전
사용법

ARCHITECT

YOUR

DECISIONS

데이터 커넥션과
파이프라인 빌더

온톨로지를 시험하는 심사대

온톨로지 설계를 마치면 이제 데이터를 연결하면 된다고 생각하기 쉽다. 하지만 파운드리의 앱들을 하나씩 살펴보면 많은 사람이 이게 첫 번째냐며 의아해한다. 데이터 커넥션과 파이프라인 빌더는 화려하지 않다. 눈에 띄는 대시보드도 없고, 즉각적인 결과를 보여주지도 않아서 기존 데이터 플랫폼 관점에서 이 두 앱은 그저 준비 단계처럼 보인다.

그러나 데이터 커넥션과 파이프라인 빌더는 데이터를 무작정 많이 끌어오는 공간이 아니다. 이 두 앱은 온톨로지가 실제로 작동하기 위한 최소 조건을 만드는 곳이다. 파운드리에서의 핵심 문제는 데이터를 어떻게 처리할 것인가가 아니라, 데이터를 어떤 기준으로 정렬할 것인가이기 때문이다. 그래서 무엇을 넣을 것인가보다 무엇을 넣지 않을 것인가가 훨씬 중요하다.

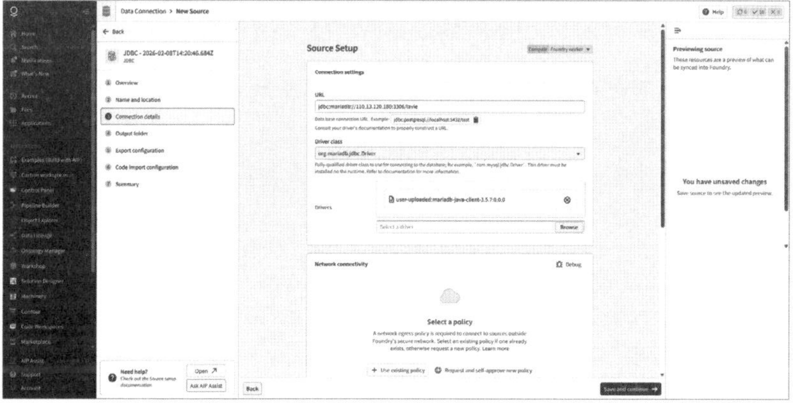

파이프라인 빌더를 처음 열면 많은 사용자가 생각보다 할 수 있는 일이 적어 보여 당황한다. 이 단계에는 대규모 파이프라인도, 복잡한 로직도, 화려한 시각화도 없다. 파이프라인 빌더는 온톨로지 설계의 연장선으로, 온톨로지 설계를 실제 데이터에 맞춰 구체화하고 검증하는 공간이기에 화면이 일부러 단순하게 구성되어 있다.

파이프라인 빌더에서는 먼저 온톨로지가 요구하는 형태로 데이터가 유입되는지 확인해야 한다. 이곳에서 하는 일은 단순한 ETL이나 스크립트 작성이 아니라, 데이터와 온톨로지 사이의 의미적 연결을 실험하는 데 가깝다. 특정 데이터를 어떤 객체의 속성으로 삼을지, 또 특정 변환이 단순한 계산인지 의미를 결정하는 일인지가 이곳에서 가려진다.

기존 환경에서는 성능, 스키마, 파티셔닝partitioning, 배치 주기 등 기술이 데이터 통합의 기준이었다. 반면 파운드리에서는 '이 데이터가 어떤 판단에 쓰이고, 그 판단은 언제 이루어지는가'가 기준이 된다. 파이프라인 빌더에서 작성하는 로직 하나하나는 이 질문에 대한 암묵적인 답이다.

데이터 커넥션 역시 단순한 연결 도구가 아니다. 외부 시스템과 데이터를 연결하는 방식은 익숙하지만 파운드리는 이 연결을 중립적인 파이프라인으로 취급하지 않는다. 데이터는 들어오는 순간부터 소스 식별과 보안 정책marking이라는 특정한 맥락을 부여받는다.

데이터 커넥션을 통해 Raw 영역에 들어온 데이터는 아직 의미를 갖지 못한 상태다. 파이프라인 빌더를 통해 Curated 영역으로 옮기는 과정은 값을 정제하는 것이 아니라 의미를 선별하는 것이다. 이 과정에서 가장 흔한 실수는 기존 ETL 방식을 그대로 가져오는 것이다. 가능한 한 모든 데이터를 일단 정제해 올려두고 나중에 쓰겠다는 접근이다. 파운드리는 이 방식을 거부하고, 대신 그 데이터가 지금 어떤 판단에 필요한지를 묻는다. 여기에 답하지 못하면 그 데이터는 온톨로지에 바인딩되는 Curated 영역으로 올라가지 못한다.

데이터 커넥션과 파이프라인 빌더를 함께 쓰다 보면 개발 속도가 느리다고 느껴진다. 하나를 변환하는 데 지나치게 많은 고민이 필요할 듯하

· 원천 데이터 목록 화면 ·

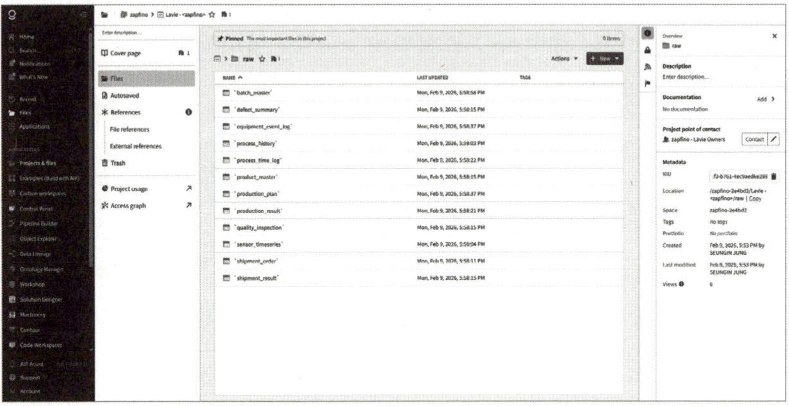

지만 기준이 한번 명확해지면 이후의 데이터 추가와 변환은 놀라울 정도로 빨라진다. 매번 어떻게 쓸지 고민할 필요가 없어지기 때문이다. 파운드리는 데이터가 흘러가는 방향을 고정하는 플랫폼이다. 파이프라인 빌더는 그 방향을 실험하는 공간이고, 데이터 커넥션은 그 방향을 현실의 데이터에 적용하는 통로다.

이 두 앱이 온톨로지 설계를 강제로 앞당긴다는 점도 중요하다. 기존 환경에서는 온톨로지를 나중 문제로 미룰 수 있지만 파운드리에서는 불가능하다. 어떤 객체의 속성으로 데이터를 넣으려면 그 객체가 무엇인지 정의해야 한다. 이 정의가 막히면 데이터 흐름도 멈춘다.

그래서 데이터 커넥션과 파이프라인 빌더는 기술자만의 공간이 아니다. 이곳에서의 결정이 곧 온톨로지의 형태를 결정하고, 나아가 운영 방식까지 영향을 미친다. 데이터 엔지니어가 혼자서 빠르게 처리할 수 없는 이유도 여기에 있다. 이 단계에서의 결정은 기술이 아니라 판단 구조의 일부이기 때문이다.

데이터 커넥션을 열면 DB 연결, API 연동, 파일 업로드 등 데이터 엔지니어에게 익숙한 화면이 나타난다. 기술적으로 새롭지 않지만 여기서의 선택이 온톨로지의 생존을 좌우한다. 우리는 화장품 제조 공장 실습에서 의도적으로 세 가지 기준을 세웠다.

첫째, 판단에 쓰이지 않는 데이터는 연결하지 않는다.

둘째, 나중에 쓸지도 모르는 데이터는 보류한다.

셋째, 연결 시점에 책임 주체가 불분명한 데이터는 제외한다.

이 기준을 지키지 않으면 파운드리의 데이터 레이크는 곧 원천 데이터 창고가 된다. 이어서 연결 가능한 데이터의 구체적인 조건을 살펴보자.

조건 1 상태를 바꿀 수 있는가?

첫 번째 기준은 단순하다. '온톨로지 객체의 상태를 바꿀 수 있는 데이터인가?' 배치의 상태를 바꾸지 못하거나 공정의 판단을 촉발하지 않는 데이터는 온톨로지 바인딩 대상이 아니다. 이 기준을 적용하자 연결 대상 데이터는 처음 생각의 절반 이하로 줄어들었다.

조건 2 누가 이 데이터를 보고 행동하는가?

두 번째 기준은 사람이다. '이 데이터가 들어왔을 때 실제로 행동하는 사람이 있는가?' 이 질문에 답하지 못하면 그 데이터는 운영에 쓰이지 않는다. 화장품 제조 공장 실습에서는 품질 검사 수치 중 상당수를 이 단계에서 제외했다. 수치는 있었지만 그것만으로는 즉각적인 행동이 일어나지 않았기 때문이다.

조건 3 타이밍이 중요해지는가?

세 번째 기준은 시간이다. '이 데이터는 늦게 보면 의미가 사라지는가?' 실시간에 가까워야 하거나 지연되면 판단 가치가 떨어지는 데이터가 데이터 커넥션과 파이프라인 빌더의 우선 대상이다. 반대로 월간 집계나 사후 분석용 데이터는 이 단계에서 굳이 올릴 이유가 없다.

데이터를 연결한 뒤에는 파이프라인 빌더에서 값의 정확성부터 먼저 확인하지 않았다. 이 값이 어떤 객체에 붙는가? 상태 전이 조건으로 쓸 수 있는가? 예외 상황은 어떻게 보이는가? 이 질문에 답하면서 온톨로지 설계를 여러 차례 조정했다.

데이터 통합Data Integration은 기술이 아니라 '선언'의 문제다. 많은 조직이 데이터 연결을 기술 작업으로만 본다. 그러나 파운드리에서 데이터를 연결한다는 것은 '이 데이터를 우리 판단 구조 안으로 받아들인다'는 선언에 가깝다. 이 선언을 가볍게 하면 시스템은 금세 무거워진다. 반대로 이 선언을 신중히 하면 적은 데이터로도 효율적으로 운영할 수 있다.

정리하면 데이터 커넥션과 파이프라인 빌더는 온톨로지를 시험하는 단계다. 무엇을 연결할지보다 무엇을 연결하지 않을지를 먼저 정하고, 연결된 데이터가 실제로 판단을 움직이는지 확인해야 한다. 이후 소개할 온톨로지 매니저, 컨투어, 워크숍은 모두 정제된 데이터셋curated dataset 위에서만 제대로 작동한다.

이어서 파이프라인에서 우리가 실제로 데이터를 어떻게 다듬고 검증했는지, 그리고 이 과정에서 온톨로지가 다시 한번 어떻게 바뀌었는지를 구체적인 사례로 살펴보자.

데이터 파이프라인의 구조

데이터 파이프라인이라는 말을 들으면 대부분은 '끊김 없이 잘 흘러가는 구조'를 떠올린다. 빠르고 자동화되고 사람이 개입하지 않는 상태일 거라는 이미지와 정반대로, 파운드리의 데이터 파이프라인은 언제 멈춰야 하는지를 명확히 하는 구조다.

앞서 언급했듯 파운드리에서 데이터는 데이터 수집Raw, 정제된 데이

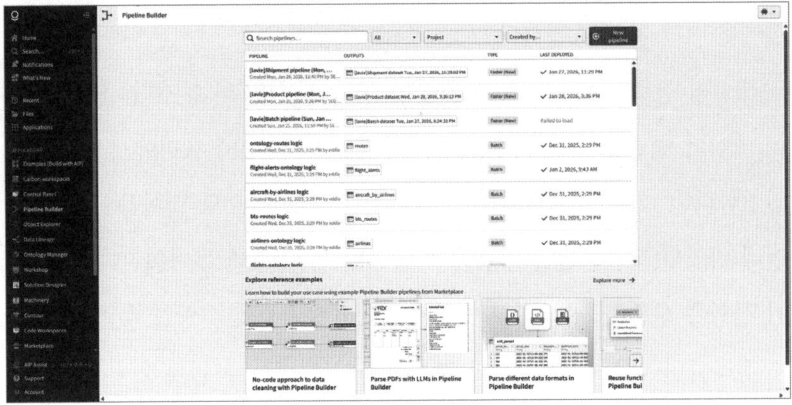

터셋Clean/Enriched, 바인딩Ontology이라는 세 단계를 거쳐 이동한다. 각 단계
는 단순한 ETL이 아니라 서로 다른 책임을 가진다. Raw는 사실을 보관
하고, Clean/Enriched는 변환으로 의미를 선별하며, Ontology는 판단
을 운영한다. 이 역할이 섞이면 파이프라인은 복잡해지고 운영이 어려워
진다.

① Raw 파이프라인: 끊김을 허용하는 구간

데이터 커넥션을 통해 Raw 영역으로 들어오는 파이프라인은 완벽할 필요가 없다. 오
히려 완벽하려 하면 위험하다. 지연이 발생하거나 일부 데이터가 누락되거나 포맷이
조금씩 달라도 괜찮다. Raw의 목적은 '사실을 최대한 원형 그대로 보존하는 것'이다.
이 단계에서는 안정성보다 회복력이 중요하다. 잠시 멈췄다 다시 이어져도 사실의 연
속성만 유지하면 된다.

② Clean/Enriched 파이프라인: 여기서 멈출 수 있어야 한다

파이프라인 빌더를 통해 Clean/Enriched로 가는 변환 파이프라인은 가장 많은 논쟁이 발생하는 지점이다. 이 단계에서는 변환 로직보다 검증 로직이 더 중요하다. '이 데이터를 판단에 쓸 수 있는가?', '값이 아니라 의미가 일관되는가?', '예외 상황을 설명할 수 있는가?' 같은 질문에 하나라도 답하지 못하면 파이프라인을 여기서 멈춰야 한다.

③ Ontology 파이프라인: 객체화Objectification의 마지막 단계

정제된 데이터셋에서 온톨로지로 넘어가는 바인딩 파이프라인은 완전히 다른 성격을 가진다. 이 단계에서 자동화는 매우 제한적이어야 한다. 즉 모든 데이터가 자동으로 바인딩되지 않고 객체 유형object type 정의에 따른 조건을 만족할 때만 객체와 상태에 연결된다. 화장품 제조 공장 실습에서도 모든 품질 검사 결과가 상태를 자동으로 바꾸지 않았다. 특정 기준을 만족할 때만 '검토 필요' 상태로 전이되고 나머지는 단순한 참고 데이터로 남았다. 이 구조 덕분에 온톨로지가 불필요하게 흔들리지 않았다.

④ 파이프라인에 '사람의 자리'를 남겨둔다

파운드리 파이프라인은 파이프라인 빌더의 헬스 체크Health Check 검증 단계, 온톨로지 상태 전이 직전, 워크숍의 액션 실행 전과 같이 사람의 개입 지점이 남아 있다. 이 지점들은 자동화를 포기한 흔적이 아니라 판단을 보호하기 위한 설계다. 자동화가 실패하는 대부분의 경우는 멈출 수 없는 파이프라인에서 발생한다. 이 구조가 제대로 작동하면 데이터가 늦어질 때 시스템이 조용히 대기하고, 기준을 벗어난 데이터가 들어오면 자동으로 보류 상태가 되며, 누군가 확인하기 전까지 판단이 진행되지 않는다. 즉 운영 현장에서는 데이터 파이프라인이 운영을 지탱해 주는 순간이 찾아오며, 그때의 안정감이 속도보다 훨씬 중요하다.

파운드리의 데이터 파이프라인은 흘려보낼 데이터와 멈춰 세울 데이터를 구분해, 자동화할 지점과 사람에게 남길 지점을 명확히 함으로써 판단을 안전하게 멈추게 해주는 구조다. 이런 구조가 없는 파이프라인은 언젠가 반드시 사고를 만든다.

변환 로직 설계 방식

파이프라인 빌더에서 변환 로직을 설계하는 단계에 들어오면 많은 데이터 엔지니어가 조건문, 집계, 조인, 파생 칼럼 같은 익숙한 영역으로 돌아가고 싶어 한다. 그래서 이 단계가 가장 위험하다. 기술적으로는 맞지만 의미적으로는 틀린 로직이 여기서 가장 많이 만들어진다. 파운드리에서의 변환transform은 ETL의 'T'가 아니다. 의미를 옮기는 작업이니 계산하려 하지 말고 판단을 드러내야 한다.

또한 변환 로직을 짜기 전에 "이 로직이 통과시키는 것은 무엇이고, 탈락시키는 것은 무엇인가?"라는 질문을 던져야 한다. 이에 답하지 못하는 변환은 대부분 과잉 변환이다. 변환은 모든 것을 살리는 과정이 아니라 의미 없는 것을 걸러내는 과정이다.

기존 ETL에서는 변환이 포맷 통일, 단위 변환, 누락값 처리 등 데이터를 정리하는 단계였다. 반면 파운드리의 변환에서 필요한 것은 '정리'가 아니라 '선언'이다. 즉 '이 데이터는 판단에 쓰일 자격이 없다'고 선언해야 하며, 여기에 포함되지 않는 것은 온톨로지 바인딩을 위한 Clean/Enriched 계층으로 갈 이유가 없다.

초기 실습에서 우리가 설계한 변환 로직은 겉보기에 꽤 그럴듯했다.

화장품 제조 데이터를 데이터 커넥션으로 MariaDB에서 읽어와 배치별로 집계하고, 품질 검사 결과를 조인해 불량률을 계산했으며, 설비 센서 데이터를 시간대별로 평균 내어 이상 여부를 판단하려 했다. SQL도 복잡했고 조건문과 집계 함수는 정교하게 짜여 있었다. 또한 숫자는 정확해 보이고 결과 테이블도 깔끔하게 나왔지만, 이 변환은 전형적인 실패 패턴을 그대로 따르고 있었다.

가장 큰 문제는 계산의 근거를 설명하지 못한다는 점이었다. 배치별 불량률을 소수점 둘째 자리까지 계산했지만, 그 숫자가 왜 중요하며 어느 수준부터 문제가 되는지 기준이 없었다. 예를 들어 불량률 1.8%와 2.1%의 차이가 실제 운영에서 어떤 의미를 가지며, 어떤 행동 변화를 요구하는지에 대한 설명이 없었다. 즉 계산은 있었지만 판단 기준이 존재하지 않았다.

또 다른 문제는 변환 결과가 곧바로 워크숍의 액션으로 이어지지 않는다는 점이었다. 즉 변환 결과는 새로운 테이블이나 데이터셋으로 만들어져 다양한 지표를 깔끔하게 정리했지만, 그걸 보고 누가 무엇을 해야 하는지는 정의되지 않았다. '이 값이 높으면 품질팀이 확인한다', '이 경우 출하를 보류한다' 같은 연결 고리가 없으니 변환은 결국 또 하나의 보고용 데이터셋으로 남았다. 설비 데이터 변환에서도 같은 문제가 반복되었다. 온도 센서의 평균값과 최댓값을 계산하고 특정 임계치를 넘는 경우를 표시했지만, 어떤 이벤트가 실제로 조치를 요구하는지는 로직에 담기지 않았다.

이 시점에서 우리는 중요한 사실을 깨달았다. 변환 로직의 목적은 온톨로지 객체로서 판단을 가능하게 하는 데 있었다. 즉 계산은 수단일 뿐이며, 그 계산이 어떤 상태를 만들고 그 상태에서 어떤 액션이 열리는지까지 정의되지 않으면 변환은 실패한다.

화장품 제조 공장 실습에서의 첫 변환 실패도 목적 없이 계산을 설계한 탓에 발생했다. 이후 변환 설계에 앞서 '무엇을 계산할 것인가?'보다 '이 계산이 어떤 판단을 만들 것인가?'를 먼저 묻기 시작했다. 계산 결과가 특정 상태로 이어지더라도 그 상태에서 액션이 열리지 않는 변환은 만들지 않기로 했다. 이 전환 이후에야 변환 로직은 비로소 파운드리 안에서 의미를 가지기 시작했다.

예를 들어 화장품 제조 공장 실습의 배합 시간 데이터를 다룰 때, 기존 ETL 방식이라면 평균을 내고 표준편차를 계산한 뒤 이상치를 제거했을 것이다. 그러나 파운드리 변환에서는 배합 시간이 기준 범위 안이면 Normal_Candidate로, 기준을 벗어나면 Review_Candidate로 판단이 이어지도록 분기를 먼저 설계했다. 여기에는 평균도 없고 복잡한 계산도 없다. 대신 다음 단계에서 무엇을 해야 하는지가 명확해진다.

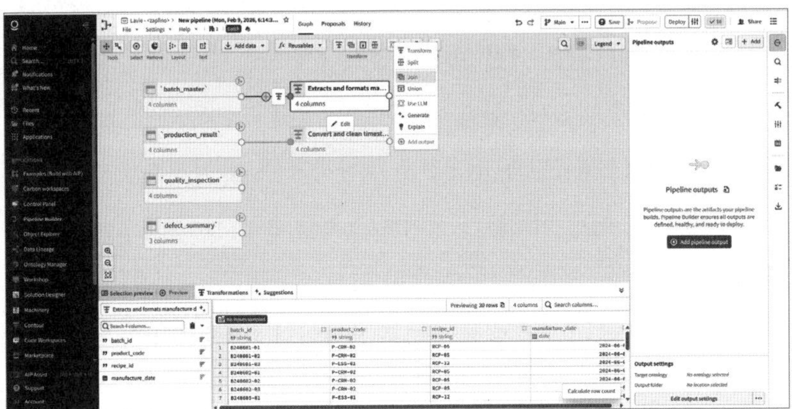

· 파이프라인 빌더의 정제 워크플로 화면 ·

이 접근을 출하 판단으로 확장하기 위해 12개의 원천 데이터 중 제품 출하와 관련된 4개 테이블을 선정했다. 배치batch_master, 생산 결과 production_result, 품질 검사quality_inspection, 불량defect_summary 데이터를 전처리 및 정제하고, 출하 가능 여부를 판별하기 위한 파생 변수를 만들었다.

변환이 길어질수록 로직은 설명하기 어려워지고, 그런 로직은 온톨로지 매니저에서 살아남지 못한다. 그래서 변환 로직은 되도록 단순해야 한다. 우리는 파이프라인 빌더 로직에 다음 원칙을 세웠다. 이를 적용하자 데이터셋의 수는 늘었지만 각 로직은 오히려 짧아졌다.

> 한 로직은 하나의 판단 질문에만 답한다.
>
> 여러 판단을 한 로직에 넣지 않는다.
>
> 설명할 수 없는 계산은 쓰지 않는다.

또한 가장 흔한 실수는 변환 단계에서 판단을 끝내려는 시도다. 변환이 온톨로지를 대신한다고 착각하기 때문이다. 점수를 매기거나 등급을 확정하거나 결과를 단정하는 방식은 온톨로지의 역할을 침범한다. 변환은 특정 값을 어떤 판단에 쓸지 후보군을 만드는 단계이고, 최종 판단은 반드시 온톨로지의 규칙이나 워크숍의 액션에서 내려져야 한다.

변환 로직이 제대로 설계되었는지는 "이 로직이 실패하면 누가 불편해지는가?"라는 간단한 질문으로 확인할 수 있다. 아무도 불편하지 않다면 그 로직은 운영에 필요하지 않다. 반면 누군가 바로 확인해야 한다면 그 로직은 의미 변환에 성공한 것이다.

이 기준은 화장품 제조 공장 실습에서 변환을 정리하는 데 가장 큰 도움이 되었다. 정교한 계산이라도 왜 필요한지 설명할 수 없고, 결과가 곧바로 액션으로 이어지지 않는 로직은 대부분 폐기했다.

파운드리는 똑똑한 로직보다 설명 가능한 로직을 오래 기억한다. 파운드리에서 변환 로직은 계산의 집합이 아니라 판단을 준비하는 문턱이다. 따라서 값을 정리하려 들기보다 의미를 나누고, 온톨로지가 판단할 수 있도록 여지를 남겨야 한다. 이 원칙을 지키면 변환이 복잡해지지 않고 온톨로지도 흔들리지 않는다. 이어서 이 변환 결과가 어떻게 온톨로지에 바인딩되는지, 그리고 이 단계에서 왜 가장 많은 설계 충돌이 발생하는지를 구체적으로 다뤄보자.

온톨로지 바인딩

데이터가 파이프라인 빌더에 들어오기 시작하면 많은 팀이 안도하며 데이터 연결이 끝났다고 생각한다. 하지만 파운드리 프로젝트에서는 이 시점이 가장 위험한 구간이다. 파이프라인 빌더는 단순한 데이터 변환 도구가 아니라 데이터가 온톨로지라는 엄격한 세계에 발을 들일 자격이 있는지 심사하는 '진입 심사대'이기 때문이다. 여기서 소홀히 검증하면 이후 워크숍에서 쌓아 올릴 모든 판단 구조가 흔들린다.

파이프라인 빌더의 핵심은 데이터의 정합성과 링크 구조를 설계해 온톨로지 매니저에서 객체 유형과 매핑될 수 있도록 만드는 데 있다. 즉 파이프라인 빌더는 '의사결정에 사용할 수 있는 객체'로서 데이터의 자격을 확인하고 준비시키는 첫 접점이다.

따라서 이 단계에서 가장 중요한 질문은 '이 데이터가 나중에 쓰일지

• 변환과 바인딩 비교 •

구분	변환(transform)	바인딩(binding)
핵심 개념	연산 및 가공(logic)	연결 및 동기화(connection)
주요 목적	새로운 데이터 값 생성	데이터의 흐름과 상태 공유
비유	재료를 섞어 요리를 만드는 과정	요리를 식탁 위 접시에 담는 과정
실행 시점	입력값이 바뀔 때마다 로직 계산	사용자가 화면을 조작할 때마다 연결된 값 전송

도 모른다'는 막연한 기대가 아니라 "이 값이 없으면 현장의 판단이 불가능해지는가?"라는 본질적인 물음이다. 화장품 제조 공장 실습에서도 수많은 품질 데이터 중 상태 전이에 직접적인 영향을 주는 핵심 지표만 선별해 온톨로지에 바인딩했다. 이런 '조건부 연결'이 있어야 모든 데이터가 온톨로지를 어지럽히지 않고 필요할 때만 정확한 판단을 돕는다.

반면 워크숍은 온톨로지 매니저를 통해 정제된 온톨로지 객체로 실제 비즈니스 애플리케이션을 빌드하는 공간이다. 컨투어나 퀴버Quiver에서도 데이터를 확인할 수 있지만, 워크숍의 존재 이유는 '상태 변화를 일으키는 것'에 있다(퀴버는 오브젝트·시계열 데이터를 분석하고 대시보드로 공유·게시하는 도구다). 사용자가 데이터를 바탕으로 결정을 내리고decision making, 그 결과를 시스템에 다시 써넣는 '라이트백Write-back' 과정을 액션으로 설계하는 모듈이기 때문이다.

워크숍은 데이터 미리보기 도구가 아니다. 컴포넌트 중심의 로코드low code 빌더로 온톨로지 기반 위젯을 조합해, 현장의 진행 과정을 바꾸는 액션 중심의 운영 앱을 만든다. 그래서 파이프라인 및 바인딩 단계의 데이터 설계가 틀어지면 워크숍의 액션은 엉뚱한 데이터를 건드리게 된다. 조회용 대시보드라면 수치 오류로 끝날 수 있지만, 실행을 목적으로 하는 워크숍의 설계 오류는 현장의 오판으로 이어질 수 있어 더욱 치명적이다.

흥미롭게도 워크숍에서 앱을 빌드할수록, 역설적으로 파이프라인 빌더와 온톨로지 설계가 다시 흔들린다. 특정 상태값이 너무 자주 바뀌어 판단을 방해한다거나 특정 액션이 현재 데이터 수준에 비해 과하다는 식의 신호가 나타난다. 이는 실패가 아니라 정상적인 피드백 루프다. 워크숍은 온톨로지의 실효성을 최종 검증하는 도구이며, 이 과정에서 발견된 문제는 다시 파이프라인 빌더와 온톨로지 매니저로 돌아가 수정되어야 한다. 화장품 제조 공장 실습에서도 워크숍 빌딩 과정의 피드백을 통해 온톨로지 구조를 세 차례 더 정교하게 다듬었다.

결국 파이프라인 빌더에서 무엇을 붙이지 않을지 고민하며 데이터를 걸러내고, 워크숍에서 어떻게 결정할지 고민하며 액션을 설계할 때 파운드리는 비로소 완성된다. 이 과정을 통과한 데이터만이 온톨로지 안에서 판단의 일부가 되고, 시스템은 분석 도구를 넘어 운영의 도구로 진화한다.

파이프라인 빌더와 코드 리포지토리의 사용 기준

데이터 커넥션과 파이프라인 빌더를 실제로 쓰기 시작하면, 반드시 한 번은 이런 질문을 받는다. "이건 파이프라인 빌더로 할까요, 코드 리포지토리Code Repositories로 할까요?" 얼핏 단순한 기술 선택처럼 보이지만, 파운드리에서는 판단을 어디에 고정할지 묻는 질문에 가깝다. 이 선택을 가볍게 하면 판단의 근거가 흩어지고, 온톨로지는 점점 설명하기 어려워진다. 빠르게 만드는 도구와 오래 남길 구조의 경계에 이 질문이 있기 때문이다.

먼저 전제부터 분명히 하자. 파이프라인 빌더와 코드 리포지토리는 서로를 대체하는 도구가 아니다. 파이프라인 빌더(SQL 기반 시각화)는 판단을 설명하는 언어이고, 코드 리포지토리는 PySpark(대규모 데이터 처리 및 분석을 위한 아파치 스파크의 파이썬 API)로 그 판단을 준비하는 도구다. 이 구분이 흐려지면 변환 로직은 비대해지고 온톨로지는 얇아진다.

파이프라인 빌더는 '왜 이렇게 판단했는지'를 남긴다. 시각적 노드와 SQL 로직으로 구성되어 조건이 보이고 기준이 드러나며, 로직의 의도도 비교적 명확해 대부분 읽을 수 있다. 그래서 판단의 근거를 구조 안에 기록하기에 적합하다. 화장품 제조 공장 실습에서도 배치 상태 전이 조건, 기준 초과 여부 판단, 조치 필요 여부 분기 같은 로직은 의도적으로 파이프라인 빌더에 남겼다. '나중에 바꿀 수 있지만 지금은 이렇게 판단한다'는 조직의 합의가 담겨 있었기 때문이다. 따라서 파이프라인 빌더는 온톨로지와 가장 가까운 곳에 있어야 한다.

반대로 코드 리포지토리는 '어떻게 준비할 것인가'를 담당한다. 대용량 처리, 복잡한 전처리, 외부 라이브러리 활용, 비정형 데이터 처리 같은 작업에 적합하며, 판단이 가능하도록 데이터를 정리하는 과정에 가깝다. 화장품 제조 데이터에서도 PySpark는 로그 데이터 정규화, 공정 이벤트 시계열 정리, 결측·이상 데이터 분리 등을 맡았다. 이 로직들은 자주 바뀌었고, 운영 판단과 직접 연결되지 않았다. 그래서 코드 리포지토리는 온톨로지 바인딩 이전, 즉 데이터 계층Clean/Enriched 단계에 머물게 했다.

실습 과정에서 가장 위험했던 선택은 "시각적으로 쓰기 복잡하니까 PySpark 코드에서 다 처리하죠"였다. 단기적으로는 편하지만 장기적으로는 온톨로지를 망친다. 판단 기준이 코드 안에 숨고, 현업은 로직을 이해하지 못하며, 수정은 특정 개발자에게 의존하게 된다. 판단 로직을 PySpark 코드에 숨기는 순간, 파운드리는 다시 '기술자의 시스템'으로 후퇴한다. 그래서 우리는 실습을 거치며 기준을 다음과 같이 단순하게 정리해 많은 논쟁을 줄였다.

이 로직이 바뀌면 판단의 의미가 달라지는가? → 파이프라인 빌더를 선택한다.

이 로직은 데이터 준비 방식일 뿐인가? → 코드 리포지토리를 선택한다.

한편 시각적 도구를 선택하면 종종 코드를 직접 짜는 게 더 빠르지 않냐는 성능 논의가 뒤따른다. 물론 그런 경우도 있지만 파운드리에서 판단 로직은 '가장 빠를' 필요가 없다. 파이프라인 빌더는 조금 느려도 괜찮다. 설명 가능하고, 검증 가능하며, 수정 가능한 쪽이 훨씬 중요하다. 성능은 나중에 개선할 수 있지만, 의미를 잃은 구조는 다시 살리기 어렵기 때문이다.

결국 구조는 '코드 리포지토리는 Raw → Clean 계층까지, 파이프라인 빌더는 Clean → Enriched 및 온톨로지 바인딩 직전까지'로 자연스럽게 정리되었다. 쉽게 말해 책임의 위치를 반영해 PySpark 코드는 원천 데이터와 가까운 바깥에서, SQL 기반 시각화 도구는 온톨로지와 가까운 안쪽에서 쓰는 것이다.

어떤 언어를 쓰는지는 중요하지 않다. 중요한 질문은 이것이다. "이 로직은 판단의 일부인가, 아니면 판단을 준비하는 과정인가?" 이 질문에 답하면 도구 선택은 자연스럽게 따라온다. 파운드리에서의 기술 선택은 편의가 아니라 구조를 어디까지 드러낼지를 결정한다. 이어서 이 모든 준비를 마친 뒤, 운영 앱으로 넘어가기 전에 반드시 점검해야 할 포인트를 정리해 보자.

실무에서 자주 놓치는 포인트

데이터 커넥션부터 파이프라인 빌더, 변환, 온톨로지 바인딩까지 한 번이라도 운영해 보면 반복해서 무너지는 지점이 보인다. 흥미롭게도 대부분 기술적 한계가 아니라 '잘못된 선택'에서 시작된다. 여기서는 화장품 제조 공장 실습과 여러 프로젝트에서 특히 자주 무너졌던 포인트를 정리해 보겠다.

포인트 1 '나중에 쓸 수도 있으니까'라는 판단

붕괴는 대개 "이 데이터를 나중에 쓸 수도 있잖아요"라는 말 한마디에서 시작된다. 이 말이 나오는 순간, 파운드리의 데이터 계층Clean/Enriched은 다시 데이터 창고가 된다. 지금 판단에 쓰이지 않는 데이터가 파이프라인 빌더를 통해 Curated 영역으로 올라가고, 결국 온톨로지 매니저에서 바인딩 후보가 되면서 구조는 빠르게 무거워진다. 실무에서는 '안 쓰는 데이터'보다 '쓸 수도 있는 데이터'가 온톨로지를 더 빨리 망친다.

포인트 2 파이프라인 빌더의 노드가 늘어나는 순간

변환 로직이 늘어나는 것은 대개 좋은 신호가 아니다. 예외를 처리하고 기준을 추가하며 현업 요구를 모두 반영하는 과정에서 그래프의 노드는 길어지고, 설명은 더 어려워진다. 이때 특정 로직이 판단을 돕는지, 아니면 불안을 감추는지 확인해야 한다. 불안을 감추기 위한 로직은 언젠가 반드시 깨진다.

 시각적 로직(파이프라인 빌더)과 코드(코드 리포지토리)의 경계가 흐려질 때

실무에서는 종종 판단 로직이 코드 리포지토리의 PySpark로 옮겨가고, 파이프라인 빌더의 SQL에는 단순 조회만 남으며, 온톨로지는 얇아지곤 한다. 이런 구조는 유지 보수 비용을 빠르게 키운다. 개발자만 해당 로직을 이해하고 현업은 시스템을 신뢰하지 못해 수정이 점점 어려워지기 때문이다. 이런 신호가 보이면 판단 로직을 다시 '설명 가능한' 파이프라인 빌더 쪽으로 끌어와야 한다.

 헬스 체크 검증을 '통과 의례'로 취급할 때

파이프라인 빌더에서 데이터셋의 건강 상태를 확인하는 헬스 체크 검증이 형식적인 절차로 바뀌는 순간, 파운드리는 방향을 잃는다. 값만 확인하고 구조는 보지 않은 채 문제없어 보인다고 끝나기 쉬워서다. 이렇게 넘어간 데이터는 워크숍 단계에서 반드시 문제를 일으킨다. 데이터 파이프라인 검증은 '통과시키는 단계'가 아니라 '걸러내는 단계'임을 잊지 말아야 한다.

 자동화 욕심이 고개를 들 때

운영이 안정되기 시작하면 "이건 이제 자동으로 돌려도 되겠네요" 같은 말이 나오기 마련이다. 문제는 자동화 자체가 아니라 타이밍이다. 판단 기준이 완전히 합의되지 않았거나 예외 상황이 충분히 드러나지 않은 상태에서 자동화를 밀어붙이면 온톨로지는 조용히 망가진다. 자동화는 구조를 검증한 뒤에 조심스럽게 도입해야 한다.

 "이건 IT 쪽에서 관리하는 거죠?"라는 말이 나올 때

가장 위험한 신호는 기술이나 데이터가 아니라 사람의 말이다. "이건 IT 쪽에서 관리하는 거죠?" "이건 시스템 문제 아닌가요?" 이런 말이 나오면 온톨로지는 이미 현업의 손을 떠났다는 뜻이다. 온톨로지는 누군가의 일이 아니라 판단을 내리는 사람의 도구여야 한다.

◆포인트 7◆ 온톨로지 객체 모델을 고정하려는 순간

마지막 붕괴 포인트는 구조를 고정하려는 유혹이다. 구조가 웬만큼 잡혔으니 건드리지 말자는 말은 실제로 정체의 신호다. 현실의 판단이 바뀌면 객체 모델object model도 함께 변해야 한다. 구조를 고정하는 순간, 온톨로지는 현실에서 멀어진다.

실무에서 파운드리가 무너질 때 원인은 대체로 명확하다. 너무 많은 것을 담으려 했거나, 너무 빨리 자동화했거나, 너무 일찍 고정하려 했거나, 기술로 너무 멀리 밀어냈기 때문이다. 파운드리는 완벽함보다 절제 속에서 오래 버틴다.

데이터 통합(데이터 커넥션과 파이프라인 빌더) 설명은 이쯤에서 마무리하고, 다음 장에서는 온톨로지를 실제로 구축하기 위해 온톨로지 매니저가 어떤 역할을 하는지 구체적으로 살펴보자.

온톨로지 매니저

온톨로지 매니저란 무엇인가?

데이터 커넥션과 파이프라인 빌더가 준비 운동이라면, 온톨로지 매니저는 파운드리의 심장이고 판단이 구조가 되는 본게임이다. 이곳에서 파운드리는 데이터 플랫폼이 아니라 현실을 해석하는 체계로서 본모습을 드러낸다. 많은 사용자가 이 지점에서 기술보다 사고방식의 일관성을 더 요구받기 때문에 가장 큰 부담을 느끼곤 한다.

온톨로지 매니저를 처음 접하면 객체, 링크, 액션 등 메뉴가 적고 화면도 복잡하지 않아 예상보다 단순하다고 느끼기 쉽다. 현실에 존재하는 것들을 시스템이 이해할 수 있는 개념으로 정의하는 단계이기 때문에 그렇게 보일 수 있다.

문제는 이런 단순함 때문에 온톨로지를 '데이터 모델링 도구'로 오해하기 쉽다는 점이다. 온톨로지 매니저는 객체를 예쁘게 정리하는 곳이 아니다. 판단이 어떻게 흘러가고, 어디서 멈추며, 무엇이 판단을 촉발하는지를 고정하는 공간이다. 그래서 무엇을 객체 유형 또는 링크 유형link type 또는 상태status로 볼지, 그리고 어떤 액션 유형action type으로 운영을 굴릴지에 대한 합의가 필요하다. 이때 객체, 링크, 액션은 정적인 구성 요소가 아니라 역할로 봐야 한다. 온톨로지는 명사가 아니라 동사로 완성되기 때문이다.

① 객체 유형: 지금 판단 대상이 되는 것

객체 유형은 파운드리에서 가장 오해받는 개념이다. 많은 사람이 객체를 데이터베이스의 테이블이나 엔티티entity(현실의 자산·개념을 디지털로 매핑한 객체)처럼 이해하지만, 파운드리에서 객체는 단순한 데이터 묶음이 아니라 판단 대상이다. 즉 객체 유형은 온톨로지의 출발점이지만, 아무것이나 객체가 될 수는 없다. 누군가 결정을 내려야 하는 대상이라면 객체가 되지만, 그렇지 않다면 데이터가 아무리 많아도 객체로 삼을 이유가 없다. 이 기준을 적용하면 객체 수는 예상보다 줄어들지만, 각 객체의 의미는 더 선명해진다.

화장품 제조 공장 실습을 다시 떠올려 보자. 원료와 설비는 중요한 데이터였지만 늘 판단 대상이 아니었다. 반면 배치는 달랐다. "지금 출하해도 되는가?", "재검토가 필요한가?", "누가 확인해야 하는가?" 같은 질문이 늘 따라붙었기 때문이다. 그래서 배치는 데이터가 많아서가 아니라 판단의 중심에 있었기에 객체 유형이 되었다.

온톨로지 매니저를 쓰다 보면 '이것도 객체로 만들어 두면 나중에 쓰지 않을까?' 하는 유혹이 생긴다. 이를 허락하면 온톨로지 매니저는 곧 복잡한 메타데이터 관리 도구로 변한다. 객체는 '있으면 좋은 것'이 아니라 '지금 판단이 필요한 것'이어야 한다.

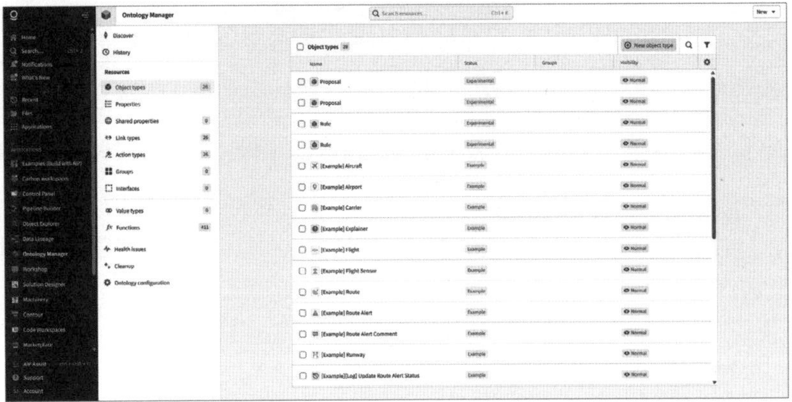

② 링크 유형: 단순한 연결이 아니라 맥락의 표현

링크 유형을 처음 접하면 'A는 B와 연결된다', 'A는 B를 포함한다'처럼 관계로 이해하기 쉽다. 하지만 온톨로지 매니저의 링크 유형은 ERD와 달리 "이 두 객체가 연결되어야 판단이 가능해지는가?"라고 묻는다.

화장품 제조 온톨로지에서도 우리는 모든 것을 연결하지 않았다. '배치↔설비', '배치↔원료', '배치↔품질 검사'처럼 링크 후보는 많았지만, 실제 판단에 쓰인 링크는 놀라울 만큼 적었다. 예를 들어 배치－설비 링크는 어디에서 만들었는지 설명하는 데는 유용했지만, 대부분의 판단에는 직접 영향을 주지 않았다. 그래서 이 링크는 온톨로지의 중심이 아니라 보조 맥락으로만 유지했다.

링크는 많을수록 좋은 것이 아니다. 판단에 맥락을 더하는 만큼만 존재해야 한다. 또한 링크 유형은 객체 유형보다 더 까다롭다. 링크는 단순한 연결이 아니라 맥락의 표현이기 때문이다. 어떤 객체가 다른 객체에 어떤 영향을 주는지, 그 영향이 언제 유효한지를 설명해야 한다. 파운드리에서는 즉석 조인이 허용되지 않는다. 링크를 미리 정의하고 그 의미를 공유해야 한다.

③ 액션 유형: 온톨로지를 시스템으로 만드는 요소

많은 사람은 액션을 '나중에 붙일 자동화 기능'으로 생각하지만, 그렇게 보면 온톨로지를 반쪽만 쓰게 된다. 액션은 누가, 언제, 어떤 조건에서 무엇을 할 수 있는지를 규정해 온톨로지를 동적인 운영 구조로 만든다.

그래서 액션 유형은 온톨로지 설계의 마지막 단계가 아니라 설계의 기준점이다. 많은 조직이 액션을 정의하는 일이 곧 책임을 정의하는 일이라서 부담을 느낀다. 하지만 "이 객체의 상태가 바뀌면 실제로 어떤 액션이 일어나는가?"라는 질문에 답하지 못한다면, 그 객체와 링크를 다시 검토해야 한다.

화장품 제조 공장 실습에서 배치 객체에 정의된 액션은 '알림을 보낸다', '검토를 요청한다', '출하를 보류한다'처럼 아주 단순했다. 그러나 이런 액션이 존재했기에 온톨로지는 '설명하는 구조'가 아니라 '움직이는 구조'가 되었다. 반대로 액션이 없는 객체는 결국 데이터 뷰에 머문다.

여기서 상태가 특히 중요하다. 운영에서의 판단은 대부분 상태 변화에서 촉발되기 때문이다. '정상'에서 '주의'로, '주의'에서 '경고'로, '경고'에서 '조치'로 이어지는 흐름을 구조로 표현하지 못하면 시스템은 결국 보는 도구에 머문다. 온톨로지 매니저는 상태를 단순한 값이 아니라 액션을 촉발하는 조건으로 다룬다.

객체, 링크, 액션은 한 묶음이다. 온톨로지 매니저를 제대로 쓰기 시작하면 이 세 가지를 따로 설계할 수 없다는 사실을 분명하게 깨닫게 된다. 액션을 정의하려면 객체의 상태가 필요하고, 상태를 정의하다 보면 어떤 링크가 필요한지도 드러난다. 그리고 액션이 없는 링크는 자연스럽게 사라진다. 이런 순환 덕분에 온톨로지 매니저는 만들면서 걸러내는 도구에 가깝고, 온톨로지는 단순해지도록 설계된다.

또 하나 중요한 점은 객체 유형, 링크 유형, 액션 유형이 온톨로지의 구성 요소라기보다 판단을 고정하는 언어라는 것이다. 객체는 판단의 대상이고, 링크는 판단의 맥락이며, 액션은 판단의 결과다. 이 세 가지가 함께 움직여야 온톨로지 매니저는 비로소 운영의 중심이 되지만, 이를 하나의 일관된 이야기로 묶기는 매우 어렵다. 객체, 링크, 상태, 액션이 따로 놀면 "이 구조를 현업에게 말로 설명할 수 있는가?"라는 질문에 답할 수 없고, 온톨로지 매니저 안의 구조는 금세 무너진다.

또한 온톨로지 매니저는 수정에 매우 민감하다. 구조를 바꾸면 연결된 앱과 데이터 흐름이 즉시 영향을 받는다. 처음에는 불안해 보이지만 잘못된 설계를 숨기지 않고 바로 드러내기 때문에 유용하다. 파운드리는 설계의 오류를 빠르게 체감하게 만드는 시스템이다.

정리하면 온톨로지는 데이터 모델이 아니라 조직의 판단 기준을 객체 기반의 아키텍처로 표현한 것이다. 이 기준이 명확할수록 이후의 분석과 워크숍 기반의 운영 앱은 자연스럽게 힘을 얻는다. 반대로 기준이 흐릿하면 앱을 아무리 많이 만들어도 시스템은 복잡해질 뿐이다.

ERP·MES·SCM 객체 매핑 사례

이어서 앞서 다룬 개념들이 온톨로지 매니저 화면에서 어떻게 정의되는지, 그리고 사람들이 어디서 가장 많이 실수하는지를 실습 흐름으로 살펴보자.

온톨로지 매니저로 넘어오면 "ERP에 있는 테이블을 객체 유형으로 그대로 만들면 되지 않나요?"라는 유혹에 가장 먼저 부딪힌다. ERP, MES,

SCM은 이미 업무를 잘게 나누어 구조화해 놓은 시스템이니 이런 생각이 드는 것도 당연하다. 하지만 이렇게 접근해 시스템 객체를 그대로 가져오면 온톨로지는 곧바로 무너진다.

시스템 객체와 온톨로지 객체는 출발점이 다르다. ERP, MES, SCM의 객체는 업무를 기록하기 위한 단위다. ERP는 거래와 기준 정보를 중심으로 설계되어 있고, MES는 공정과 이력을 빠짐없이 남기기 위해 존재하며, SCM은 이동과 계획을 관리하는 데 초점을 둔다. 반면 온톨로지 객체는 판단을 내리기 위한 단위다. 이 차이를 무시하면 온톨로지는 결국 시스템의 복제본이 된다.

첫 번째 시도: 일대일 매핑의 실패

화장품 제조 공장 실습에서도 우리는 처음에 아주 정직하게 접근했다. ERP의 생산 계획production_plan, MES의 배치batch_master 및 공정 단계process_history, SCM의 출하shipment_order 및 출하 결과shipment_result를 각 객체에 일대일 대응시켰다. 설명하기 쉬운 구조라 시스템 담당자들도 고개를 끄덕였다. 하지만 온톨로지 매니저에 올려 운영 시나리오를 얹자 객체는 많았지만 판단의 중심이 보이지 않았다.

이 실패 이후 우리는 기준을 다시 세웠다. "무엇이 객체가 되고, 무엇이 속성이 되는가?" "이 시스템 객체는 판단의 주체인가, 아니면 판단을 설명하는 정보인가?" 이 두 질문으로 매핑 결과는 완전히 달라졌다.

ERP의 많은 엔티티는 온톨로지에서 객체 유형이 되지 않았다. 자재 마스터, 거래처, 가격 조건 등은 판단의 배경이지 판단의 대상이 아니었다. 반면 ERP의 생산 계획은 조건부로 객체가 될 수 있었다. 일정 변경,

수량 변경, 우선순위 조정처럼 판단이 필요할 때만 생산 계획을 온톨로지 객체로 승격하는 식으로 ERP 매핑을 재정의했다.

MES의 엔티티들은 공정, 설비, 작업 지시 등 처음에는 모두 객체로 보였다. 그러나 실제로 판단이 일어나는 지점은 그보다 훨씬 적었다. 결국 온톨로지의 중심에는 배치만 남았다. 배치 단위로 출하 및 재작업 여부를 판단해야 했고, 배치는 품질과 일정 모두에 영향을 받았다. MES의 공정과 설비 정보는 배치 객체의 맥락 속성contextual properties으로 내려갔다.

SCM에서는 배송과 재고 정보가 핵심처럼 보였지만 온톨로지에서의 역할은 달랐다. 출하 일정 변경이 판단을 촉발하거나 재고 부족이 조치 필요 상태를 만들 때만 데이터가 객체의 상태에 영향을 주었다. 그 외의 정보는 시각화나 분석용 속성으로 남았다.

재매핑 결과: 객체는 줄고 판단은 또렷해짐

재매핑을 거치자 온톨로지의 객체 수가 처음의 절반 이하로 줄었지만 기준 객체가 명확해졌고, 판단의 출발점이 하나로 모였으며, 액션 설계도 쉬워졌다. 이 변화는 시스템을 더 잘 쓰게 만들어 운영에서의 혼란도 크게 줄였다.

우리는 제품 출하에 대한 액션 설계 및 결정을 위해 배치 객체와 출하 Shipment Case 객체를 만들었다. 이들 객체의 속성은 기존 칼럼 값이 대부분이었지만 특별히 새로 설정한 항목도 포함했다. 특히 출하 객체는 다음 속성들로 구성했다.

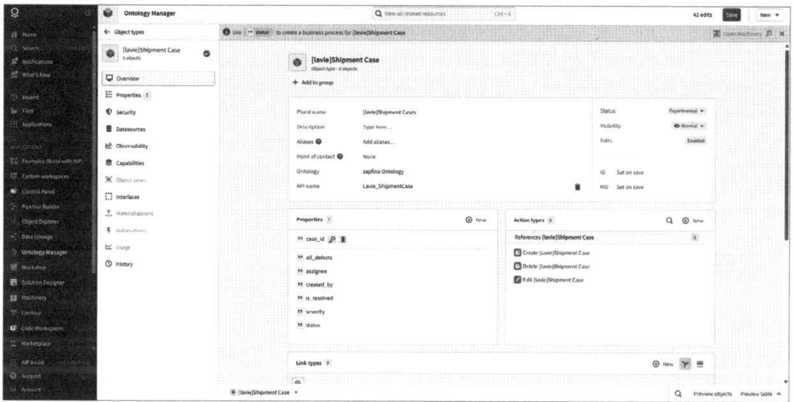

- **case_id**: 출하를 구분하는 기본 키primary key 및 타이틀 역할

- **all_defects**: 결함defects 목록

- **assignee**: 케이스 담당자

- **created_by**: 케이스 생성자

- **is_resolved**: 케이스가 해결되었는지 여부

- **severity**: 결함이나 이슈의 심각도

- **status**: 케이스의 현재 상태

이 사례를 통해 얻은 온톨로지 매핑의 핵심 원칙은 '시스템 객체≠온톨로지 객체, 시스템 링크≠온톨로지 링크, 시스템 이벤트≠온톨로지 액션'으로 분명하다. ERP, MES, SCM은 데이터의 출처일 뿐 온톨로지의 설계도가 아니다.

ERP, MES, SCM을 그대로 옮겨 담은 온톨로지는 가장 빨리 무너진다. 여러 번 강조하듯 온톨로지는 시스템을 통합하는 구조가 아니라 판단을 통합하는 구조다. 따라서 객체 매핑은 기술 작업이 아니라 무엇을 판단의 중심에 둘 것인가에 대한 선택의 결과다. 이어서 이렇게 정리한 객체 위에 링크를 어떻게 최소한으로 설계했는지, 그리고 그 선택이 온톨로지를 얼마나 가볍게 만들었는지를 구체적으로 살펴보자.

링크 설계 시 최소 연결 원칙

객체 유형을 정의하고 나면 다음 단계는 자연스럽게 링크로 향한다. 온톨로지 설계자는 거의 본능적으로 '연결은 많을수록 좋지 않을까?'라고 생각한다. ERP·MES·SCM을 다뤄본 경험이 있다면 이 생각은 더 강해진다. 시스템 세계에서는 연결이 곧 통합이고, 통합은 곧 성숙함의 증거처럼 보이기 때문이다.

그러나 온톨로지에서 링크 유형은 가장 조심해서 써야 하는 요소다. 링크를 늘리면 이해의 폭이 넓어지고 설명도 풍부해지지만, 판단의 초점이 흐려져 결정을 내리는 데 시간이 더 걸릴 수 있다.

링크는 단순한 관계가 아니라 '판단의 통로'다. ERD의 링크가 '연관성'을 설명한다면 온톨로지의 링크는 '이 연결이 있어야 판단이 가능하다'를 뜻한다. 그래서 링크 유형을 설계할 때 "이 링크가 없으면 무엇을 판단할 수 없게 되는가?"라는 질문을 가장 먼저 던져야 한다. 여기에 답하지 못하는 링크는 대개 필요 없다.

화장품 제조 온톨로지를 처음 만들 때 우리는 현실을 충실히 반영하려 했다. '배치↔원료, 배치↔설비, 배치↔공정, 배치↔작업자, 배치↔품질검사'라는 제조 현장의 흐름을 구조에 그대로 옮겼다. 온톨로지 매니저 화면은 공정 다이어그램처럼 보였다. 하지만 앞서 말한 대로 운영 시나리오를 얹는 순간 문제가 드러났다. 실제로는 그중 일부 링크만 필요했기 때문이다.

그래서 우리는 "이 링크가 없어도 지금 액션을 실행할 수 있는가?"라는 단순한 기준을 세우고 링크를 하나씩 지우기 시작했다. 배치↔원료는 대부분의 출하 판단에 필요하지 않았고, 배치↔설비는 특정 예외 상황에서만 의미가 있었다. 배치↔작업자는 책임 추적에는 유용했지만 즉각적인 판단에는 영향을 주지 않았다. 링크를 제거했는데도 판단은 오히려 빨라졌다. 이제 이 실습에서 체득한 최소 연결 원칙을 정리해 보겠다.

최소 연결 원칙 1 판단에 직접 기여하지 않으면 연결하지 않는다

첫 번째 원칙은 명확하다. 판단을 바꾸지 않는 링크는 온톨로지에 올리지 않는다. 설명에는 도움이 되지만 결정에는 영향을 주지 않는 연결은 분석Contour/Quiver 영역에 남겨두는 편이 낫다. 온톨로지는 '모든 것을 아는 구조'가 아니라 '지금 무엇을 해야 하는지 알려주는 구조'여야 한다.

최소 연결 원칙 2 액션 유형으로 설명되지 않는 링크는 의심한다

링크의 필요성을 가장 잘 가르는 기준은 액션이다. "이 링크가 있을 때 가능한 액션은 무엇인가?", "이 링크가 없으면 실행할 수 없는 액션은 무엇인가?"라는 질문에 답하지 못하면 그 링크는 과잉 설계일 가능성이 높다. 화장품 제조 공장 실습에서 살아남은 링크(출하 보류, 재검토 요청, 일정 조정 알림)도 대부분 액션과 직접 연결되어 있었다. 액션 유형이 링크의 존재 이유를 자연스럽게 증명해 주었다.

링크를 줄였다고 해서 온톨로지가 빈약해진 것은 아니었다. 오히려 남은 링크 유형들은 하나하나가 판단의 축이 되어 훨씬 깊어졌다. 단순한 참조 링크가 아니라 상태 전이에 영향을 주는 링크로 바뀌었고, 조건과 책임이 함께 부여되었다.

링크를 최소화한 이후 온톨로지 매니저를 바라보는 느낌도 달라졌다. 구조가 한눈에 들어왔고, 새 팀원이 이해하는 속도가 빨라졌으며, 구조가 왜 그렇게 되었냐는 질문도 줄었다. 무엇보다 중요한 변화는 온톨로지를 설명할 때 특정 연결이 필요한 이유를 모두 말할 수 있게 되었다는 점이다.

마지막으로 한 가지 짚고 넘어가자면, 링크를 줄이기 시작하면 '이러다 중요한 걸 놓치는 게 아닐까?'라는 불안이 생긴다. 하지만 실무에서는 놓치는 것보다 얽히는 것이 더 위험하다. 필요한 링크는 운영하며 언제든 추가할 수 있지만 불필요한 링크는 제거하기가 훨씬 어렵다.

온톨로지에서는 링크가 적을수록 오히려 강력한 제약이자 좋은 자산이 된다. 판단을 가능하게 하는 연결만 남기고 액션으로 존재 이유를 증명해야 한다. 여기서 소개한 최소 연결 원칙을 지키면 온톨로지는 복잡한 네트워크가 아니라 판단을 빠르게 이동시키는 지도가 된다. 이어서 이 최소한의 객체와 링크 위에서 액션을 어떻게 설계했는지, 그리고 액션 하나가 온톨로지의 성격을 어떻게 바꿔놓는지 구체적으로 살펴보자.

액션 설계: 자동화가 아닌 책임의 정의

액션을 설계하는 순간, 온톨로지는 실제로 무언가가 일어나는 시스템이 된다. 그래서 온톨로지 설계에서는 액션 유형을 가장 조심해야 한다.

많은 팀이 액션을 자동화 버튼처럼 "이제 자동화하면 되겠네요"라는 말로 받아들이곤 한다. 하지만 파운드리에서 액션은 '자동으로 처리하는 기능'이 아니라 '이 상태에서 누가 무엇을 책임지고 어떤 선택을 해야 하는가?'를 규정하는 장치다. 이 정의에서 벗어나는 액션은 온톨로지에 올릴 가치가 없다.

따라서 일반적으로는 객체, 링크, 액션 순으로 설계하지만, 실제로는 액션을 기준점으로 삼아 가장 먼저 설계해야 한다. 액션이 없으면 객체는 그저 데이터 덩어리이고, 액션이 애매하면 링크는 의미 없는 연결이 된다. 화장품 제조 공장 실습에서도 액션을 다시 정의하자 온톨로지 전체가 재정렬되었다.

액션 중심 설계로 전환하면 질문도 바뀐다. "이 데이터는 왜 필요한가?", "이 객체 유형은 꼭 있어야 하나?" 대신 "이 상태에서 아무도 할 일이 없다면 이 구조는 왜 존재하는가?", "이 액션을 수행할 주체가 없다면 이 상태를 정의할 수 있는가?"를 묻게 된다. 이런 질문은 불필요한 구조를 자연스럽게 제거한다.

그렇다면 액션의 구성 요소는 무엇일까? 액션 유형을 설계할 때는 다음 세 가지를 함께 정의해야 한다. 이 중 하나라도 빠지면 액션은 실행되지 않거나 책임 없는 자동화로 변질된다.

- **트리거trigger**: 어떤 상태 전이 또는 조건에서 발생하는가? (submission criteria)

- **오너owner**: 이 액션을 책임지는 사람 또는 역할은 누구인가? (permissions)

- **이펙트effect**: 이 액션이 수행되면 온톨로지에서 무엇이 달라지는가? (action logic)

화장품 제조 공장 실습에서 대표적인 액션은 '출하 보류'였다. 배치 상태가 조치 필요로 전이될 때(트리거) 품질 책임자(오너)가 출하 가능 상태로의 전이를 차단한다(이펙트)는 내용이었다. 핵심은 이 액션이 작업 절차를 강제하되, 출하 여부에 대한 최종 판단은 사람에게 남겨두었다는 점이다.

그렇다면 자동화를 어디까지 허용해야 할까? 실제로 액션 설계에서 어디까지 자동화할지를 두고 가장 많은 논쟁이 일어난다. 우리는 '자동화는 판단을 대신하지 않고 판단의 범위를 제한한다'라고 원칙을 세웠다. 즉 시스템은 '이건 하면 안 된다'까지는 말할 수 있지만, '이걸 해라'라고 결정하지는 않도록 했다. 이 원칙 덕분에 현업은 시스템을 통제 장치로 받아들였다.

흥미롭게도 액션을 정의하다 보면 조직 문화가 그대로 드러난다. 액션이 많고 세분화된 조직은 책임을 분산하려는 경향이 있었고, 액션이 거의 없는 조직은 판단을 개인에게 맡기는 경향이 있었다. 이처럼 온톨로지에서는 조직 문화가 숨김없이 드러나므로 액션 설계는 기술 설계보다 조직 설계에 가깝다.

또한 액션 설계에서 "일단 액션만 만들어 두고 실제로 쓰지는 말죠"라는 치명적인 실수가 자주 발생한다. 쓰이지 않는 액션은 온톨로지를 혼란스럽게 할 뿐이다. 트리거는 발생하지만 오너는 반응하지 않고 이펙트는 실행되지 않는다. 이 상태가 지속되면 시스템에 대한 신뢰는 급격히 떨어진다. 액션은 정의되는 순간부터 실제로 작동해야 한다.

다시 한번 강조하지만 액션은 자동화가 아니라 책임을 명확히 하는 장치다. 누가 판단해야 하는지, 언제 개입해야 하는지, 무엇을 할 수 있거나 할 수 없는지를 구조로 고정해야 온톨로지는 비로소 판단을 운영하는 시스템이 된다.

함수 설계: 액션을 여는 판단 언어의 구현

이어서 함수 설계에 대해 자세히 알아보자. 먼저 온톨로지 매니저에서 배치 객체와 출하 객체를 만든 뒤, 두 객체를 링크로 연결했다. 이때 하나의 배치 객체가 여러 개의 출하 객체를 가지도록, 그리고 하나의 출하 객체가 하나의 배치 객체에 귀속되도록 링크를 설정했다. 이후 출하 가능 여부를 판단하는 함수를 다음과 같이 파이썬으로 구현했다.

• 함수 설계 예시(shipment_batch_validator.py) •

```python
Python >

from functions.api import function, Boolean, String
from ontology_sdk.ontology.objects import LavieBatch

def _validate_shipment_comprehensive(batch: LavieBatch):
    errors = []

    if not batch.viscosity_result == "합격":
        errors.append(f"[점도 부적합] 값: {batch.viscosity_value}")

    if not batch.content_result == "합격":
        errors.append(f"[내용량 부적합] 값: {batch.content_value}")

    defect_pct = (batch.defect_rate or 0) * 100
    if defect_pct > 1.5:
        errors.append(f"[불량률 초과] {batch.defect_type}: {defect_pct}% (임계치
1.5% 초과)")
    elif 1.0 < defect_pct <= 1.5:
```

```python
        errors.append(f"[조건부 출하 대상] {batch.defect_type}: {defect_pct}% (관
리자 판단 필요)")

    if not errors:
        return False, "출하 승인"

    summary_reason = f"제품 코드: {batch.product_code}\n" + "\n".join(errors)
    return True, summary_reason


@function
def is_batch_ready_for_shipment(batch: LavieBatch) -> Boolean:
    is_ready, _ = _validate_shipment_comprehensive(batch)
    return is_ready


@function
def get_batch_shipment_reason(batch: LavieBatch) -> String:
    _, reason = _validate_shipment_comprehensive(batch)
    return reason


@function
def get_batch_severity(batch: LavieBatch) -> String:
    defect_pct = (batch.defect_rate or 0) * 100
    if defect_pct > 1.5:
        return "High"
    elif defect_pct > 1.0:
        return "Medium"
    return "Low"


@function
def get_batch_shipment_status(batch: LavieBatch) -> String:
    if batch.viscosity_result != "합격" or batch.content_result != "합격":
        return "조치 필요"
    defect_pct = (batch.defect_rate or 0) * 100
    if defect_pct > 1.5:
        return "출하 보류"
    elif 1.0 < defect_pct <= 1.5:
        return "검토 필요"
    else:
        return "출하 승인"
```

조금 어려워 보이지만 실무 관점에서 학습하기 위해 파이썬으로 작성한 함수 설정 코드를 살펴보자. 전체 구조의 핵심은 내부 함수 _validate_shipment_comprehensive()에 있다. 이 함수는 라비에코스메틱의 배치 객체LavieBatch를 입력으로 받아 점도, 내용량, 불량률을 함께 검사하고, 그 결과를 바탕으로 출하 관련 판단 사유를 문자열로 정리한다.

여기서 중요한 점은 이 함수가 참과 거짓만 반환하지 않는다는 것이다. 실제 운영에서 필요한 것은 '가능/불가' 같은 이진 결과뿐 아니라 왜 그런 판단이 나왔는지에 대한 설명이다.

_validate_shipment_comprehensive()는 그 설명을 에러errors 목록으로 축적한 뒤, 사람이 읽을 수 있는 문장으로 합쳐 반환한다. 이 구조는 파운드리에서 함수를 설계할 때 매우 중요한 패턴이다. 계산 결과만 남기면 컨투어에서는 색깔만 바뀌고 끝나지만, 판단 사유까지 남기면 액션 화면과 케이스 매니지먼트에서 즉시 운영 대화로 이어질 수 있다.

이 코드의 첫 번째 특징은 판단 기준이 명시적으로 드러난다는 점이다. 점도와 내용량은 합격 여부로 직접 검사하고 불량률은 임계치 1.0%, 1.5%를 기준으로 구간을 나눈다. 특히 불량률을 단순 불합격으로 처리하지 않고 1.0~1.5% 구간을 '관리자 판단 필요'로 분리한 부분이 중요하다. 온톨로지에서 액션은 책임이 열리는 조건이어야 하고, 함수는 어떤 액션이 열려야 하는지에 대한 근거를 계산해 준다. 여기서는 '조건부 출하 대상'이라는 문장이 '시스템이 출하를 자동 승인하지 않고 관리자 검토 액션을 열 수 있는' 책임 구간을 만들어 준다.

두 번째 특징은 함수를 역할별로 분리했다는 점이다. get_batch_status()는 화면 상태state-like label 표시용으로, get_batch_severity()는

우선순위나 케이스 긴급 분류^{case triage}용으로, get_batch_shipment_
reason()은 사람이 읽는 상세 사유용으로 쓰기 좋다. 하나의 함수가 모든
출력을 담당하면 초반에는 편해 보이지만 나중에 컨투어 카드, 케이스
제목, 알림 메시지, 승인 팝업 문구처럼 서로 다른 포맷이 필요해지면 유
지 보수가 상당히 어려워진다. 표시용, 우선순위용, 설명용을 분리해 둔
지금 구조는 운영 앱과 케이스 매니지먼트로 확장하기에 실무적으로 유
리하다. 파운드리에서 좋은 함수 설계는 계산의 정확성보다 운영 접점별
소비 방식까지 고려한 분리 설계에 있다.

　세 번째 특징은 액션과의 연결을 전제로 한 운영 언어를 반환한다는
점이다. 예를 들어 get_batch_shipment_status()는 조치 필요, 출하 보
류, 검토 필요, 출하 승인처럼 운영에서 바로 쓰는 상태 언어를 반환한
다. 즉 상태에 따라 열리는 버튼과 책임자를 다르게 배치할 수 있게 해준
다. 예컨대 조치 필요에서는 품질팀의 재검 요청 액션과 생산팀의 원인
확인 액션만 열고, 검토 필요에서는 관리자가 조건부 출하 승인 또는 출
하 보류 액션을 열 수 있게 해준다. 출하 보류에서는 물류팀 액션을 잠그
고 품질/생산 조치만 허용하면 된다. 이런 식으로 상태값이 액션 권한 매
트릭스의 입력값이 된다.

　또 하나 중요한 점은 이 코드가 정책^{policy}과 계산^{calculation}을 함께 담
고 있다는 것이다. 불량률 임계치 1.0%, 1.5%는 수학적 사실이 아니라
운영 정책이다. 이런 값이 코드에 들어가면 기준이 명확해지고 재현 가
능해진다는 장점이 있지만, 기준이 바뀔 때마다 코드 수정이 필요하다
는 위험도 있다. 그래서 다음 단계에서 임계치를 온톨로지 속성이나 정
책 테이블로 분리해 운영 변경에 대응하는 구조로 발전시킬 필요가 있다.

지금 함수는 실습과 초기 운영에는 매우 적합하지만, 운영 성숙 단계에서는 정책값 외부화가 필요하다.

마지막으로 실무에서 짚고 넘어가야 할 포인트는 is_batch_ready_for_shipment() 함수의 이름과 실제 반환 의미가 어긋나 있다는 점이다. 내부 함수 _validate_shipment_comprehensive()는 에러가 없으면 'False, 출하 승인'을, 에러가 있으면 True, summary_reason을 반환한다. 즉 첫 번째 반환 값은 이름상 is_ready처럼 보이지만, 실제 의미는 '문제 있음/검토 필요 여부'에 가깝다. 그런데 is_batch_ready_for_shipment()가 그 값을 그대로 반환하면, 함수 이름만 보고 '출하 준비 완료 여부'를 반환한다고 오해하기 쉽다.

이처럼 파운드리 함수가 액션 설계와 연결될 때 이름과 의미가 어긋나면, 잘못된 버튼이 열리거나 승인 흐름이 뒤집힐 수 있다. 함수 설계에서 가장 위험한 오류는 계산식 자체보다 의미semantic 이름이 뒤집히는 오류다. 따라서 우리 팀은 추후 실무에서 함수명을 has_shipment_issue()처

· 파이썬 함수 작업 화면 ·

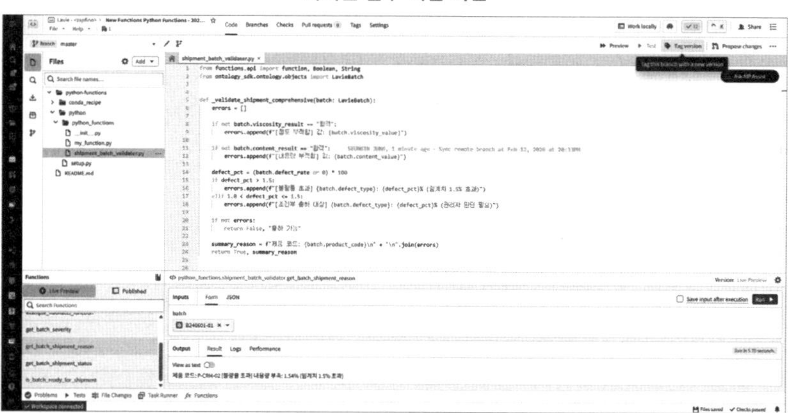

럼 바꾸거나 내부 반환 값을 'return True, 출하 승인'처럼 뒤집어 일관성에 따라 정리하는 것이 좋겠다는 결론을 내렸다.

이 함수를 액션 설계와 직접 연결해 보면 구조는 더 명확해진다. 먼저 get_batch_shipment_status()가 배치의 현재 판단 상태를 만들고, 상태가 출하 승인이면 운영 앱에서 출하 승인 실행 액션이 열려 물류팀이 출하 지시를 진행할 수 있다. 반면 상태가 검토 필요면 시스템은 관리자에게 조건부 출하 승인 또는 출하 보류 액션을 연다. 상태가 출하 보류 또는 조치 필요면 출하 관련 액션은 잠기고 품질팀의 재검 요청, 생산팀의 원인 분석 등록, 설비팀의 설비 점검 요청 같은 조치 액션이 열린다. 이때 get_batch_shipment_reason()은 승인/보류 팝업, 케이스 상세, 알림 메시지에 그대로 들어가 이 액션이 열린 이유를 설명한다. 그리고 get_batch_severity()는 케이스 생성 시 우선순위를 정하는 데 사용되어 High는 즉시 처리 큐queue로, Medium은 검토 큐로 보내는 식의 운영 흐름을 만들 수 있다.

결국 이 함수 묶음이 보여주는 핵심은 함수가 단순한 계산 코드가 아니라 액션을 열고 닫는 운영 언어의 생성기라는 점이다. 라비에코스메틱 사례에서는 데이터 칼럼을 조합해 지표를 만드는 단계를 넘어 "지금 누가 무엇을 해야 하는가?"라는 질문으로 이어지는 구조를 만들었다. 이 지점부터 시스템은 운영 도구로 자리 잡기 시작한다.

시간 개념 모델링의 중요성

온톨로지 매니저로 온톨로지를 설계하다 보면 특정 상태가 어느 시점의 상태를 의미하는지 헷갈릴 때가 있다. 하지만 온톨로지는 '언제'를 다루지 못하면 결코 운영될 수 없다. 시간을 잘못 다루면 온톨로지는 금세 과거를 설명하는 시스템으로 후퇴한다.

많은 설계에서 시간을 단순히 속성으로 처리한다. created_at, updated_at, event_time 같은 필드도 필요하지만 파운드리에서의 시간은 그 정도로는 부족하다. 여기서 시간은 속성이 아니라 구조이며, 온톨로지 매니저에서 시간은 판단의 기준선이 된다. 지금 판단해야 하는 일인지, 이미 지나간 상태인지, 아니면 아직 오지 않은 상태인지를 구분하지 못하면 액션은 언제나 늦어진다.

화장품 제조 공장 실습 중 "이 배치는 문제가 있었죠?"라는 말이 나온 적이 있었다. 이 말은 정확하지 않다. '문제가 있었던 적이 있는지'와 '지금 문제가 있는지'는 전혀 다른 판단이기 때문이다. 온톨로지에서 이 둘을 구분하지 않으면 모든 과거 이슈는 영원히 현재에 남는다. 그래서 우리는 상태에 시간 개념을 결합하기 시작했다.

상태는 순간이 아니라 '구간'이다. 온톨로지에서 상태는 한 시점의 값이 아니라 유효한 시간 구간을 가진다. 언제 시작되었고 언제 종료되었는지에 대한 개념이 들어오자 '이 배치는 어제는 문제였지만 지금은 아니다', '이 상태는 아직 해소되지 않았다' 등 구조가 명확해졌다. 시간은 판단의 맥락을 회복시켜 주었다.

시간 개념 모델링에서 가장 흔한 실수는 이벤트와 상태를 섞는 것이다. '검사 결과 발생'은 이벤트이고, '검사 결과로 인한 문제 여부'는 상태다. 이벤트는 점이자 순간이고, 상태는 선이자 구간이다. 이 구분을 하지 않으면 온톨로지는 끝없이 이벤트를 쌓아 올리는 구조가 된다.

액션 설계에서 시간은 더 중요해진다. 액션은 과거를 고치지 않고 항상 '지금'을 기준으로 실행된다. 그래서 우리는 모든 액션에 "이 액션은 아직 의미가 있는가?"라고 암묵적인 질문을 붙였다. 이미 종료된 상태인데도 액션이 남아 있다면 설계 오류지만, 시간이 지나면 자동으로 무력화되는 액션이라면 정상이다. 이 기준이 없으면 시스템은 끊임없이 늦은 알림을 보낸다.

시간 개념 모델링이 들어가자 책임의 개념도 달라졌다. 문제가 발생한 시점의 책임, 문제를 방치한 시점의 책임, 해결을 승인한 시점의 책임은 서로 다를 수 있다. 온톨로지가 이 변화Object History를 담아내지 못하면 액션은 언제나 현재의 담당자에게만 책임을 전가하게 된다.

우리는 시간 개념 모델링에서도 최소한의 원칙만 지켰다. 모든 것에 시간을 붙이는 대신, 판단이 달라지는 지점에만 시간을 두었다. 그리고 과거 분석은 분석 영역Contour/Quiver에 맡겼다. 이 원칙 덕분에 온톨로지는 역사 기록 시스템이 되지 않았다.

시간 개념 모델링이 적절한지 확인하는 가장 좋은 질문은 "지금 이 시점에서 이 객체를 보면 무엇을 해야 하는가?"다. 여기에 답할 수 없다면 시간은 아직 구조에 들어오지 않은 것이다. 온톨로지는 시간을 기준으로 판단을 고정하는 구조다. 과거를 설명하기 위해서가 아니라, 현재에 행동하고 미래를 놓치지 않기 위해 시간 개념이 제대로 자리 잡은 온톨로지만이 복잡한 운영을 견딘다.

온톨로지 매니저의 권한과 보안 구조

온톨로지를 어느 정도 완성하면 "이걸 누가 볼 수 있게 해야 하죠?", "어디까지 권한을 열어도 되나요?" 같은 질문이 자연스럽게 나온다. 이를 계정, 역할, 접근 제어의 관점으로만 다루면 온톨로지는 다시 IT 시스템의 영역으로 밀려난다.

많은 조직이 '누가 볼 수 있는가'에만 집중한다. 그러나 온톨로지에서 더 중요한 질문은 "이 사람이 이 상태에 영향을 줄 수 있는가?"다. 즉 읽기 권한보다 '영향 권한'이 중요하다. 볼 수는 있지만 바꿀 수는 없거나, 바꿀 수는 있지만 실행할 수 없는 경우가 있다. 이 구분이 흐려지면 액션은 혼란스러워진다.

권한 설계는 보안만의 문제가 아니라 운영의 문제다. 보안에서는 흔히 '최소 권한의 원칙Principle of Least Privilege'을 말하지만 온톨로지에서는 운영 안정성과 직결된다. 너무 많은 권한은 책임을 흐리고, 너무 적은 권한은 판단을 지연시킨다. 목표는 '아무도 실수하지 않게 하는 것'이 아니라 '누군가 반드시 결정하게 하는 것'이다. 권한을 액션 중심으로 설계하면 보안은 자연스럽게 따라온다. 데이터는 열어두되 액션은 제한하고 상태 전이를 통제하면 데이터를 숨기지 않으면서도 안전한 판단을 내릴 수 있다.

가장 흔한 실수는 '이 테이블은 누구', '이 칼럼은 누구'처럼 권한을 데이터 접근 수준으로만 정의하는 것이다. 데이터 관리에는 유효하지만 온톨로지에서는 권한을 액션 유형 단위로 정의해야 한다. "이 액션을 누가 실행할 수 있는가?"에 답하지 못하는 구조는 언젠가 반드시 사고를 만든다. 그래서 "일단 넓게 열어두고 문제가 생기면 막죠"라는 접근은 치명적이다. 한번 흐려진 책임은 다시 선명하게 만들기 어려우니 권한을 처음부터 좁게 설정하고 운영하면서 조정해야 한다.

또한 권한은 고정 값이 아니라 객체 상태object state와 함께 이동해야 한다. 지금 이 상태에서만 실행 가능한 액션이 있고, 시간이 지나면 자동으로 사라져야 하는 권한도 있다. 예를 들어 배치가 검토 대기 상태일 때만 품질팀이 개입할 수 있고, 출하 직전 단계가 지나면 더는 개입할 수 없도록 설계해야 한다.

우리는 실습에서 권한을 조회view, 제안propose, 실행execute의 세 단계로 나누었다. 조회에서는 상태와 맥락을 확인하고, 제안에서는 상태 전이를 제안하며, 실행에서는 액션을 실제로 실행할 수 있다. 그 결과 권한 논쟁이 놀라울 만큼 줄어들었다.

화장품 제조 공장 실습에서 가장 민감했던 액션은 '출하 승인'이었다. 품질 담당자는 출하 보류를 걸 수 있었고 생산 관리자는 출하 일정을 조정할 수 있었지만, 최종 출하 승인 권한을 명확히 분리해야 했다. 우리는 이 액션에 단일 소유자owner를 두지 않고 제안 권한과 승인 권한을 분리separation of duties했다. 이 구조 덕분에 시스템은 결정을 강요하지 않았고, 조직의 기존 책임 체계를 그대로 유지할 수 있었다.

온톨로지 매니저에서의 권한과 보안은 접근을 막기 위한 장치가 아니라 판단을 배치하기 위한 구조다. '누가 볼 수 있는가'보다 '누가 제안할 수 있는가', '누가 실행할 수 있는가', 그리고 '누가 실행할 수 없어야 하는가'의 문제다. 이 세 가지가 명확할 때 온톨로지는 기술 시스템이 아니라 조직의 의사결정 구조가 된다.

온톨로지 매니저 운영 중 자주 발생하는 실수

온톨로지 매니저는 설계 단계보다 운영 단계에서 훨씬 많은 함정을 드러낸다. 초기에 잘 작동하던 구조도 몇 주, 몇 달이 지나면 서서히 흔들릴 수 있다. 여기서는 화장품 제조 공장 실습을 포함해 실제 운영 단계에서 반복적으로 발생했던 대표적인 실수들을 정리하겠다.

실수 1 온톨로지는 한 번 만들면 끝이라는 착각

가장 흔한 실수는 온톨로지를 완성품으로 취급하는 것이다. "이제 구조는 잡혔으니 더 이상 건드리지 말죠"라는 말이 나오는 순간, 판단 기준과 책임 주체, 업무 흐름이 달라지기 시작한다. 그러나 구조를 고정하면 액션은 점점 어색해지고 링크는 설명만 남는다. 온톨로지는 정적인 모델이 아니라 지속적으로 조정되는 운영 자산이다.

실수 2 객체 유형을 늘리는 것으로 문제를 해결하려는 시도

운영 중 새로운 요구가 나오면 가장 쉬운 대응은 객체 유형을 하나 더 만들어 별도로 관리하거나 분리하는 것이다. 그러나 대부분의 경우, 문제는 객체의 부족이 아니라 상태나 액션의 부족에 있다. 객체가 늘어날수록 판단의 중심은 흐려지고, 링크는 폭발적으로 증가하며, 액션 설계는 더욱 어려워진다. 운영에서 문제가 생기면 상태 정의와 액션 로직부터 점검해야 한다.

실수 3 링크 유형을 설명용으로 남겨두는 것

설계 당시에는 의미 있었던 링크가 운영 단계에서는 어떤 액션에도 연결되지 않는 채 남는 경우가 많다. 나중에 쓸 수 있다거나 설명할 때 있으면 좋다는 이유로 유지된 링크는 온톨로지를 서서히 무겁게 만든다. 링크는 존재 이유가 액션으로 설명되지 않으면 유지될 가치가 없다.

실수 4 　액션이 '자동 처리'로 오해되는 순간

운영이 안정되면 자동화 욕심이 다시 고개를 든다. 단기적으로는 편할 수 있지만 중장기적으로는 신뢰를 무너뜨린다. 책임이 사라지고 판단 근거가 흐려지며, 문제가 생겨도 누구도 설명하지 못한다. 액션은 사람을 제거하는 도구가 아니라 사람의 개입 시점을 고정하는 장치다.

실수 5 　시간 개념이 흐려지는 순간

앞에서 다룬 시간 개념 모델링은 운영에서 가장 쉽게 무너진다. 과거 상태가 정리되지 않고 남아 있거나, 이미 끝난 액션이 계속 활성화되거나, '지금current'의 기준이 불명확해진다. 이 상태가 되면 알림은 늦어지고 액션은 무의미해진다. 시간이 흐르면 객체의 상태와 권한도 함께 이동해야 한다.

실수 6 　권한을 데이터 접근 제어로 되돌리는 것

운영 중 보안 이슈가 발생하면 해당 데이터를 아예 보지 못하게 막자는 대응이 나오곤 한다. 하지만 이 방식은 온톨로지 설계 이전의 사고로 되돌아간 것이다. 문제는 '누가 데이터를 보는가'가 아니라 '누가 액션을 실행하는가'다. 권한을 언제나 액션 중심action-based permissions으로 유지해야 한다.

실수 7 　현업을 '사용자'로만 남겨두는 것

온톨로지가 성공적으로 운영되려면 현업은 사용자user가 아니라 공동 설계자codesigner여야 한다. 상태 정의에 참여하지 않고, 액션 기준을 이해하지 못하며, 구조 변경에 관여하지 않는다면 온톨로지는 점점 일반적인 IT 시스템이 된다. 운영 중에는 정기적으로 해당 구조가 여전히 판단에 도움이 되는지 점검해야 한다.

실수 8) 설명할 수 없는 구조를 그대로 두는 것

마지막이자 가장 치명적인 실수는 구조가 왜 이렇게 설계되었는지 아무도 설명하지 못하는 것이다. 설명할 수 없는 구조는 언젠가 반드시 버려진다. 객체 하나, 링크 하나, 액션 하나라도 이유를 말할 수 없다면 정리해야 한다.

온톨로지 매니저에서의 실패는 대부분 천천히 일어난다. 한 번의 큰 실수가 아니라 작은 타협이 반복되면서 구조는 점점 의미를 잃는다. 여기서 정리한 실수들은 피해야 할 금기라기보다 계속 점검해야 할 신호에 가깝다. 거듭 강조하지만 온톨로지는 계속 유지해야 하는 구조다.

이 장을 마무리하며 이제 온톨로지 매니저를 벗어나 이 구조가 실제 사용자 화면에서 어떻게 작동하는지 살펴볼 차례다. 이 단계에서 정의한 온톨로지가 실제로 어떻게 분석과 시각화로 이어지는지 컨투어와 워크숍을 통해 설명하겠다. 또한 기존 BI 경험이 파운드리에서 어떻게 재해석되는지도 이야기할 것이다.

컨투어와
워크숍

컨투어와 워크숍이란 무엇인가?

컨투어를 처음 접하면 많은 사람이 생각보다 평범하다고 느낀다. 익숙한 차트나 BI 도구와 크게 다르지 않아 보이는 인터페이스 때문이다. 그러나 컨투어는 '차트를 잘 그리는 도구'라기보다 방대한 데이터셋에서 온톨로지 후보가 될 객체 집합object set을 찾아 현실을 드러내는 창에 가깝다. 복잡한 SQL 쿼리를 직접 작성하는 대신 데이터의 흐름을 패스path와 보드board 단위로 쌓아가며 분석을 설계한다.

컨투어는 데이터 사이언티스트나 분석가가 가설을 검증하거나 대량의 원천 데이터에서 유의미한 패턴을 찾아낼 때 주로 쓰인다. 온톨로지라는 단단한 구조에 갇히지 않으면서도 필요할 때는 그 구조를 빌려올 수 있는 유연한 도구다. 이미 정의된 온톨로지 객체를 불러와 링크를 따라 대규모 분석을 수행할 수도 있고, 반대로 온톨로지에 오르지 못한 거친 원천

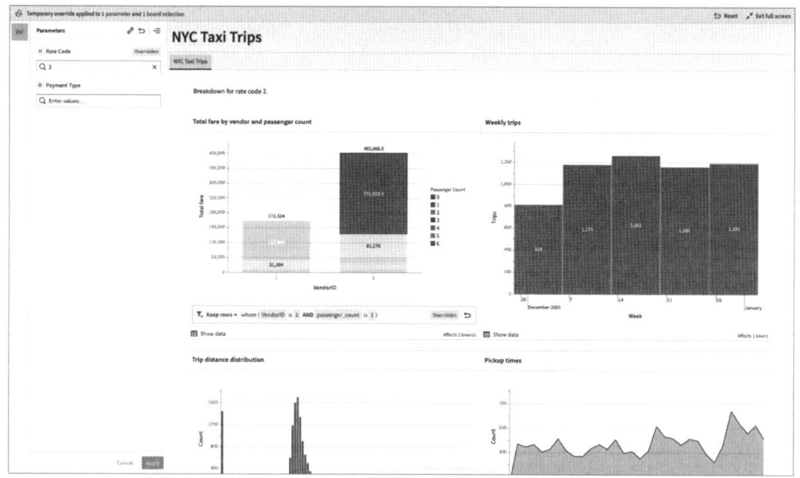

데이터를 정제해 새로운 판단 근거를 발굴할 수도 있다.

컨투어와 기존 BI(Tableau, Power BI, Looker 등)는 공통적으로 차트와 대시보드 형태를 띤다. 하지만 컨투어는 기존 BI가 강조해 온 '시각화'와는 다른 방향을 지향한다. 컨투어의 핵심은 분석이 '객체화될 데이터'를 중심으로 이루어진다는 점이다. 차트는 추상적인 수치를 보여주는 데서 끝나지 않고, 특정 객체의 상태와 변화를 탐색하는 과정에 붙는다. 그 결과 사용자는 "수치가 왜 변했을까?"가 아니라 "어떤 객체에 무슨 일이 일어났을까?"를 묻게 된다.

컨투어와 기존 BI의 차이를 이어지는 표에서 한눈에 볼 수 있게 정리했다. 기존 BI가 '보기 좋은 시각화'를 추구하는 것과 달리, 컨투어는 '무엇을 기준으로 보느냐'를 중심에 둔다. 그리고 그 기준은 컨투어에서 즉석으로 정해지기보다 온톨로지 매니저에서 이미 결정되어 있거나, 앞으로 온톨로지에 반영될 논리적 가설에 근거해 정해진다. 이 때문에 컨투

구분	기존 BI	컨투어
핵심 목적	과거를 설명하고 지표를 보여주는 것	대규모 데이터에서 온톨로지 후보가 될 객체 집합을 찾아 현실을 드러내는 것
분석의 중심	데이터/지표(수치) 중심	객체(대상) 중심
분석 구성 방식	차트/대시보드 중심으로 지표를 구성	필터링·조인·그룹화 과정을 패스로 쌓고 보드 단위로 설계
질문 형태	매출 변화나 불량률 구간 등을 보고 무슨 일이 있었는지 질문함	무엇을 기준으로 볼지 먼저 정하고, 그 기준으로 객체를 좁혀 들어감
기준(정의) 출처	분석자가 지표나 필터를 비교적 자유롭게 정의할 수 있음	온톨로지 매니저에서 결정된 상태 정의나 온톨로지에 반영될 가설에 근거해 기준이 정해짐
공유/재사용	대시보드를 공유하기는 쉬우나 정의의 책임이 흐려지기 쉬움	온톨로지와 연결되며 어떤 정의나 객체를 썼는지 기록되어 '공유 가능한 판단'으로 재사용할 수 있음
책임/추적성	결과가 익명적으로 남기 쉬움	상태 정의와 객체 기준이 남아 책임이 분명해짐
자유도 (즉흥성)	임의 계산이나 지표 추가 등이 비교적 자유로움	스키마를 즉석으로 변경하거나 임의 계산을 추가하기 어렵고 제약이 있음(대신 일관성과 공유성 강화)
기술적 처리 감각	데이터 준비나 모델링이 별도로 필요할 때가 많음	거대 데이터도 분산 컴퓨팅 엔진으로 실시간에 가깝게 연산·시각화(경로로 논리 공개)

어는 즉석에서 복잡한 스키마 변경을 시도하거나 임의의 계산을 덧붙이기 어렵다. 기능이 부족해서가 아니라 분석을 데이터 파이프라인과 온톨로지로 이어 '공유 가능한 판단'의 도구로 만들기 위해 설계되었기 때문이다.

퀴버는 이 탐색을 한층 더 깊게 만든다. 단순 집계나 추세를 넘어 시계열 데이터의 상관관계, 상태 전이, 조건 변화에 따른 패턴을 다차원적으로 살펴볼 수 있다. 이때 분석은 결과를 설명하는 데서 멈추지 않고, 워크숍에서 액션을 실행하기 전에 근거를 확증할 판단을 준비하는 과정이 된다. 컨투어와 퀴버를 쓰면 숫자의 진위를 두고 다투기보다 특정 상태 정의가 적절한지, 링크를 이렇게 해석하는 게 맞는지 등 구조의 타당성을 점검하게 된다.

이 차이는 운영 화면(워크숍)으로 넘어오면 더 분명해진다. 기존 BI 대시보드는 주로 회의용이라 회의실에서 설명을 마치면 곧 닫힌다. 반면 워크숍으로 구현된 운영 화면은 매일 열리고 특정 상황에서는 반복해서 확인한다. 워크숍은 지금 무엇을 해야 하는지 묻고, 그 답을 액션 버튼으로 즉각 실행에 옮기게 한다. 그래서 워크숍 화면에는 불필요한 그래프가 거의 없고 온톨로지 기반의 객체 상태, 우선순위, 액션 가능 여부가 중심에 놓인다. BI의 흐름이 '데이터→분석→인사이트→액션'이라면, 워크숍에서는 '객체 상태→액션→데이터 확인Contour/Quiver'으로 순서가 바뀐다. 이때 데이터는 액션을 정당화하는 증거로 쓰인다.

화장품 제조 공장 실습에서 BI라면 공정별 불량률 추이와 배치별 이상치 그래프가 전면에 나왔을 것이다. 그러나 워크숍에서는 '검토 필요 배치 3건, 출하 보류 1건, 지금 확인해야 할 배치 1건'처럼 지금 당장 누군가의 액션이 필요한 배치 항목만 먼저 제시되고, 불량률 그래프는 컨투어나 퀴버로 연결된 분석 창을 눌러야 확인할 수 있었다. 시스템이 선택 범위를 먼저 제시하고, 사용자는 온톨로지에 기대어 해석 과정을 줄여 빠르게 결정을 내리면 운영의 피로를 줄일 수 있다.

정리하면 파운드리의 분석 도구는 BI를 대체하거나 BI의 역할을 더 잘 수행하지는 않지만, BI가 하지 못했던 역할을 수행한다. BI가 '왜 이런 결과가 나왔는지'를 설명한다면, 워크숍은 '지금 무엇을 할지'를 실행으로 연결한다. 즉 워크숍은 데이터를 보는 액션과 판단하는 액션, 그리고 워크숍을 통한 실행을 하나의 흐름으로 묶어 분석이 보고에 머물지 않고 조치로 이어질 수 있게 한다.

컨투어는 온톨로지라는 완성된 세계를 탐험하는 지도이자, 동시에 새로운 온톨로지를 개척하기 위한 탐사 장비다. 그리고 여기서 검증된 분석 로직은 온톨로지의 속성이나 링크로 다시 구조화되어, 워크숍 같은 운영 앱에서 조직 전체의 표준화된 판단 기준으로 자리 잡는다. 이어서 워크숍 화면이 실제로 어떻게 구성되고, 어떤 기준으로 정보를 숨기고 드러내는지 UI와 온톨로지 바인딩 구조를 중심으로 살펴보자.

워크숍의 화면 구성과 상태 중심 UI

팔란티어 파운드리의 워크숍을 처음 접한 사람들은 화려한 대시보드와 복잡한 차트를 기대했다가 화면이 너무 단순하다며 의아해하곤 한다. 워크숍은 정보를 최대한 많이 나열하는 도구가 아니라, 사용자가 지금 당장 내려야 할 '판단'만 남기기 위해 불필요한 노이즈를 걷어낸 결과물이다. 즉 워크숍 화면에서는 의도한 설계 목표가 정확히 달성되었음을 보여주기 위해 차트를 일부러 드러내지 않고 철저히 배제한다.

• 워크숍의 화면 구성 •

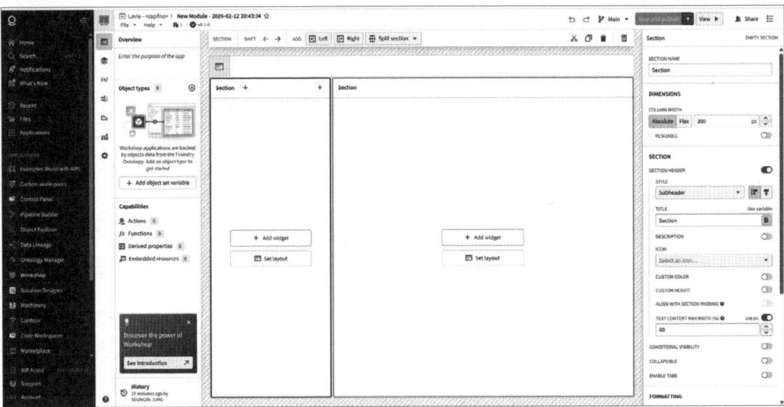

기존 BI 도구가 수많은 차트와 수치에서 출발한다면, 워크숍은 온톨로지 객체의 '상태state'에서 출발한다. 워크숍의 메인 화면 최상단에는 우선순위가 높은 상태의 객체 목록과 조치(액션)가 필요한 항목이 배치된다. 사용자는 화면을 보는 즉시 수행해야 할 과업이 있는지 직관적으로 파악할 수 있다.

여기서 상태는 단순한 라벨이 아니라 컨투어가 수천만 건의 데이터를 걸러 정의한 객체의 현재 상황을 압축적으로 요약한 필터다. 예를 들어 공정의 '정상' 배치는 화면에서 거의 드러나지 않지만 '검토 필요'나 '조치 필요' 상태의 객체는 전면에 부각된다. 시간이 흐르며 문제가 해결될수록 볼 것이 줄어들어 화면이 조용해지는 것이 워크숍이 지향하는 목표다.

이러한 목표는 시각 요소에서도 일관되게 드러난다. 워크숍은 전통적인 의미의 그래프를 극도로 절제한다. 그래프는 데이터의 패턴을 파악하는 데는 유용하지만, 그 자체로 즉각적인 액션을 유도하지는 못한다. 워크숍은 "이 정보를 보고 지금 무엇을 해야 하는가?"라는 질문에 명확한 답을 주지 못하는 요소를 과감히 2선으로 후퇴시킨다. 대신 화면을 계층화해 최상단에는 상태 요약을, 그다음에는 퀴버 분석 등으로 상태를 결정한 근거 데이터를, 마지막에는 실행 가능한 선택지(액션)를 배치한다. 사용자는 한 번에 모든 것을 파악하려 애쓸 필요 없이, 필요에 따라 한 단계씩 깊이 들어가면 된다.

화장품 제조 공장 실습에서도 워크숍으로 만든 배치 상세 화면은 놀라울 만큼 단순했다. 현재 상태, 그 상태로 전이된 사유, 그리고 지금 가능한 액션이 최상단에 놓였으며, 공정 정보나 품질 검사 결과 같은 세부 수치는 그 아래에 참고용으로만 배치되었다. 결정을 내리는 데 필요한 결론을 먼저 보여주고, 근거는 나중에 확인하도록 설계된 것이다.

색상 역시 위험 상태를 알리는 등 해석이 끝난 결과를 전달할 때만 제한적으로 쓰인다. 또한 앞서 다룬 권한 구조와 결합해 사용자의 역할에 따라 화면 구성을 달리한다. 특정 사용자가 수행할 수 없는 액션 버튼은 화면에 아예 노출시키지 않아 '할 수 없는 선택지'를 제거함으로써 운영 피로도를 크게 낮춘다.

결국 상태 중심 UI의 가장 큰 효과는 사용자의 질문 체질을 바꾼다는 데 있다. 사용자는 더 이상 "이 수치가 왜 이렇지?"라며 데이터 자체에 매몰되지 않는다. 대신 온톨로지를 기반으로 "왜 이 객체가 이런 상태가 되었지?"를 묻는다. 질문의 중심이 데이터 분석에서 판단과 운영으로 이동하는 것이다. 화려함과는 거리가 멀지만 운영 현장에서 이 단순함은 무엇보다 강력한 무기가 된다.

이어서 이 UI 위에서 실제 액션이 어떻게 실행되는지, 그리고 사용자가 워크숍과 연동된 액션 매니저를 통해 어떤 흐름으로 최종 판단을 마무리하는지 구체적인 시나리오로 살펴보자.

워크숍에서의 액션 실행 흐름

앞서 워크숍의 UI가 왜 그토록 절제되어 있는지 살펴보았다면 이번에는 그 화면 위에서 일어나는 실제 '움직임'에 집중해 보자. 워크숍에서 액션은 단순히 버튼 하나를 누르는 행동이 아니다. 판단의 시작부터 책임의 종료까지를 관통하는 하나의 완성된 흐름이다. 이 연쇄 과정을 이해하지 못하면 워크숍을 그저 정교한 알림판 정도로 오해하기 쉽다.

워크숍에서 액션은 '보이는 순간' 이미 절반이 끝나 있는 상태다. 사용자가 클릭하기도 전에 시스템은 온톨로지를 통해 현재 상태를 진단하고 처리 우선순위를 정한 뒤, 해당 사용자에게 허용된 선택지만 화면에 남겨둔다. 사용자는 무엇을 해야 할지 고민할 필요 없이, 시스템이 제시한 좁고 명확한 길 위에서 '할지 말지' 최종적으로 결단하면 된다. 이 판단의 흐름은 크게 6단계로 설계되어 있다.

1단계 상태 중심의 진입

액션은 언제나 상태 목록 화면에서 시작된다. 검토 필요, 조치 필요, 출하 보류 같은 상태값은 단순한 정보가 아니라 사용자가 오늘 처리해야 할 작업 큐work queue 역할을 한다. 화장품 제조 현장의 품질 담당자는 출근하자마자 오늘 처리해야 할 배치가 있는지를 묻고, 워크숍 앱은 목록을 살펴 그 답을 즉시 내놓는다.

2단계 객체 상세 진입과 근거 확인

상태 목록에서 특정 객체를 선택했다고 해서 곧바로 액션 버튼이 나타나지는 않는다. 워크숍은 사용자가 '왜 이 행동을 해야 하는지' 이해하기 전에는 움직일 수 없도록 설계되어 있다. 현재 상태, 상태가 변한 원인, 그리고 컨투어나 퀴버 분석을 통해 집계된 핵심 근거 데이터를 먼저 제시한다. '아, 이래서 이 상태가 되었구나'라는 짧은 이해의 과정은 잘못된 액션으로 인한 사고를 막는 안전장치가 된다.

3단계 선택지의 제한context-aware action

이해가 끝나야 비로소 액션 영역이 활성화된다. 여기서 액션 매니저의 영리함이 드러난다. 시스템은 현재 사용자의 권한, 객체 상태, 시간적 제약을 실시간으로 계산해 실제로 실행 가능한 액션만 노출한다. 권한이 없거나 이미 수행된 액션은 보이지 않거나 비활성화된다. 사용자가 어떤 버튼이 안 눌린다고 묻는 상황 자체가 애초에 생기지 않는 구조다.

4단계　실행과 책임의 기록

액션을 클릭하는 순간, 시스템은 단순히 명령을 처리하는 데 그치지 않고 온톨로지에 직접 값을 쓰는 '라이트백Write-back' 기록을 남긴다. 누가, 언제, 어떤 상태에서 그 결정을 내렸는지가 객체의 속성으로 영구히 남는다. 이는 단순한 로그를 넘어 비즈니스 자산이 된다. 화장품 제조 공장 실습에서도 출하 보류 액션은 담당자가 명확한 근거를 기록하지 않으면 다음 단계로 진행되지 않도록 강제해 책임 소재를 분명히 했다.

5단계　즉각적인 상태 전이

액션이 완료되면 객체의 상태는 즉시 전이된다. '검토 필요'였던 배치는 '조치 진행 중'으로, 다시 '해결 완료'로 옷을 갈아입는다. 이 과정에서 과거의 상태 기록은 사라지지 않고 차곡차곡 쌓이되, 화면에는 오직 '지금 유효한 상태'만 강조된다. 덕분에 사용자는 과거의 히스토리를 잃지 않으면서도 현재의 과업에만 몰입할 수 있다.

6단계　다음 단계로의 자동 연결

상태가 바뀌면 화면은 자연스럽게 다음 장면을 준비한다. 할 일이 끝나면 객체는 사용자의 목록에서 소리 없이 사라지고, 다음 단계의 액션이 필요하다면 즉시 새 버튼이 노출된다. 시스템이 이미 다음 이정표를 세워두어서 사용자가 다음에 무엇을 해야 하는지 물을 필요가 없다.

화장품 제조 현장에서 하나의 배치가 검토 필요로 표시되어 최종 출하 승인에 이르기까지, 이 모든 과정에서 전화나 메일, 별도의 보고서는 필요하지 않았다. 워크숍의 액션 흐름 자체가 곧 업무의 흐름이었기 때문이다.

워크숍에서 액션은 단순한 기능이 아니라 판단을 종결짓는 흐름이다. 상태에서 출발해 이유를 거치고 선택을 제한하며 책임을 남기는 이 일련의 과정이 끊기지 않을 때, 비로소 데이터는 운영의 무기가 된다. 판단 속도는 빨라지고 실수는 줄어들며, 무엇보다 모든 결정이 시스템 안에서 완결된다는 신뢰가 쌓인다.

이제 이 액션의 흐름이 한 개인을 넘어 여러 역할과 조직을 넘나들 때, 협업과 인수인계의 관점에서 어떻게 유기적으로 이어지는지 살펴보자.

KPI가 아닌 상황 기반 분석

워크숍으로 구현된 앱을 일정 기간 사용한 현업 사용자들은 공통적으로 요즘은 KPI(핵심성과지표)를 잘 보지 않게 되었다고 말한다. 지표가 더는 중요하지 않다는 뜻이 아니라, KPI를 대하는 방식 자체가 근본적으로 달라졌다는 의미다.

전통적인 KPI는 조직 운영에 필수적이지만 구조적 한계도 명확하다. 불량률, 납기 준수율, 생산성 같은 수치들은 '평균'의 함정에 빠져 개별 문제를 교묘히 숨긴다. 변화는 뒤늦게 드러나고, 관리자가 지금 당장 어디에 개입해야 하는지도 스스로 찾아야 한다.

워크숍은 분석의 중심에 KPI 대신 지금 벌어지는 '상황' 자체를 둔다. 운영 화면은 항상 "지금 문제가 되는 대상은 무엇인가?"라는 질문에서 출발하며, 이 질문 앞에서는 평균이나 추이가 2순위로 밀려난다. 온톨로지로 정의된 기준을 벗어났는지, 상태가 바뀌었는지, 그래서 지금 어떤 액션이 필요한지가 분석의 핵심이 된다.

화장품 제조 공장 실습에서 초기 BI 화면에는 일별·공정별 불량률이 빼곡했다. 그러나 워크숍 도입 이후 이 지표들은 화면에서 사라지고, 그 자리를 '검토 필요 배치 2건', '조치 지연 배치 1건' 같은 명확한 상황 정보가 대신했다. 지표는 컨투어나 퀴버 분석 창으로 이동해 판단의 근거가 필요한 순간에만 호출되었다.

결국 워크숍에서 KPI의 위치는 '보고 대상'에서 '상황의 트리거'로 바뀐다. '불량률 3% 초과'는 분석 결과가 아니라 특정 객체를 조치 필요 상태로 전이시키는 조건이 된다. 분석의 목적은 결정을 내리는 데 있으므로, 화면이 자연스럽게 단순해져 모든 수치를 나열하거나 불필요한 비교를 제공할 이유가 없다. 오직 특정 상황이 왜 발생했는지를 설명하는 핵심 증거만 남는다.

이 변화는 조직 문화까지 바꾼다. 회의에서 오가는 질문도 "왜 KPI가 떨어졌나요?"처럼 과거를 복기하는 방식에서 "이 배치는 왜 아직 처리되지 않았나요?" 같은 미래지향적 방식으로 옮겨간다. 숫자를 보지 않아도 지금 무엇을 해야 하는지가 보인다는 점에서 워크숍은 일반적인 BI 도구와 다르다.

대시보드라는 단어에는 정보를 한눈에 보기 좋게 최대한 많이 보여주고, 자유로운 탐색을 지원해야 한다는 오랜 관성이 담겨 있다. 그러나 워크숍의 대시보드는 이 관성을 완전히 뒤집는다. 이곳의 대시보드는 의사결정을 돕는 화면이 아니라, 의사결정을 '정리'해 주는 화면이다.

워크숍의 대시보드 설계는 "이 화면을 보는 사람이 어떤 결정을 내려야 하는가?"라는 단 하나의 질문에서 출발한다. 이에 답하지 못하는 정보는 아무리 풍부해도 대시보드에 오를 자격이 없다. 따라서 워크숍에서 전 조직이 함께 보는 '공통 대시보드'는 무의미하다. 역할마다 내려야 할 결정이 다르기 때문이다.

화장품 제조 공장 실습에서 우리는 대시보드를 설계할 때 엄격한 기준을 세웠다. 지금 내려야 할 결정, 그 결정을 미뤘을 때의 영향, 즉시 실행할 수 있는 액션은 반드시 포함하되, 장기 추이 그래프나 전체 통계표처럼 결정을 미루게 만드는 정보는 덜어냈다. 기존의 '한눈에 보기'가 '많은 정보를 동시에 보는 것'을 뜻했다면, 워크숍에서는 '한눈에 결정을 끝낼 수 있는가'를 뜻한다.

이어서 같은 데이터를 활용해 서로 다른 세 가지 대시보드를 구축했다. 품질 담당자의 대시보드에는 검토가 필요한 배치 목록과 그 사유만 남기고, 생산 일정이나 출하 계획은 결정 범위를 벗어나므로 과감히 제외했다. 반면 생산 관리자의 대시보드는 조치 지연이 일정에 미치는 영향과 대체 가능한 선택지를 중심으로 구성했다. 마지막으로 결정권자의 대시보드는 승인이 필요한 항목 몇 건과 임박한 기한만 노출했기 때문에 거의 비어 보일 정도로 단순했다. 이 화면이 조용할수록 운영이 안정적이라는 신호가 된다.

결과적으로 워크숍 대시보드는 액션으로 들어가기 직전의 '대기실'과 같다. 이곳에 오래 머무르는 일은 지양해야 하며, 판단이 끝나면 바로 떠나야 한다. 매일 오래 들여다볼 이유가 없는 화면이야말로 가장 잘 설계된 대시보드다.

'보기 좋은 차트'의 함정

조직 내에서 워크숍 기반의 운영 앱을 도입해 운영이 어느 정도 안정 궤도에 오르면, 많은 사용자에게서 "이 데이터를 그래프로 보면 더 직관적이지 않을까요?" 또는 "임원 보고용으로 차트 하나만 추가해 주세요"라는 요청을 받을 수 있다. 정보를 더 잘 전달하고 싶다는 선한 의도에서 나온 말이지만 이 지점에서 워크숍이 다시 과거의 BI로 후퇴할 수도 있다.

차트는 흔히 중립적인 표현 수단으로 여겨진다. 데이터를 보기 좋게 정리했을 뿐, 해석과 결정은 사람이 한다고 믿기 때문이다. 그러나 실제 차트는 끊임없이 비교를 유도하고, 과거 추이를 살피게 하며, 끝내 '조금 더 지켜보자'는 유보적인 태도를 끌어낸다. 즉 차트는 결정을 미루게 만들며, 이는 즉각적인 판단과 실행을 지향하는 워크숍의 목적과 정반대에 있다. 앞서 언급한 대로 워크숍 화면에서는 지금 즉시 어떤 액션을 실행할 수 있는지 답하지 못하면 화면에 올라갈 수 없다. 답이 없는 정보는 노이즈에 불과하다고 본다.

화장품 제조 공장 실습에서도 비슷한 실험을 했다. 운영 도중 '불량률 추이를 메인 화면에 작게라도 넣어 달라'는 현장의 요청을 받아 그래프를 추가해 봤다. 결과는 참담했다. 사용자의 시선은 가장 먼저 그래프에 머물렀고, 정작 처리해야 할 상태 목록은 관심 밖으로 밀려났다. 결과적으로 액션 버튼을 클릭하는 횟수는 눈에 띄게 줄어들었다. 그래프가 정보량은 늘려주었을지언정 액션의 동력은 앗아간 것이다. 결국 그래프를 화면에서 다시 제거했다.

소위 '참고용' 차트는 대개 비슷한 경로로 시스템을 잠식한다. 처음에는 화면 구석에 작게 들어오지만 점차 크기를 키워 메인 화면의 중심을 차지한다. 그 과정에서 실제 업무의 핵심인 액션 영역은 스크롤 아래로 밀려난다. 그 순간 워크숍은 의사결정 도구로서의 생명력을 잃고, 단순한 분석 대시보드로 전락한다.

그렇다고 차트가 완전히 불필요하다는 뜻은 아니다. 핵심은 차트의 '위치'다. 파운드리에서 차트는 상태의 근거를 상세히 설명해야 할 때나 액션을 실행하기 직전 마지막 확신을 보완할 때만 허용되어야 한다. 즉 메인 화면이 아니라 퀴버나 컨투어로 연결되는 한 단계 안쪽의 상세 페이지에서 결정의 보조 수단으로 머물러야 한다.

특히 '임원 보고용'이라는 명분을 가장 경계해야 한다. 보고를 위해 차트를 추가하면 시스템은 운영용과 보고용이라는 이중성을 갖게 되고 정체성은 빠르게 망가진다. 우리는 이 문제를 '보고는 BI로, 운영과 결정은 워크숍으로'라는 명확한 분리로 해결했다. 이 선을 지키지 못하면 어느 쪽에서도 만족을 주지 못하는 모호한 시스템이 되고 만다.

보기 좋은 차트의 진짜 위험은 시간을 빼앗을 뿐만 아니라 결정의 책임을 흐린다는 데 있다. 워크숍에서 보기 좋은 차트는 대개 독이다. 이해의 폭은 넓힐지언정 결정을 늦추고 책임을 흐리기 때문이다. 그래프를 보며 "추이를 좀 더 지켜보자"는 말이 나오는 순간, 상태를 보며 '지금 당장 처리해야 한다'는 현장의 긴박한 감각은 마비된다. 그리고 결정은 다시 지루한 회의실로 끌려 들어간다.

따라서 워크숍 설계자는 차트를 추가하고 싶은 유혹이 들 때마다 그 차트 없이도 액션을 실행할 수 있는지 스스로 물어야 한다. 답이 '예'라면 차트를 메인 화면에 둘 이유가 없다. 반대로 차트 없이는 판단이 불가능하다면, 문제는 차트의 부재가 아니라 온톨로지나 상태 설계 자체에 있다. 차트는 설계의 결함을 가려주는 존재가 되어서는 안 된다. 결정에 직접 기여하지 않는 시각화는 화면에 올리지 않는다는 단순하지만 강력한 원칙을 지킬 때, 워크숍은 비로소 판단을 끝내는 도구로 남을 수 있다.

이로써 이 장을 마무리하고 다음 장에서는 지금까지 다룬 개별적 판단과 액션이 하나의 이벤트 단위로 묶여 조직 전체로 공유되는 운영 앱과 케이스 매니지먼트의 세계로 넘어가 보자.

CHAPTER 12

운영 앱과 케이스 매니지먼트

운영 앱: 판단과 행동의 단절을 없애는 최전선

파운드리를 일정 수준까지 사용해 본 조직은 "이걸로 무엇을 할 수 있나요?"라는 질문에 도달한다. 결정과 실행이 여전히 시스템 밖에서 이루어지기 때문에 대시보드와 분석 결과를 꼼꼼히 살펴 숫자와 상황을 이해하는 것만으로는 충분하지 않다. 즉 파운드리는 이 지점에서 아직 완성되지 않았고, 운영 앱은 그 공백을 메우기 위해 등장한다.

흔히 워크숍을 운영 앱으로 생각하지만, 워크숍은 운영 앱을 만드는 '빌더builder'다. 그리고 그 결과물로 현업 사용자가 실제로 쓰는 인터페이스가 운영 앱이다. 종종 자동화 도구나 워크플로 엔진으로 오해되지만, 운영 앱의 목적은 자동화가 아니라 판단과 행동의 간극을 없애는 데 있다.

기존 시스템에서는 분석과 운영이 분리된다. 분석 결과는 보고서나 알림으로 전달되고, 그다음 행동은 사람의 기억과 의지에 맡겨진다. 파운드리는 이 단절을 허용하지 않는다. 어떤 상태가 특정 조건을 만족하면 그에 상응하는 액션이 구조적으로 정의되어야 한다. 운영 앱은 이 정의를 실제로 실행 가능한 형태로 구현한다.

가장 먼저 체감되는 변화는 운영이 이벤트 중심으로 재구성된다는 점이다. 단순히 수치를 모니터링하는 데서 그치지 않고 '이벤트가 발생했다'는 인식이 시스템 안에 남는다. 이벤트는 객체와 연결되고, 상태 변화로 표현되며, 후속 조치의 대상으로 이어진다. 운영은 더 이상 연속적인 숫자의 흐름이 아니라 명확한 판단 단위의 연속이 된다.

이때 중요한 설계 변수는 자동화의 수준을 어디까지 가져갈 것인가다. 많은 조직이 처음에는 최대한 자동화하려는 유혹을 느낀다. 그러나 파운드리는 모든 판단을 자동화할 수 없다는 사실을 구조적으로 드러낸다. 그래서 많은 경우 시스템이 액션을 제안하고, 최종 결정은 사람이 내리도록 설계한다.

운영 앱 제작의 4단계 프로세스

① **데이터 준비 및 온톨로지 바인딩:** 분석을 마친 데이터셋을 온톨로지 매니저로 객체 유형에 등록한다. 운영 앱은 테이블이 아니라 객체를 기반으로 동작하기 때문이다.

② **워크숍 모듈 설계:** 앱의 캔버스가 되는 워크숍을 열고, 필요한 객체와 링크를 불러와 화면을 구성한다.

③ **변수 및 위젯 인터랙션 설계:** 워크숍 내의 변수 계산Variable 기능을 통해 사용자가 화면에서 선택한 값에 따라 실시간으로 계산될 로직(잔여 예산 계산, 위험도 산출 등)을 설정한다. 이 과정에서 계산된 값이나 객체 정보를 버튼·표·입력창 등의 위젯과 연결해 상호작용이 일어나게 만든다.

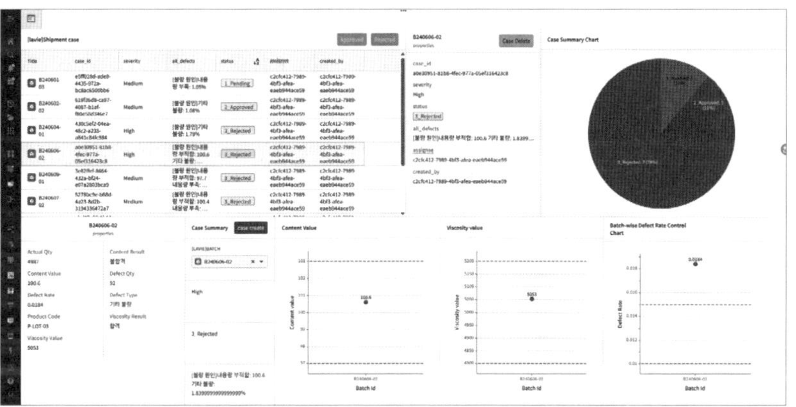

④ **액션 및 라이트백 실행:** 가장 중요한 단계로, 사용자가 버튼을 눌렀을 때 데이터의 상태를 변경하거나(예를 들어 대기에서 승인으로), 외부 시스템으로 명령을 보내는 액션 유형을 심는다.

운영 앱의 핵심 구성 요소

① **변수:** 사용자의 입력이나 선택 상태, 필터링 조건 등을 실시간으로 저장하는 저장소다.

② **이벤트:** '버튼을 클릭하면', '객체를 선택하면'과 같이 앱 내에서 발생하는 상호작용의 트리거가 된다.

③ **액션:** 판단의 결과물이다. 온톨로지의 속성을 수정하거나 새로운 객체를 생성해 실제 업무 프로세스를 진전시킨다.

이에 따라 화장품 제조 현장에서 실제로 작동하는 '품질 승인 운영 앱'을 설계한다면 화면 구성은 철저히 품질 관리자의 의사결정 흐름을 따라야 한다. 앱의 최상단에는 현재 검사가 진행 중이거나 판정을 기다리는 '미결재 로트 목록' 표가 놓인다. 이 위젯은 온톨로지에서 품질 검사가 진행 중인 객체만 필터링해 바인딩하고, 관리자가 우선 확인해야 할 긴급 배치를 직관적으로 보여준다.

목록에서 특정 로트를 선택하면 화면 중앙에는 해당 배치 객체의 상세 데이터가 펼쳐진다. 여기에는 단순한 수치뿐 아니라 워크숍의 변수 계산 기능으로 도출한 '기준치 대비 편차' 정보가 시각적으로 표시된다. 예를 들어 LIMS에서 넘어온 점도나 pH 측정값이 온톨로지에 설정된 규격 범위를 벗어나면 해당 위젯은 붉은색 경고등을 켜서 관리자가 즉시 위험을 인지하도록 한다. 또한 공정 중 발생한 센서 데이터와 연동해 배합 온도나 속도에 이상이 있는지 확인할 수 있는 시계열 그래프를 배치함으로써 관리자가 수치 뒤에 숨겨진 공정상의 맥락까지 파악하도록 돕는다.

가장 중요한 지점은 화면 우측 하단에 배치될 액션 섹션이다. 여기에는 승인이나 반려처럼 비교적 단순한 버튼뿐 아니라 구체적인 후속 조치를 실행하는 버튼도 포함된다. 제품이 모든 기준을 통과하면 출하 승인 버튼을 눌러 연결된 액션을 통해 온톨로지 내 로트 상태를 '출하 가능'으로 변경한다. 동시에 ERP 시스템에 해당 정보를 라이트백해 물류팀이 배송 절차를 시작하도록 트리거를 건다.

반대로 품질이 의심되면 관리자는 재검사 요청이나 부적합 처리 액션을 선택한다. 재검사 요청 버튼을 누르면 실험실 담당자에게 즉시 알림이 전달되고, 부적합 처리를 선택하면 해당 배치는 폐기 또는 재작업 경로로 자동 분류되어 이후 공정이 모두 차단된다. 이처럼 운영 앱의 알림은 어떤 객체에서 어떤 상태 변화가 있었으며, 그 변화가 어떤 규칙을 위반했는지, 지금 가능한 선택지가 무엇인지까지 함께 제공한다. 판단의 맥락을 그대로 전달하므로 사람이 데이터를 다시 해석할 필요가 없다.

결국 운영 앱은 '분석을 잘하기 위한 플랫폼이 아니라, 조직이 더 나은 판단을 반복하게 만드는 플랫폼'이라는 파운드리의 목적을 가장 솔직하게 드러낸다. 판단이 반복되려면 그때마다 행동으로 이어져야 하고, 운영 앱은 그 연결을 책임진다. 운영 앱은 단순히 데이터를 보는 도구가 아니라, 관리자의 판단을 버튼 하나로 즉시 현장의 실행으로 이어지게 해 '데이터 기반의 책임 경영'을 완성한다.

또 다른 장점은 책임을 명확히 한다는 점이다. 즉 운영 앱은 감시 목적이 아니라 판단의 일관성을 유지하기 위해 누가 어떤 판단을 했는지를 기록으로 남긴다. 같은 상황에서 왜 다른 결정을 내렸는지를 되짚을 수 있어야 구조를 개선할 수 있다. 물론 시스템이 판단의 일부를 드러내고 기록한다는 사실은 부담스럽지만, 이를 피하려고 구조를 흐리면 파운드리는 단순한 모니터링 도구로 돌아간다.

공공·재난·제조 운영에서 이러한 점은 특히 크게 작용한다. 기존에는 상황이 지나고 난 뒤에야 왜 그렇게 대응했는지를 정리했다. 반면 운영 앱을 사용하면 판단의 흐름이 실시간으로 구조 안에 남음으로써 사전 판단의 품질을 높이는 피드백 루프가 만들어진다.

케이스 매니지먼트란 무엇인가?

워크숍에서 액션을 실행하면 많은 사람이 여기서 끝난다고 생각하지만 실제 운영에서 액션 하나가 곧바로 해결을 뜻하는 경우는 드물다. 대부분의 판단은 여러 번의 선택이 이어지는 과정에서 이루어진다.

구조상 케이스 매니지먼트는 파운드리의 최상단에 있다. 데이터 엔지니어의 파이프라인과 분석가의 로직이 최종적으로 '현장의 언어'로 번역되어 머무는 곳이기 때문이다. 기존 분석 도구가 특정 일이 왜 벌어졌는지를 묻는다면, 케이스 매니지먼트는 그 답이 실제 해결로 이어지기까지의 전 과정을 추적하며 운영의 마침표를 찍는다.

케이스 매니지먼트는 연속성을 다루는 도구다. 다시 말해 할 일을 관리하기 위함이 아니라, 데이터에서 액션으로 이어지는 판단의 흐름이 끊기지 않도록 맥락을 붙잡아 두기 위해 존재한다. 예를 들어 데이터 분석을 마치고 '품질 부적합' 액션을 실행하면 시스템 수치는 즉시 변한다. 그러나 현장에서는 그 순간부터 원인 파악, 재작업 지시, 승인 판단까지 여러 담당자의 손을 거치며 시간이 길게 흐른다. 문제는 바로 이 공백에서 맥락이 쉽게 사라진다는 점이다.

이때 케이스 매니지먼트는 시간의 공백 사이에서도 판단의 맥락을 보존하는 그릇이 된다. 기술적으로 보면 케이스 매니지먼트는 온톨로지라는 뼈대 위에 세워진 특별한 객체들의 집합이다. 워크숍에서 버튼을 눌

· 케이스 매니지먼트 내 예시 목록 화면 ·

Title	case_id	severity	all_defects	status	assignee	created_by
B240601-03	e5ff028d-ade8-4435-972a-bc8ac6500bb6	Medium	[불량 원인]내용량 부족: 1.05%	1_Pending	c2cfc412-7989-4bf3-afea-eaeb944ace59	c2cfc412-7989-4bf3-afea-eaeb944ace59
B240602-02	619f36d8-ca97-4087-b1af-f80e58d346e7	Medium	[불량 원인]기타 불량: 1.08%	2_Approved	c2cfc412-7989-4bf3-afea-eaeb944ace59	c2cfc412-7989-4bf3-afea-eaeb944ace59
B240604-01	430c5ef2-04ea-48c2-a233-a841c84fc984	High	[불량 원인]기타 불량: 1.78%	3_Rejected	c2cfc412-7989-4bf3-afea-eaeb944ace59	c2cfc412-7989-4bf3-afea-eaeb944ace59
B240606-02	a0e30951-81b8-4fec-977a-05ef316423c8	High	[불량 원인]내용량 부적합: 100.6 기타 불량: …	3_Rejected	c2cfc412-7989-4bf3-afea-eaeb944ace59	c2cfc412-7989-4bf3-afea-eaeb944ace59
B240609-01	3e82ffef-8664-432a-bf24-e07a2803bca9	Medium	[불량 원인]내용량 부적합: 97.7 내용량 부족: …	3_Rejected	c2cfc412-7989-4bf3-afea-eaeb944ace59	c2cfc412-7989-4bf3-afea-eaeb944ace59
B240607-02	5278bc9e-b68d-4a23-8d2b-3194336472a7	Medium	[불량 원인]내용량 부적합: 100.4 내용량 부족: …	3_Rejected	c2cfc412-7989-4bf3-afea-eaeb944ace59	c2cfc412-7989-4bf3-afea-eaeb944ace59

[lavie]Shipment case — Approved / Rejected

B240606-02
properties

case_id
a0e30951-81b8-4fec-977a-05ef316423c8
severity
High
status
3_Rejected
all_defects
[불량 원인]내용량 부적합: 100.6 기타 불량: 1.8399…
assignee
c2cfc412-7989-4bf3-afea-eaeb944ace59
created_by
c2cfc412-7989-4bf3-afea-eaeb944ace59

Case Delete

러 액션을 실행하는 순간 온톨로지에는 새로운 '케이스 객체Case Object'가 생성된다. 이 객체는 배치 정보, 담당자, 발생 시각 등 다양한 데이터와 실시간으로 연결된 '살아 있는 데이터 뭉치'다. 이를 통해 누가 어떤 근거로 해당 케이스를 열었는지, 이전 담당자가 어떤 데이터를 보고 판단했는지, 그리고 지금의 결정이 전체 공정 흐름에서 어떤 의미를 갖는지까지 알 수 있다. 즉 케이스 매니지먼트는 실무자가 파편화된 데이터 속에서도 일관된 판단 구조 아래 움직일 수 있도록 돕는 신뢰의 인프라라고 할 수 있다.

한편 케이스라는 단어는 접수, 처리, 종료처럼 단순하고 익숙한 흐름을 지닌 헬프 데스크나 이슈 트래커를 연상시킨다. 그러나 파운드리에서의 케이스는 하나의 객체에 대해 여러 액션이 이어지는 판단의 맥락 묶음이다. 즉 케이스는 '문제 티켓'이 아니라 상황이 시간에 따라 어떻게 이어졌는지를 담는다.

그렇다면 케이스가 왜 필요할까? 워크숍의 액션은 빠르고 명확하지만 항상 최종 해결을 의미하지는 않는다. 화장품 제조 공장 실습에서도 배치 문제가 발견돼 출하 보류 조치가 내려진 뒤 원인 분석, 재작업, 승인 여부 판단이 며칠에 걸쳐 이어졌다. 이 흐름을 단일 액션으로는 표현할 수 없기에, 일련의 판단을 하나의 이야기로 묶는 케이스가 등장한다. 파운드리에서 케이스는 모든 상황에 대해 자동으로 생성되는 것이 아니라 상태가 장시간 유지되거나, 액션이 여러 역할로 넘어가거나, 판단 책임이 분산되는 등 '지속적인 관리'가 필요한 순간에만 열린다. 이 기준 덕분에 케이스는 남발되지 않는다.

케이스와 온톨로지는 밀접하게 연결되어 있다. 케이스는 온톨로지 바깥에 존재하지 않으며, 오히려 온톨로지를 전제로 한다. 케이스는 온톨로지의 객체를 중심으로 생성되고, 상태 변화와 액션 기록을 그대로 끌어온다. 온톨로지가 판단의 구조라면, 케이스는 그 구조 위에서 시간을 따라 펼쳐진 실행 기록이다. 중요한 점은 케이스가 사람을 대신해 판단하지 않는다는 것이다. 스스로 결론을 내리거나 액션을 자동 실행하거나 책임을 감추지 않는다. 오직 판단의 맥락을 잃지 않게 한다. 이런 점에서 케이스는 자동화 도구라기보다 기억 장치에 가깝다.

케이스 매니지먼트가 도입되자 가장 먼저 사라진 것은 구두 인수인계였다. "이건 어제 내가 처리하던 거야", "이 건은 아직 결정이 안 났어" 같은 말은 이미 케이스 안에 남아 있다. 케이스는 사람이 자리를 옮겨도 판단의 맥락을 유지한다. 화장품 제조 공장 실습에서도 문제가 발생한 배치는 자연스럽게 하나의 케이스로 묶였다. 최초 문제 감지부터 출하 보류, 원인 분석 메모, 재작업 진행, 최종 승인까지 전 과정의 모든 액션과 판단이 케이스 타임라인Case Timeline에 남았다. 며칠 뒤 누군가 특정 배치가 그렇게 처리된 이유를 물어도 우리는 그래프가 아니라 케이스를 열었다.

또한 현장의 실무자는 현장 최적화 운영을 위해 워크숍으로 직접 만든 맞춤형 화면을 이용한다. 워크숍은 케이스 데이터를 가져와 조직에 맞는 '운영 대시보드'를 구성하게 해준다. 예를 들어 화장품 제조 공정이라면 '오늘 발생한 부적합 케이스 5건'을 강조하는 인덱스카드를 상단에 배치하고, 그 아래에 조치가 시급한 순서대로 정렬된 목록 위젯을 바인딩한다. 담당자는 목록에서 케이스를 선택해 상세 내용을 확인하고, 그 자리에서 바로 승인이나 반려 등을 실행할 수 있다. 결국 워크숍은 케이스가 생성되는 입구이자, 관리되는 인터페이스이며, 해결이 실행되는 창구로

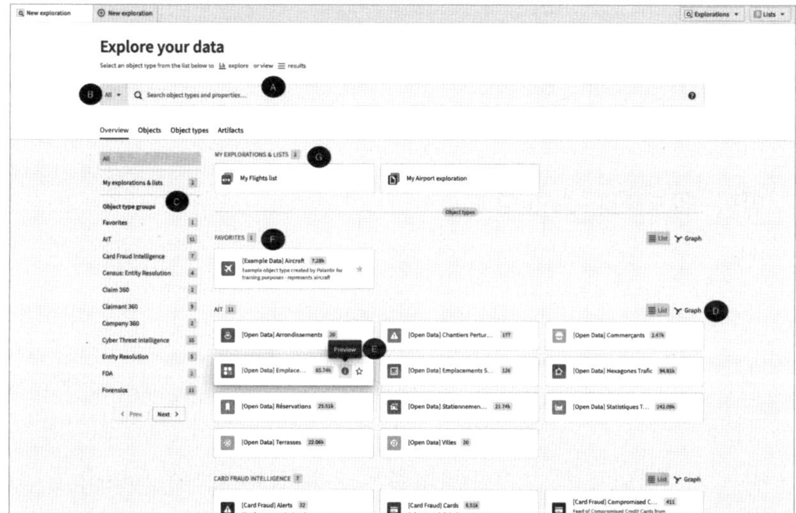

A: 검색창에서 플랫폼 내 객체 영역(Objects realm) 전체 검색 / B, C, D: 특정 객체 유형 그룹 탐색 / E: 특정 객체 유형 미리보기 / F: 탐색할 객체 유형 선택

서의 역할을 모두 수행한다.

한편 현황 분석이 필요할 때는 데이터 분석가가 객체 탐색기Object Explorer를 통해 케이스를 탐색할 수도 있다. 예를 들어 "지난 1년간 특정 설비에서 발생한 케이스가 몇 건인가?" 같은 질문에 답하기 위해 온톨로지에 연결된 케이스 객체를 다각도로 필터링하고 시각화해 분석할 수 있다. 또한 비슷한 상황이 다시 발생했을 때 이전의 판단과 선택을 참고할 수 있고, 다른 결정을 내린 이유도 설명할 수 있다. 이처럼 시간이 지나면 케이스는 조직의 자산이 되어 조직이 기억을 갖게 된다.

정리하면 케이스 매니지먼트는 판단을 이어 붙일 수 있게 해준다. 액션이 끊기지 않게 하고, 책임이 흐려지지 않게 하며, 시간이 지나도 맥락을 유지한다. 워크숍이 '지금 무엇을 할지'를 다룬다면, 케이스 매니지먼트는 '특정 판단이 어떻게 이어졌는지'를 다룬다고 할 수 있다. 이어서 케이스가 실제로 어떻게 생성되고, 어떤 기준으로 열리고 닫히는지를 구체적인 흐름으로 살펴보자.

알림-워크플로-승인 구조

케이스가 열렸다고 해서 일이 저절로 해결되지는 않는다. 오히려 그 순간부터가 진짜 운영의 시작이다. 케이스 매니지먼트에서는 알림alert, 워크플로workflow, 승인approval이 서로 다른 역할을 맡는다. 셋이 섞이면 시스템은 시끄러워지고, 분리되면 조직은 움직인다. 알림은 시작이고, 워크플로는 선택이며, 승인은 책임이다.

① 알림: 문제를 알리는 것이 아니라 책임을 호출한다

메일, 메시지, 푸시처럼 전달 수단은 다양하지만 파운드리에서의 알림은 정보 전달이 아니라 책임 호출에 가깝다. 따라서 알림은 '지금 보지 않으면 늦어지는 상황인가?', '이 알림을 받은 사람이 실제로 액션을 실행할 수 있는가?'라는 조건을 만족할 때만 발생해야 한다. 이 조건을 만족하지 못하면 아예 보내지 않는 것이 원칙이다. 화장품 제조 공장 실습에서도 출하가 보류되자 알림은 품질 책임자와 생산 관리자에게만 전달되었다. 덕분에 알림이 무시되지 않고 실행으로 이어졌다.

② 워크플로: 자동 흐름이 아니라 선택의 경로

워크플로라는 단어는 'A가 끝나면 B, B가 끝나면 C'처럼 정해진 순서를 따르는 자동화를 종종 연상시킨다. 그러나 케이스 매니지먼트의 워크플로는 반드시 따라야 하는 고정된 자동 경로가 아니라, 갈 수 있는 여러 길을 모아 둔 선택지의 지도다.

이 구조 덕분에 시스템은 현실의 복잡함을 억지로 단순화하지 않는다. 화장품 제조 공장 실습에서도 케이스 안의 워크플로는 늘 같지 않았다. 원인 분석이나 임시 조치를 먼저 할 수도 있었으며, 승인 요청이 앞서기도 했다. 워크플로는 선택지를 제한하지 않으면서도 가능한 액션을 명확히 보여준다. 이것이 일반적인 '자동화된 프로세스'와의 결정적 차이다.

③ 승인 구조: 결정의 마지막 관문

승인은 워크플로의 끝에만 존재하지 않는다. 케이스 매니지먼트에서는 책임이 바뀌는 순간마다 승인 구조가 개입한다. '현업 판단→관리 판단', '제안→확정', '임시 조치→영구 결정'처럼 전환점마다 승인이 필요하다.

핵심은 승인이 액션을 막거나 결정을 늦추는 장치가 아니라, '이 결정의 책임을 내가 맡겠다'고 선언하며 결정을 드러내는 장치라는 점이다. 파운드리에서는 승인과 액션을 분리해 설계하는 경우가 많다. '액션-제안'과 '액션-승인'처럼 단계를 나누면 현업은 판단을 미루지 않고 관리자는 승인에만 집중하며 결정 과정이 명확해진다.

정리하면 케이스 매니지먼트에서 하나의 이벤트는 '상태 변화로 케이스 생성→책임자에게 알림 발생→케이스 안에서 가능한 워크플로(액션 목록) 노출→역할별 액션 실행→필요 시 승인 요청→승인과 함께 다음 상태로 전이'와 같이 흘러간다. 케이스 화면Object View 자체가 이 흐름을 시각적으로 보여주기 때문에 따로 문서로 설명할 필요는 없다.

한편 운영 중에 알림을 줄여야 한다는 압박이 올 수도 있다. 파운드리에서 알림을 줄이는 방법은 단순하다. 알림을 없애는 것이 아니라 워크플

로로 흡수하면 된다. 모든 판단을 알림으로 밀어내지 않고 케이스 안에서
자연스럽게 이어지게 하면 조직은 덜 시끄러워지고 결정은 더 빨라진다.

알림, 워크플로, 승인은 각각 독립적인 기능이 아니다. 판단을 이어가
기 위한 역할 분담Division of Labor이다. 알림은 책임자를 부르고, 워크플로
는 선택지를 보여주며, 승인은 책임을 고정한다. 이 셋이 균형을 이루면
케이스 매니지먼트는 업무 관리 도구가 아니라 조직을 움직이는 결정 엔
진이 된다. 이제 이 케이스들이 어떻게 운영 자산으로 남는지를 생애주
기 관점에서 살펴보자.

공공·재난·제조 운영 시나리오

케이스 매니지먼트를 소개하면 "이건 제조 현장에나 맞는 거 아닌가
요?" 또는 "공공이나 재난 대응 같은 분야에서도 쓸 수 있나요?"라는 질문
을 종종 받는다. 이 질문은 절반만 맞다. 케이스는 운영 성격에 따라 서로
다른 형태로 구현되기 때문이다. 공공, 재난, 제조는 겉보기에는 전혀 다
른 영역이지만 케이스 관점에서는 놀라울 만큼 비슷한 구조를 가진다.

공공 행정 시나리오: '지연되는 민원' 케이스

공공 영역에서의 케이스는 대개 민원 또는 행정 처리에서 시작된다. 민원이 접수된
뒤 법정 처리 기한이 임박했는데도 담당 부서의 판단이 끝나지 않으면 단순 알림이
아니라 '왜 지연되는가?', '추가 자료 요청이 필요한가?', '상위 부서의 판단이 필요한
가?' 같은 케이스가 열린다. 여기서 각 액션은 법적 책임과 직결된다. 그래서 승인 구
조는 업무 효율보다 책임의 분기와 근거를 중심으로 설계된다. 공공 분야 케이스의

특징은 속도보다 절차가, 자동화보다 기록이 중요하다는 점이다. 종료 기준 역시 '처리 완료'가 아니라 '책임의 정당성 확보'에 있다. 케이스는 행정의 속도를 높이기보다 행정을 설명 가능하게 만든다.

재난 대응 시나리오: '지금 판단이 늦으면 위험한' 케이스

재난 영역에서 케이스는 성격이 완전히 달라진다. 기상·센서 데이터로 위험 징후가 감지되고 기준 초과 상태가 일정 시간 지속되면, 케이스는 사람의 판단을 기다리지 않고 자동 생성된다. 핵심 흐름은 상황 인지 및 전파, 즉각 조치 여부 판단, 대응 단계 상향 여부다.

중요한 점은 워크플로가 매우 제한적이라는 것이다. 선택지는 적고, 승인 단계는 최소화되며, 액션은 즉각 실행된다. 재난 분야 케이스의 특징은 기록보다 속도가, 사후 책임보다 생명 보호가 우선이라는 점이다. 종료 기준은 '위험 해소' 또는 '대응 단계 종료'다. 이때 케이스는 실시간 지휘 체계의 핵심 자산이 된다.

제조 운영 시나리오: '조치가 길어지는 품질 이슈' 케이스

제조 영역에서의 케이스는 앞서 다룬 화장품 제조 공장 실습과 가장 가깝다. 배치 품질이 기준을 초과해 즉시 출하 불가 판단이 내려지고 단기 조치로 해결되지 않으면, 액션은 단발성이 아니라 연속된 판단의 묶음이 된다. 케이스 안에서는 '원인 분석 및 데이터 매칭, 재작업 여부 판단, 생산 일정 조정, 최종 출하 승인' 같은 판단의 흐름이 생긴다. 각 액션은 서로 다른 역할을 거치며 이어진다. 제조 분야 케이스의 특징은 속도와 정확성의 균형을 중시하고, 시스템 자동화와 인간의 판단이 긴밀하게 공존하며, 종료 기준이 '출하 승인' 또는 '폐기 결정'이라는 점이다. 이때 케이스는 운영 효율과 책임을 동시에 관리한다.

세 영역은 서로 다르지만 케이스 구조에는 '단일 액션으로 끝나지 않고, 판단의 책임이 역할 간에 이동하며, 시간에 따라 상황이 가변적'이라는 명확한 공통점이 있다. 따라서 케이스는 단순한 이슈 트래커가 될 수 없고, 반드시 판단의 맥락을 유지하는 구조여야 한다. 또한 산업별 운영 성격에 따라 설계에서는 '알람의 강도와 전파 범위, 워크플로의 자유도와 유연성, 승인 단계의 깊이와 수' 같은 요소가 달라져야 한다. 그럼에도 산업군을 막론하고 절대 변하지 말아야 할 원칙은 다음과 같다.

첫째, 판단의 흐름이 시각적으로 보여야 한다.

둘째, 액션의 책임 소재가 명확히 남아야 한다.

셋째, 종료 기준이 사전에 정의되어 있어야 한다.

이 세 가지가 지켜지면 케이스는 어떤 산업 환경에서도 강력하게 작동한다.

결론적으로 케이스 매니지먼트는 특정 산업만을 위한 해법이 아니다. 운영이 복잡해지는 순간 반드시 등장해야 하는 구조적 장치다. 공공에서는 책임을 이어주고, 재난에서는 결정을 빠르게 하며, 제조에서는 판단을 안정화한다.

'자동화'가 아닌 '통제'

케이스 매니지먼트를 설명하다 보면 이제 모든 과정이 자동으로 돌아가겠다는 기대가 자연스럽게 따라온다. 충분히 그렇게 생각할 법하지만 파운드리에서 케이스 매니지먼트의 목적은 자동화가 아니라 통제에 있다. 따라서 이 기대를 그대로 받아들이면 케이스 매니지먼트는 설계의 방향을 잃는다.

앞서 설명했듯 워크플로는 자동 실행 경로가 아니라 "이 케이스에서 허용되는 판단의 범위는 어디까지인가?"라는 질문에 답하기 위해 존재한다. 즉 워크플로는 '할 수 없는 것'을 명확히 규정한다. 예를 들어 '이 단계에서는 특정 액션이 불가능하다', '이 승인 없이는 다음 단계로 넘어갈 수 없다' 같은 실행 조건submission criteria이 조직을 안전하게 만든다.

자동화는 과정을 빠르게 끝내게 하고, 통제는 정해진 범위를 벗어나지 못하게 한다. 자동화는 사람의 개입을 줄여 반복 가능성을 높이고 비용을 낮춘다. 반면 운영의 실패는 대개 속도가 느려서가 아니라 넘어가서는 안 될 선을 넘었을 때 발생한다. 그렇다고 통제가 속도를 늦추기 위한 장치라는 뜻은 아니다. 통제란 '이 지점에서는 반드시 사람이 결정해야 한다'는 원칙을 온톨로지 구조로 고정하는 일이다. 시스템은 인간을 대신해 결정하지 않는다. 결정이 올바른 궤도를 벗어나지 못하도록 가드레일을 칠 뿐이다. 케이스 매니지먼트는 이 통제 지점을 투명하게 드러낸다.

여기서 중요한 사실 한 가지는 케이스가 열리면 역설적으로 자동화가 멈춘다는 것이다. 케이스가 생성된다는 것은 판단이 단순하지 않고 책임이 분산되어 있으며, 결과의 영향력이 막대하다는 조건이 충족되었기 때문이다. 따라서 이미 자동화만으로 처리할 수 없는 영역에 진입했다는 뜻이며, 케이스 내부에서는 자동화의 비중이 줄어든다. 알림은 엄격히 제한되고, 워크플로는 선택지를 제안하며, 승인은 반드시 사람이 명시적으로 조치를 취한 뒤에 이루어진다.

화장품 제조 공장 실습 초기에는 "품질 기준을 만족하면 출하는 자동으로 승인되게 하죠"라는 제안이 나왔다. 기술적으로는 충분히 가능했지만 우리는 이 자동화를 의도적으로 차단했다. 기준은 언제든 변할 수 있고 예외는 항상 존재하며, 출하 결정은 사업상 되돌릴 수 없는 최종 판단이기 때문이다. 대신 기준을 충족하면 시스템이 승인 가능 상태로 자동 전이되도록 하되, 최종 승인은 반드시 권한을 가진 사람이 직접 실행하도록 설계했다. 덕분에 사고는 획기적으로 줄었고 책임 소재도 더욱 명확해졌다.

통제라는 단어는 자유를 제한하거나 유연성을 해치는 것처럼 부정적으로 느껴지기 쉽지만, 케이스 매니지먼트에서의 통제는 '사람이 실수하지 않게 하자'에서 한 걸음 더 나아가 실수가 발생하더라도 책임과 맥락이 시스템에서 사라지지 않게 하는 것이다. 자동화가 실수를 알고리즘 뒤로 숨긴다면, 통제는 실수를 설명 가능explainable하게 만든다. 많은 조직은 통제를 도입하면 속도가 느려질까 걱정하지만, 실제로는 불필요한 자동 처리와 책임의 공백이 사라지고 되돌릴 수 없는 실수도 줄어든다. 따라서 결정이 늦어지거나 더 혼란스러워질 일도 없다.

다시 한번 강조하지만 케이스 매니지먼트는 자동화를 극대화하기 위한 구조가 아니라, 통제를 명확히 하기 위한 구조다. 자동화로 처리할 수 있는 것은 케이스 밖으로 밀어내고, 자동화해서는 안 되는 핵심 판단은 케이스 안으로 끌어온다. 이 경계가 분명해질 때 조직은 더 빠르고 더 안전하게 움직인다. 또한 케이스 매니지먼트를 제대로 도입하면 진짜 자동화는 오히려 늘어난다. 케이스가 열리지 않는 표준 영역은 더 과감하게 자동화할 수 있고, 케이스가 열리는 예외 영역은 통제가 명확해지기 때문이다. 이렇게 명확히 구분할 수 있을 때 조직은 어디까지 자동화해도 안전한지 스스로 학습하게 된다.

AIP 로직을 통한 에이전틱 AI

AIP 로직AIP Logic은 복잡한 비즈니스 로직을 코드 없이no-code 설계하고, 온톨로지 데이터와 LLM(대규모 언어 모델)을 결합해 실행 가능한 기능function으로 만드는 핵심 환경이다. 특히 화장품 제조처럼 변수와 제약이 많은 현장에서는 흩어진 데이터를 즉시 실행 가능한 액션으로 전환하는 오케스트레이션orchestration 엔진으로 작동한다.

화장품 제조는 온도·습도·혼합 속도 등 공정 변수가 품질에 직접 영향을 주고, 원료의 유통기한과 생산 스케줄도 복잡하게 얽혀 있다. 화장품 제조 공정에서 발생 가능한 '생산 라인 이상 징후 대응 및 원료 수급 최적화' 사례를 통해 AIP 로직의 작동 원리를 더 구체적으로 살펴보자.

1. 유화 공정 이상 발생 시 대응 로직 시나리오

화장품 제조의 핵심인 유화emulsification 단계에서 특정 가마kettle의 온도가 설정 범위를 벗어났을 때 AIP 로직이 문제를 어떻게 해결하는지 단계별로 알아보자.

1단계 **입력 데이터 수집**Ontology Input: 온톨로지에 정의된 생산 라인production line, 배치batch, 원료ingredient 객체를 실시간으로 불러온다. 입력값은 '현재 가마 #04 온도 85℃(기준치 75℃ 초과), 배치 번호 #B2025-01(고급 수분 크림)'과 같이 온톨로지 객체의 속성값으로 주입된다.

 논리 블록 구성AIP Logic Blocks: 사용자는 코드 대신 시각적 블록으로 추론 과정을 설계한다. 'Context Retrieval' 블록에서는 해당 제품의 SOP(표준제조지침서) PDF를 벡터 데이터베이스에서 조회한다. 'LLM Reasoning' 블록에서는 "SOP에 따르면 온도 과열 시 어떤 조치가 필요한가? 현재 원료의 열 안정성을 고려할 때 폐기해야 하는가, 아니면 냉각 후 계속 진행 가능한가?"라는 프롬프트를 실행한다. 'Simulation' 블록에서는 이 배치를 폐기할 경우, 다음 날 출고 물량에 미치는 영향과 대체 원료 재고 현황을 시뮬레이션한다.

2. 구체적인 실행 함의: '판단'에서 '조치'까지

AIP 로직은 '온도가 높습니다'라는 경고에 그치지 않고 온톨로지의 액션을 호출한다. 예를 들어 시스템은 '현재 배치는 5분 이내 냉각 시 품질 유지 가능. 냉각 시스템 가동 및 다음 공정(포장 라인) 30분 지연 스케줄 재조정 승인 요청' 같은 실행 가능한 의사결정 시나리오를 제안한다. 이후 AI가 판단한 결과에 따라 배치 객체의 상태를 위험으로 변경하고, 담당자에게 '긴급 작업 지시서'를 자동으로 생성해 전달하는 등 온톨로지 라이트백을 진행한다.

3. 화장품 제조 공정에서의 강점

과거에는 사람이 일일이 읽어야 했던 SOP 문서, 성분 분석표, 이전 사고 리포트 등 비정형 데이터unstructured data를 실시간 생산 데이터sensor와 결합하여 판단의 근거로 삼는다. 또한 특정 에센스 원료의 수급 지연과 같은 공급망 이슈가 발생했을 때, AIP 로직은 온톨로지 링크를 추적하여 '이 원료가 들어가는 15종의 화장품 생산이 중단될 것'임을 즉시 도출하고 대안 처방을 제안하는 등 리스크의 전이 경로를 파악한다.

4. 인간 참여형 설계_{Human-in-the-Loop, HITL}: 최종 승인 프로세스

화장품은 피부에 직접 닿는 제품이므로 AI의 독단적 결정을 방지해야 한다. 이에 대해 AIP 로직은 모든 논리적 근거를 디지털 흔적_{digital trace}으로 남겨 투명하게 보여준다. 공장장은 AI가 제시한 '온도 보정 후 공정 지속'의 근거가 된 SOP 구절을 확인한 뒤, 승인 액션을 클릭해 연결된 ERP나 MES 시스템으로 명령을 전송한다. 이처럼 AIP 로직은 화장품 제조 기업이 데이터를 단순히 모니터링하는 단계를 넘어, 예측 불가능한 변수에 지능적으로 대응하는 '에이전틱_{agentic} AI 체계'를 구축하게 해준다.

워크숍 배포: AIP 로직의 액션 유형화

워크숍은 온톨로지 데이터를 기반으로 코딩 없이 전문 애플리케이션을 빌드하는 도구다. AIP 로직에서 완성한 로직을 워크숍에 배포하면, 현장 담당자는 복잡한 데이터 구조를 몰라도 클릭 한 번으로 AI의 강력한 지원을 받을 수 있다.

1. AIP 로직을 액션으로 등록하기

워크숍에서 로직을 사용하려면 먼저 AIP 로직의 결과물을 파운드리 시스템의 액션 유형으로 정의해야 한다.

- **함수화**functionality: AIP 로직에서 설계한 '이상 온도 대응 로직'을 하나의 기능으로 저장한다.
- **파라미터 매핑:** 워크숍 UI에서 입력받을 변수(예를 들어 Kettle_ID, Current_Temp)를 설정한다. 작업자가 화면에서 특정 가마를 선택하면 해당 데이터가 실시간으로 AIP 로직의 입력값으로 전달된다.

2. 워크숍 UI 구성 및 AI 위젯 배치

이제 워크숍 빌더에서 현장 작업자를 위한 인터페이스를 설계한다.

- **객체 시각화:** 먼저 객체 테이블Object Table 위젯에 현재 가동 중인 '화장품 생산 배치' 리스트를 표시한다.
- **AI 인터랙션 설계:** 버튼이나 카드 형태의 위젯을 배치하고, 앞서 등록한 AIP 로직 액션에 연결한다.
- **추론 창**Reasoning Panel **설정:** 작업자가 '조치 제안 생성' 버튼을 누르면, AIP 로직이 SOP 문서를 참고해 도출한 권장 조치 사항과 근거가 화면에 슬라이드 형태로 나타난다. 이를 통해 사용자는 AI의 판단 근거를 투명하게 확인할 수 있다.

3. 피드백 루프 및 실행 설정

워크숍 배포의 핵심은 AI의 제안을 실제 데이터베이스나 외부 시스템 (ERP·MES·SCM 등)에 반영하는 라이트백 기능이다.

- **의사결정 및 연동:** 공장장이 AI의 제안(예를 들어 유화 공정 20분 연장)을 검토한 뒤 '승인 및 실행' 버튼을 누르면, 온톨로지의 배치 객체 상태가 업데이트되고 커넥터

(Magritte 등)를 통해 공장 내 물리적 설비 제어 시스템으로 신호가 전송된다.

- **인간 중심의 학습:** 작업자가 AI의 제안을 수정하거나 거부할 경우 그 이유를 텍스트로 입력받아 온톨로지에 저장한다. 이 데이터는 추후 AIP 로직의 프롬프트를 정교화하는 피드백 자료로 활용되어 모델의 정확도를 높이는 선순환 구조를 만든다.

4. 화장품 제조 현장 시나리오 요약

① **현장:** 작업자가 워크숍 대시보드에서 빨간색으로 점멸하는 '가마 #04' 알람을 확인한다.

② **분석:** 'AI 진단 요청' 버튼을 클릭하면 AIP 로직이 백그라운드에서 실시간 센서 값과 제조 지침서를 분석한다.

③ **결정:** 워크숍 화면에 "성분 A의 열변성 위험이 있으니 즉시 냉각수 밸브를 15% 개방하십시오"라는 메시지가 출력된다.

④ **실행:** 작업자가 조치 승인 버튼을 누르면 밸브 제어 명령이 전송되고 작업 일지가 자동으로 생성된다.

이로써 '비정형 데이터의 구조화Unstructured-to-Ontology→AIP 로직(추론)→워크숍(실행)'으로 이어지는 팔란티어 AIP의 전체 워크플로가 완성된다.

아폴로와
운영 환경

아폴로란 무엇인가?

파운드리의 구조와 앱들이 어느 정도 자리 잡으면 "계속 변화하는 사업 환경에서 이걸 어떻게 지속적으로 운영하지?"라는 질문이 자연스럽게 나온다. 이는 단순한 배포의 문제가 아니다. 파운드리는 한번 만들어 놓고 고정해 두는 시스템이 아니기 때문이다. 온톨로지는 계속 바뀌고, 데이터 흐름은 수정되며, 운영 앱은 현실에 맞게 조정된다. 이런 환경에서 안정성과 변화를 동시에 유지하는 것은 생각보다 훨씬 어렵다.

관련 자료를 조사한 결과, 아폴로는 이 문제를 정면으로 다룬다. 겉으로는 배포 관리 시스템 같지만 실제 역할은 그보다 넓다. 아폴로는 파운드리 전체를 운영 가능한 상태로 유지하는 플랫폼 오케스트레이션 장치로, 개발과 운영을 분리하면서도 단절되지 않는 구조를 제공한다.

기존 시스템에서는 개발과 운영의 경계가 비교적 명확했다. 개발이 끝

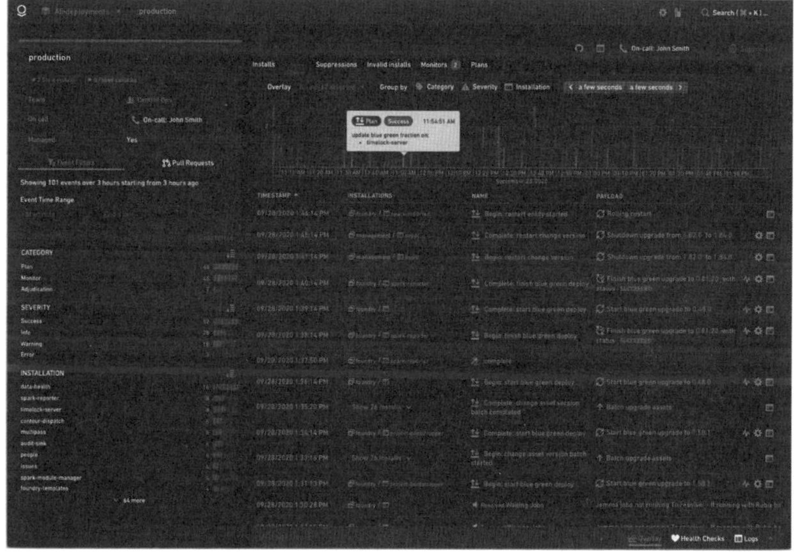

나면 배포하고, 운영은 안정성을 최우선으로 유지한다. 그러나 파운드리에서는 이 경계가 흐릿하다. 온톨로지의 작은 수정 하나가 분석과 운영 앱 전반에 영향을 줄 수 있다. 아폴로는 이러한 상호 의존성을 통제 가능한 단위로 나누어 관리한다.

아폴로의 메커니즘을 분석해 보면 가장 먼저 체감되는 것은 환경의 분리다. 'Dev, Staging, Prod'라는 익숙한 구조가 파운드리에서는 의미가 달라진다. 단순한 코드 테스트가 아니라 판단 구조를 검증하기 위한 분리다. 새로운 온톨로지나 규칙은 반드시 운영 시나리오를 거쳐 검증되어야 한다. 아폴로는 소프트웨어의 생애주기 전반에 걸쳐 이러한 검증 과정을 자율적으로 강제하는 '자율 배포Autonomous Deployment' 환경을 제공한다.

이 강제성은 처음에는 답답하게 느껴질 수 있다. 작은 수정에도 배포 절차가 필요하고 검증 단계를 거쳐야 하기 때문이다. 그러나 이 불편함 덕분에 운영 중인 판단 구조가 예기치 않게 무너지는 일을 막을 수 있다. 파운드리는 빠른 실험보다 안정적인 반복을 더 중요시한다.

아폴로에서 주목해야 할 지점은 배포 대상이 단순한 코드가 아니라는 점이다. 온톨로지, 데이터 파이프라인, 운영 앱, 권한 구조까지 모두 배포의 단위인 릴리즈release의 일부가 된다. 이 통합 덕분에 특정 시점의 시스템 상태를 명확히 재현할 수 있다. '언제부터 특정 판단 기준이 적용되었는가'를 추적할 수 있다는 점은 운영에서 매우 중요하다.

운영 환경에서 가장 민감한 요소는 변경 관리다. 파운드리에서는 변경이 잦거나 누적될수록 시스템을 이해하기 어려워진다. 아폴로는 구조를 유지하기 위해 무엇이 왜 바뀌었는지를 변경 세트change set 단위로 명확히 관리하고 기록으로 남긴다.

또 하나 중요한 역할은 장애 대응이다. 파운드리에서의 장애는 단순한 시스템 다운이 아니라 판단 중단으로 이어질 수 있다. 아폴로는 롤백과 복구를 환경별 헬스 체크와 연동한 자동화 운영 프로세스로 다룬다. 문제가 발생했을 때 이전의 안정적인 판단 구조로 즉시 돌아갈 수 있어야 한다는 전제가 깔려 있다.

이처럼 아폴로의 설계 철학을 살펴보면 파운드리는 PoC처럼 가볍게 다룰 수 있는 시스템이 아니라는 점이 분명해진다. 파운드리는 운영을 전제로 설계되었고, 그에 맞춰 관리된다. 이 무게를 감당할 준비가 되어 있지 않다면 파운드리는 부담스러운 선택이 될 수 있다. 그러나 이 무게를 받아들이는 순간 판단 구조는 쉽게 무너지지 않고, 변화는 통제된 방식으로 축적되며, 시스템은 점점 조직의 일부가 된다.

Dev/Staging/Prod: 판단의 영향 범위를 격리하는 3단계 구조

파운드리를 처음 도입할 때 많은 팀이 아폴로를 일반적인 시스템처럼 Dev, Staging, Prod 단계로 나누는 것으로 이해한다. 하지만 이는 절반만 이해한 것이다. 아폴로의 환경 분리는 코드를 안전하게 배포하는 동시에, 무엇보다 운영 중인 '판단'을 보호하기 위한 것이다.

전통적인 시스템에서 환경 분리는 'Dev(테스트용 데이터)', 'Staging(유사한 데이터)', 'Prod(실제 데이터)'로 나뉜다. 이 구조를 파운드리에 그대로 적용하면 문제가 생긴다. 파운드리에서 다루는 것은 단순 데이터가 아니라 판단 구조(온톨로지, 상태, 액션)이기 때문이다. 환경 분리는 데이터 양이 아니라 '판단의 영향 범위'를 나누는 개념이다.

1. Dev^{Development}(개발 환경): 모든 실험이 허용되는 모래사장

Dev는 개발자가 처음으로 코드를 작성하고 데이터를 연결해 보는 실험실 같은 공간이다. 데이터 파이프라인을 설계하고, 온톨로지 모델을 만들며, 워크숍의 기능을 테스트한다. 실제 운영 데이터보다는 샘플링된 데이터나 비식별화된 가공 데이터를 주로 사용한다.

이 단계의 목적은 "이 판단 구조가 말이 되는가?"를 확인하는 데 있다. 여기서는 정답이 없어도 되고, 오히려 틀려야 한다. 온톨로지를 마음껏 바꾸고, 상태 정의를 부수고, 액션을 추가했다가 지워도 된다. 시스템이 깨지거나 오류가 나더라도 실제 현장 업무에는 지장이 없다.

화장품 제조 공장 실습에서도 Dev에서는 출하 상태가 하루에 몇 번씩 바뀌었다. 출하 가능이 사라지기도 했고, 검토 필요가 다섯 단계로 쪼개지기도 했다. 이 혼란은 실패가 아니라 학습의 흔적이었다.

2. Staging^{Pre-production}(검증 환경): 출시 전의 최종 리허설

Staging은 Dev와 Prod 사이의 단순한 중간 지점이 아니라, 개발이 완료된 기능을 실제 운영 환경과 똑같은 조건에서 테스트하는 공간이다. Prod(운영 환경)로 넘어가기 전, 실제 운영 데이터의 전체 복사본을 활용해 로직이 버벅이지 않는지, 다른 시스템과 충돌은 없는지 검증한다.

이 단계의 목적은 "이 판단을 실제 운영자가 받아들일 수 있는가?"를 확인하는 것이다. 이를 위해 품질 관리자나 현장 핵심 사용자^{key user}들이 UAT(사용자 수용 테스트)를 진행한다. 실제와 유사한 데이터 흐름, 실제 역할 구조^{role structure}, 실제 액션 실행 시나리오를 통해 판단 구조를 리허설한다. 여기서 합격 점수를 받아야만 운영 환경으로 배포될 수 있다. 즉 Staging에서의 판단은 실제 세상에 영향을 주지 않는다. 출하를 승인해도 물류는 움직이지 않고, 재난 단계를 올려도 경보는 울리지 않는다.

많은 실패 사례를 보면 Staging은 형식적으로만 존재했다. 데이터만 흉내 내고 액션은 눌러보지 않으며 승인 흐름은 건너뛴 채 Prod로 넘어가면, 반드시 사고가 발생했다. 파운드리에서는 데이터가 아니라 '사람과 판단의 상호작용'에서 문제가 발생한다는 점을 기억하자.

3. Prod^{Production}(운영 환경): 실제 전쟁터이자 현장

Prod는 실무자들이 매일 업무에 사용하는 실제 서비스 환경이다. 화장품 제조 현장이라면 품질 관리자가 출하 승인 버튼을 누르고, 경영진이 실시간 대시보드를 확인하는 실제 업무 공간이다. 여기서는 실시간으로 흐르는 진짜 비즈니스 데이터가 쌓이며, 안정성이 최우선이다.

따라서 Prod는 가장 느리고 신중한 공간이어야 한다. 검증되지 않은 새로운 기능을 바로 적용해서는 안 되며, 모든 변경 사항은 Dev와 Staging을 거쳐 철저히 검증된 것만 반영한다. 온톨로지 변경은 제한되고, 액션 추가는 신중해지며, 권한 변경은 기록된다.

여기서 중요한 원칙은 'Prod에서는 새로운 판단을 실험하지 않는다'는 것이다. Prod에서 바뀌는 것은 판단의 내용이 아니라 판단의 대상이다. 전날과 같은 기준으로 오늘의 상황을 처리하며, 이 일관성이 무너지면 운영자는 시스템을 신뢰하지 않는다.

이처럼 아폴로의 배포 메커니즘은 단순히 코드를 옮기는 것이 아니라, 판단 구조를 이동시킨다는 사실을 알 수 있다. Dev에서 만들어진 판단 가설이 Staging에서 검증된 뒤 Prod로 승격된다. 이 승격은 배포라기보다 합의에 가깝다. '이 판단을 실제 운영에 써도 되겠다'는 합의 없이 이루어진 배포는 곧바로 통제 붕괴로 이어진다.

또한 환경 간 이동에서 반드시 지켜야 할 원칙이 있다. 'Dev에서 Staging은 자유롭게, Staging에서 Prod는 매우 느리게'다. 특히 Staging에서 Prod로 이동할 때는 "이 구조가 사람의 판단을 더 명확하게 만드는가?"를 확인하고, 이에 답할 수 없으면 배포를 멈춰야 한다.

파운드리의 인프라 문서를 조사한 바에 따르면, 환경을 나눈다는 것은 데이터라는 위험한 원재료가 흐르는 통로에 '물리적인 밸브'를 설치하는 것과 같다. 파운드리는 이 환경 간 이동을 '멀티 테넌시Multi-tenancy' 기술로 격리한다. 같은 시스템 엔진을 쓰더라도 운영 환경은 철저히 독립된 요새처럼 보호받으며, 개발 환경에서의 어떠한 실수나 과부하도 운영 환경의 성벽을 넘지 못하도록 설계되어 있다.

기술적 격리 방식을 분석한 결과, 파운드리는 네임스페이스namespace 와 프로젝트 단위를 통해 논리적으로 격리되지만 인프라 수준에서의 물리적 구분도 지원한다.

- **네임스페이스 기반 격리:** Dev, Staging, Prod를 각각 독립된 네임스페이스로 분리하여 서로의 데이터셋이나 코드를 참조할 수 없도록 논리적 벽을 세운다.
- **물리적 인프라 분리**dedicated instance**:** 보안 요구 사항이 높은 경우 컴퓨팅 자원(EC2, Kubernetes Cluster 등)과 저장소(S3 등)를 물리적으로 분리한다.
- **데이터 샌드박스:** Dev에서는 외부망과 연결된 테스트 데이터를 사용하고, Prod에서는 보안이 강화된 내부망의 실제 데이터만 흐르도록 네트워크 수준(VPC 등)에서 경로를 차단한다.

또한 최소 권한의 원칙에 따라 각 단계의 권한을 다르게 설계한다.

- **Dev:** 개발자들에게 에디터editor나 오너owner 권한을 부여하여 자유로운 실험과 데이터 수정이 가능하도록 한다.
- **Staging:** 개발자는 배포 상태를 확인하는 뷰어viewer 수준의 권한을 갖는다. 실제 테스트 권한은 현장 핵심 사용자에게 주어지고, 데이터 모델 직접 수정은 엄격히 제한된다.
- **Prod:** 실무자end-user 중심의 공간으로, 일반 사용자는 미리 정의된 워크숍 앱이나 대시보드만 이용할 수 있는 디스커버러discoverer 또는 뷰어 권한만 가진다. 파이프라인 수동 수정은 극소수의 관리자에게만 승인 절차를 거쳐 허용된다.

파운드리의 배포 전략

파운드리에서의 배포는 속도의 문제가 아니다. '되돌릴 수 있느냐'의 문제다. 일반적인 코드 시스템에서는 배포 실패가 단순한 시스템 장애로 끝나지만, 파운드리에서는 배포 실패가 현장의 잘못된 판단으로 직결된다. 그래서 파운드리의 배포 전략은 기술 전략이라기보다 운영 안정성 확보 전략에 가깝다.

일반적인 배포 환경에서는 코드, 설정값, 라이브러리가 주요 대상이다. 그러나 파운드리가 실제로 배포하는 단위는 단순한 코드가 아니다. 파운드리에서 실제로 배포되는 핵심 요소는 다음과 같다.

- 온톨로지 구조 및 스키마
- 객체의 상태 정의
- 액션의 실행 조건 및 가능 범위
- 사용자 권한과 승인 워크플로

그래서 배포 단위는 최대한 작게 쪼개야 한다. 가장 위험한 배포는 '이번에 모든 기능을 한꺼번에 올리자'는 접근이다. 온톨로지 변경, 상태 추가, 액션 조건 수정, 권한 변경 등이 동시에 배포되면 문제 발생 시 원인 파악이 불가능해진다. 따라서 '배포 단위는 단 하나의 판단 변화만 포함한다'는 원칙을 세워야 한다. 상태 명칭 하나를 바꾸거나 액션 실행 조건 하나를 수정하는 정도가 실제 운영 현장에서 감당 가능한 한계치다.

Staging(검증 환경)에서 흔히 하는 실수는 '기능이 잘 작동한다'는 확인으로 끝내는 것이다. 파운드리에서 Staging 검증의 핵심 질문은 "현장 사용자가 판단 과정에서 헷갈릴 지점은 없는가?"여야 한다. 액션 버튼이 과도하지 않은가? 상태 전이가 너무 잦아 혼란을 주지 않는가? 책임 주체가 모호해지지 않았는가? 이러한 질문에 답하지 못하면 기능이 정상이어도 운영 측면에서는 실패한 배포다. Staging에서 검증의 목적은 성공 확인이 아니라 '운영상의 이상 징후' 포착에 있다.

Prod(운영 환경)로의 배포는 항상 점진적 배포Canary Deployment 방식을 지향해야 한다. 전체 조직이 아니라 특정 역할과 상태부터 적용 범위를 넓혀가야 한다. 예를 들어 새로운 액션은 일부 사용자에게만 먼저 노출하고, 상태 변경은 특정 객체 유형에만 한정적으로 적용한다. 이 방식은 기술적 안전성을 확보할 뿐 아니라, 현장 사용자가 시스템 변화에 대한 거부감을 느끼지 않도록 심리적 완충 역할을 한다.

따라서 롤백 전략은 선택이 아니라 필수다. 배포 준비 과정에서 가장 중요한 것은 성공이 아니라 '실패했을 때의 대책'이다. 파운드리에서의 롤백은 단순히 코드를 되돌리는 것이 아니다. 이전 온톨로지 버전으로의 회귀, 이전 상태 정의의 복구, 그리고 열었던 액션을 다시 닫는 작업을 포함한다. 우리는 배포 전에 항상 "이 배포를 하루 뒤에 취소해야 한다면, 어떻게 과거의 판단 구조로 안전하게 되돌릴 것인가?"라는 질문을 문서로 남겼다. 이에 명확히 답하지 못하면 배포를 승인해서는 안 된다.

파운드리 배포 과정에서 우리가 실제로 추적한 지표는 배포의 횟수나 속도가 아니었다. '배포 후 롤백 횟수'와 '배포 직후 현장 문의 건수'를 중요하게 살폈다. "왜 화면이 이렇게 바뀌었죠?"라는 질문의 빈도가 줄어들수록 배포 전략은 성공적으로 안착하고 있는 것이다.

아폴로의 운영 원리를 종합해 볼 때, 결국 파운드리에서의 배포는 새로운 기능을 밀어 넣는 것이 아니라 조직의 판단 구조를 조심스럽게 옮기는 과정이다. 작게 나누고, 충분히 연습하며, 언제든 되돌릴 안전장치를 갖출 때 아폴로는 진정한 운영 안정 장치로 기능하게 된다.

운영 중 변경 관리 원칙

Dev와 Staging에서 아무리 잘 준비해도 운영을 시작하면 Prod에서 마주하는 현실은 언제나 예상보다 복잡하다. 운영 중 변경 관리는 예외 상황을 처리하는 기술이 아니다. 변화가 일어날 수밖에 없다는 전제를 받아들이는 태도에 가깝다.

운영 중에는 아무리 조심스럽게 배포하더라도 업무 기준, 책임 주체, 현장의 데이터 해석이 달라지기 마련이다. 이러한 변화는 시스템 오류가 아니라 조직이 살아 있다는 증거로, 문제는 이 변화를 어떻게 받아들이느냐다. 변경이 두려워 지나치게 막으려 하면 조직은 시스템 밖에서 판단하고, 엑셀로 따로 관리하며, 메신저로 승인받는 식으로 우회로를 찾는다. 그러면 파운드리는 실질적인 운영 동력을 잃고 껍데기만 남게 된다.

변경 관리는 통제의 적이 아니다. 오히려 통제를 유지하는 유일한 방법이다. 그래서 모든 변경 요청을 케이스로 관리해야 한다. 팔란티어의 운영 베스트 프랙티스practice를 조사하며 확인한 운영 중 변경의 첫 번째 원칙은 '변경도 하나의 이벤트로 다루어야 한다'였다. 상태 정의 변경, 액션 추가 및 수정, 승인 구조 및 권한 조정 등의 요청을 메일이나 구두로 처리하지 않고 반드시 케이스로 생성했다. 변경은 단순한 요청이 아니라 시스템의 논리 구조를 바꾸는 새로운 판단이기 때문이다.

따라서 변경 케이스에는 다음 질문에 대한 답을 포함했다. 이에 명확히 답할 수 없다면 변경을 진행하지 않는 것이 좋다.

왜 이 변경이 필요한가? 기존 구조에서 무엇이 불편한가?

이 변경이 전체 판단 흐름에 어떤 영향을 주는가?

변경하지 않으면 어떤 리스크가 있는가?

실제로 화장품 제조 실습 중에 제조 현장에서 '현장 실무에 비해 기준이 너무 엄격하다'는 불량 기준값 조정 요청이 들어왔다. 이를 단순한 설정 변경으로 처리했다면 큰 운영 리스크가 되었을 것이다. 대신 우리는 변경 케이스를 열어 기준 완화 시 출하 리스크의 변화, 적용할 특정 배치 유형, 일시적 적용 여부 등을 면밀히 검토했다. 이 과정을 거쳐 변경 사항을 특정 배치에만 한시적으로 적용되는 정교한 액션으로 구현했다.

운영 중 변경에서 가장 중요한 원칙은 '지금 불편하다고 해서 즉시 바꾸지 않는다'는 것이다. 운영 중에는 지금 당장 바꿔야 한다는 유혹이 끊이지 않는다. 그때마다 우리는 "이 변경을 다음 날 바로 되돌릴 수 있는가?"라는 질문을 던졌다. 아폴로의 롤백 메커니즘을 분석해 보면, 운영 안정성의 핵심은 되돌릴 수 없는 변경을 즉시 시행하지 않는 데 있다.

파운드리의 안정적인 변경 프로세스는 항상 '케이스 접수 및 영향도 평가→Dev에서의 로직 반영 및 테스트→Staging에서의 운영 리허설→Prod에 최종 반영'이라는 순서를 따른다. 이 원칙 덕분에 운영은 느려지지 않고, 오히려 예측 가능해진다.

흔히 변경 기록을 나중에 문제가 생겼을 때 확인하는 용도로만 생각한다. 그러나 운영에서 변경 기록의 진짜 가치는 '지금 왜 이 구조인지 논리적으로 설명할 수 있게 하는 것'에 있다. 몇 달 뒤 누군가 "왜 시스템이 이렇게 설계되어 있느냐?"고 물었을 때 답할 근거가 없다면 시스템은 이미 통제 불능 상태에 빠진 것이다.

운영이 안정되기 시작하면 변경 요청의 성격이 진화한다. "이거 안 돼요"라는 불만에서 "이 조건에서만 로직을 바꾸면 어떨까요?"라는 제안으로, "불편해요"에서 "이 액션이 하나 더 필요할 것 같아요"라는 요구로 바뀐다. 시스템에 대한 신뢰가 생겼다는 강력한 신호다.

운영 중 변경 관리는 통제를 깨는 행동이 아니다. 오히려 온톨로지를 기반으로 통제를 유지하는 가장 고도화된 방법이다. 변경을 숨기지 않고 이벤트로 다루며, 언제든 되돌릴 수 있게 관리할 때 파운드리는 고정된 소프트웨어가 아니라 조직과 함께 진화하는 운영 지능Operational Intelligence이 된다.

장애 대응의 본질

"지금 뭔가 이상한데요"라는 말은 모든 운영 장애의 시작이다. 장애가 발생하면 많은 사람이 원인부터 찾으려 하지만, 실제 운영 현장에서는 '원인 분석'보다 '판단 보호'가 더 중요하다. '지금 당장 어떤 판단을 내려야 하는가?', '절대 내리면 안 되는 판단은 무엇인가?', '시스템이 그 위험한 판단을 확실히 막고 있는가?'라는 질문들에 먼저 답한 뒤, 원인 분석은 그다음이다. 중요한 것은 장애 발생 여부가 아니라, 그 순간 무엇이 무너지고 무엇이 남아 있는가다.

흔히들 겪는 장애는 결코 교과서적이지 않다. 장애는 데이터 파이프 라인의 지연latency, 특정 액션의 실행 불가, 객체 화면은 노출되나 상태가 갱신되지 않는 현상 등 예상 밖의 지점에서 찾아온다. 시스템의 완전한 다운보다 이런 부분 장애가 훨씬 위험하다. 정상적으로 작동하는 것처럼 보이기 때문이다.

장애가 감지되면 가장 먼저 내려야 할 판단은 "지금 이 시스템을 계속 신뢰해도 되는가?"다. 파운드리에서는 이 질문에 직관이 아니라 온톨로 지 구조로 답할 수 있다. 액션이 실행 조건submission criteria에 따라 열려 있 는가? 객체의 상태 판단이 최신 데이터를 반영하고 있는가? 승인 워크플 로의 정합성이 유지되고 있는가? 이 중 하나라도 확신할 수 없으면 즉시 통제 모드로 전환해야 한다.

통제 모드는 시스템 전체를 끄는 것이 아니다. 자동 상태 전이를 일시 정지하고, 액션 실행 권한을 제한하며, 승인 없는 변화를 차단하는 것이 다. 시스템 오작동으로 인한 잘못된 데이터 기록을 방지하고 사람의 최 종 판단을 보호하기 위한 장치다. 덕분에 장애 상황에서도 '시스템이 독 단적으로 잘못된 결정을 내리지 않는다'는 점만은 확실하다.

장애 상황에서도 모든 조치(장애 감지 케이스 생성, 통제 모드 전환 이력 기록, 임시 조치용 전용 액션 실행, 복구 후 최종 승인)는 케이스 안에서 투명 하게 이루어져야 한다. 덕분에 장애의 여파는 시스템 밖으로 새어 나가 지 않는다. 며칠 뒤 누군가 그때 출하를 멈춘 이유를 묻는다면 답은 담당 자의 기억이 아니라 케이스의 타임라인에 고스란히 기록되어 있다.

장애가 지나가고 나면 다시는 이런 일이 없게 하자는 마음이 크게 들 지만 질문의 방향을 "다음에 또 장애가 난다면 우리 구조 중 무엇이 더 잘

버텨야 하는가?"로 바꿔야 한다. 그 결과 데이터 지연staleness 감지 시 특정 상태를 자동 유지하는 로직 추가, 액션 실행 조건에 데이터 신뢰도Data Health 항목 반영, 알림 임계치의 정밀 재조정 등 시스템의 논리 구조가 개선된다. 장애는 단순한 시스템 수리가 아니라 판단 구조를 더욱 견고하게 만드는 계기가 된다.

장애는 피할 수 없지만 잘못된 판단은 피할 수 있다. 파운드리는 장애를 물리적으로 없애는 마법의 시스템이 아니라, 장애라는 폭풍 속에서도 조직의 판단을 보호하는 시스템이다. 많은 조직이 장애 대응을 기술팀의 영역으로만 국한하지만 파운드리에서의 장애 대응은 철저히 운영 판단의 문제다. 무엇을 멈추거나 지속시킬지, 그리고 누가 책임질지 명확하면 장애는 더 이상 재앙이 되지 않는다. 자동화를 즉시 멈출 수 있고, 책임을 분명히 하며, 사후에 모든 과정을 설명할 수 있다면 시스템이 일시 중단되어도 조직 운영은 무너지지 않는다.

아폴로, 배포, 변경 관리 논의가 남긴 교훈

워크숍, 컨투어, 운영 앱으로 이어진 판단 구조는 이론적으로 매우 탄탄해 보였다. 실제로 현업의 대화와 행동을 바꾸는 데 성공하며 유효성을 증명했다. 그러나 이 구조를 아폴로 기반의 실제 운영 환경과 연계해 논의하자, 기술적 구현 가능성이 아니라 운영의 본질을 묻는 전혀 다른 차원의 질문들이 등장하기 시작했다.

관련 자료와 시스템 아키텍처를 조사해 보니 아폴로 환경에서 가장 먼저 체감되는 변화는 안정성이었다. 온톨로지, 판단 로직, 함수, 액션 흐름을 명확히 고정한 상태로 배포하면 운영 중 예기치 않은 동작이 눈에 띄게 줄어든다. 하지만 문제는 판단 구조가 단단해질수록 역설적으로 변화는 점점 더 어려워진다는 점이다.

예를 들어 현업에서는 "이번 분기만 기준을 조금 완화해 달라"거나 "신제품 라인은 예외로 해달라" 같은 요청이 자연스럽게 나온다. 겉보기에는 단순한 설정 변경이지만 실제로는 온톨로지와 케이스 흐름 전반에 영향을 미친다. 아폴로의 배포 메커니즘상 이러한 변화는 즉각 반영되지 않으며, 개발→검증→운영을 거치는 동안 모든 변경은 무거운 '운영 규칙 변경'으로 취급된다. 이 논의 과정을 통해 얻은 첫 번째 교훈은 분명했다. 판단 구조를 시스템으로 구축하면, 그 구조를 바꾸는 일도 조직의 의사결정만큼 무거워진다.

트라이얼 단계에서는 빠른 수정과 즉시 확인이 미덕이었지만 운영 배포 단계에 들어서자 속도와 안정성 사이의 긴장을 피할 수 없었다. 불량률 계산 기준을 조금만 바꿔도 과거 케이스의 해석과 현재 판단의 일관성이 흔들릴 수 있기 때문이다. 그래서 모든 함수 변경을 '판단 정책 변경'으로 다루어 변경 사유를 문서화하고, 영향 범위를 명시하며, 변경 후 시나리오를 검토했다. 덕분에 즉흥적인 기준 변경이 사라졌고, 운영에서의 빠른 수정은 종종 문제 해결이 아니라 책임 회피의 다른 이름일 수 있다는 두 번째 교훈을 얻었다.

가장 어려운 지점은 기술이 아니라 사람 사이의 합의다. 온톨로지와 판단 구조는 조직의 판단 방식을 그대로 드러낸다. 변경 요청은 곧 책임 구조의 변경으로 이어진다. 특정 조건을 제외했을 때 출하 책임은 누가 지며, 이번 예외를 허용하면 다음 인정 범위는 어디까지인가를 두고 치열한 논의가 벌어질 것은 자명하다. 즉 변경 관리 회의는 기술 회의가 아니라 경영과 운영의 경계를 두고 다투는 자리가 될 것이다.

여기서 중요한 사실 하나를 깨달아야 한다. 온톨로지를 운영한다는 것은 시스템 관리를 넘어 조직의 판단 기준 자체를 관리하는 일이다. 이 기준을 지탱하려면 요청, 검토, 승인, 반영이라는 명확한 절차를 고정해야 한다. 이 과정을 생략하면 판단 구조는 금세 모래성처럼 무너진다.

솔직히 말하면 이러한 구조가 모든 조직에 맞는 것은 아니다. 판단 기준을 명시하는 것에 부담을 느끼는 조직, 책임을 구조로 고착화하기 싫어하는 문화, 임기응변을 미덕으로 여기는 현장에서는 파운드리의 판단 구조가 오히려 강한 저항을 불러온다. 운영 인력과 관리 비용이 증가하는 경제적 한계도 분명히 존재한다.

그럼에도 이 논의가 남긴 교훈은 분명하다. 판단 구조는 끊임없이 관리해야 하는 운영 자산이며, 단기적 효율보다 장기적 일관성을 중시하는 조직에서 가장 큰 가치를 창출한다. 파운드리는 답을 서둘러 내리기보다 같은 질문에 언제나 같은 방식으로 답하게 만든다. 그리고 아폴로의 배포 전략과 엄격한 변경 관리는 이 철학을 냉철하게 시험한다. 다음 장에서는 이 모든 경험을 바탕으로 파운드리가 왜 만능이 아니며, 어떤 환경에서 성공하고 실패하는지 정리해 보겠다.

PART 5

운영의 실패와 한계, 그리고 교훈

ARCHITECT
YOUR
DECISIONS

파운드리는
만능이 아니다

트라이얼 경험을 통한 인사이트

파운드리를 일정 기간 실제로 운영하고 나면 파운드리가 만능은 아니라는 결론에 도달하게 된다. 실망의 표현이 아니라 오히려 시스템을 더 성숙하게 이해하기 시작했다는 신호에 가깝다.

트라이얼과 초기 운영 단계에서는 파운드리가 모든 문제의 해답처럼 보일 수 있다. 흩어진 데이터가 연결되고 판단 구조가 보이기 시작하면 그동안 겪어온 운영상 답답함이 단숨에 해소되는 느낌을 받는다. 그러나 시간이 지나 운영이 깊어질수록 파운드리의 한계도 또렷해진다.

가장 먼저 마주치는 한계는 조직의 준비도다. 파운드리는 조직이 이미 지니고 있는 고질적인 문제를 가려주지 않는다. 문제를 대신 해결하기보다 오히려 더는 숨길 수 없게 만든다. 예를 들어 판단 기준이 불명확한 조직에서는 그 불명확함이 온톨로지 설계 단계에서 가감 없이 노출된다.

책임 소재가 모호한 조직에서는 액션을 정의하는 순간 논의가 멈춰버리기도 한다.

두 번째 한계는 속도에 대한 기대다. 파운드리는 단기 성과를 쥐어짜는 도구가 아니다. 특히 도입 초기에는 기존 방식보다 오히려 더 느리게 느껴질 수 있다. 데이터 파이프라인을 재설계하고 구조를 정의한 뒤, 이해관계자 간 합의를 거쳐 검증하는 절차가 필수적이기 때문이다. 단기적인 가시적 성과만 요구받는 프로젝트 환경에서는 이런 '의도된 느림'이 치명적인 단점처럼 비춰지기도 한다.

세 번째 한계는 비용과 자원의 무게다. 파운드리는 결코 가볍지 않다. 라이선스 비용뿐 아니라 조직 구성원의 시간과 집중력도 지속적으로 요구한다. 온톨로지를 최신 상태로 유지하고 운영 구조를 세밀하게 다듬으려면 현업 부서의 꾸준한 참여가 필요하다. 이러한 운영 부하를 감당할 준비가 되어 있지 않은 조직에는 과한 선택이 될 수 있다.

또 하나 간과하기 쉬운 한계는 모든 판단이 구조화되지 않는다는 사실이다. 어떤 결정은 여전히 사람의 직관과 경험에 의존한다. 파운드리는 이 영역을 침범하려 하지 않는다. 오히려 어디까지가 시스템의 영역이고 어디서부터가 인간의 영역인지, 그 경계를 분명하게 그어준다. 이 경계를 유연하게 받아들이지 못하면 시스템은 불완전해 보일 수밖에 없다.

기술적 한계도 명확하다. 파운드리는 모든 것을 허용하는 범용 분석 도구나 실험실이 아니다. 자유로운 탐색과 즉흥적인 분석을 즐기던 사용자에게는 모든 것을 구조 안에 밀어 넣어야 한다는 요구가 창의성을 억누르는 제약처럼 느껴질 수 있다.

이 모든 한계를 종합해 보면 파운드리는 결코 '편한 시스템'이 아니다.

조직에 불편한 질문을 던지고 고통스러운 선택을 요구한다. 그래서 어떤 조직에게는 혁신의 발판이 되지만, 어떤 조직에게는 감당하기 힘든 부담이 된다.

그러나 한계를 인정하면 파운드리를 바라보는 시선이 달라진다. 파운드리는 모든 문제를 해결해 주지는 않지만, 해결해야 할 문제를 수면 위로 끌어올려 정확히 겨냥할 수 있게 해준다. 이 역할만으로도 파운드리는 기존의 단순 데이터 플랫폼과는 전혀 다른 차원의 가치를 증명한다.

이어서 이러한 한계에도 불구하고 파운드리가 실제로 성공하거나 실패했던 사례들을 바탕으로, 무엇이 결과를 갈랐는지를 조금 더 구체적으로 살펴보자. 기술 우위가 아니라 선택의 차이가 결국 성패를 가른 지점들이다.

비용 구조의 현실

파운드리 도입을 검토하는 순간, 비용에 관한 질문이 자연스럽게 따라온다. 하지만 파운드리의 비용은 라이선스 가격표만으로는 온전히 설명하기 어렵다.

파운드리 도입 전에는 라이선스, 인프라, 초기 구축 비용처럼 눈에 보이는 항목들이 먼저 떠오른다. 물론 이 비용도 적지 않지만 실제 운영에 들어가면 견적서에는 잘 잡히지 않는 사람의 시간, 판단의 밀도, 조직의 에너지 같은 더 큰 비용이 서서히 드러난다.

앞서 언급한 대로 파운드리는 사용한 만큼 지불하는 종량제 과금 체계를 따르고 있다. 즉 비용은 단순히 서버를 켜둔 시간이 아니라 데이터 처리량과 컴퓨팅 자원 사용량, 온톨로지와 액션이 실제로 구동되는 빈도 등에 따라 결정된다. 그래서 시스템을 방대하게 구축해 놓고도 실질적인 운영 판단에 제대로 쓰지 못하면, 조직은 가치가 없는 '유휴 기능'에도 계속 비용을 지불하게 된다. 비용 효율화가 곧 운영 효율화로 직결되는 구조다.

따라서 라이선스 비용을 계산하기 전에 파운드리가 단순한 데이터 플랫폼이 아니라 판단을 구조화하는 시스템임을 받아들일 수 있어야 한다. 즉 조직이 판단을 구조로 고정할 의지가 있는지, 현업이 설계와 운영에 참여할 준비가 되어 있는지, 그리고 '일단 써보자'가 아니라 '계속 유지하자'는 약속을 감당할 수 있는지에 답하지 않은 채 라이선스 비용만 비교한다면 도입은 거의 실패로 돌아간다.

솔직히 말하면 파운드리는 결코 저렴한 도구가 아니다. 단기적인 ROI(투자 수익률)를 기대하면 실망하기 마련이고 일단 데이터만 붙여두자는 안일한 전략도 통하지 않는다. 파운드리는 오직 결정의 가치가 높은 조직에서만 투자 비용을 회수할 수 있다. 잘못된 결정의 비용이 크거나, 판단이 늦어질수록 손실이 막대해지는 곳, 또는 책임이 불분명해질 때 대형 사고가 발생하는 조직이 여기에 해당한다. 그런 조직이 아니라면 파운드리는 오히려 과할 수 있다.

비용 관점에서 가장 흔한 실패 패턴은 '우선 최소로 도입하고 나중에 키우자'는 가벼운 접근이다. 파운드리는 작게 시작할 수는 있지만 가볍게 유지할 수는 없다. 판단 구조를 한번 설계했다면 그 구조를 끝까지 지킬 각오가 필요하며, 그 각오가 없다면 도입 비용은 곧바로 매몰 비용이 된다.

파운드리의 더 '무서운' 비용은 초기 구축이 아니라 도입 이후의 '유지 및 정교화 비용'이다. 온톨로지를 조정하고 액션을 바꾸며 케이스 기준을 재정의하고 운영 기준을 합의하는 작업은 한 번으로 끝나지 않는다. 운영이 지속되는 한 이 과정은 반복될 수밖에 없으므로 파운드리는 구축형이 아니라 운영 지속형 비용 구조를 지닌다.

화장품 제조 공장 실습에서 가장 크게 발생한 비용은 인프라도 라이선스도 아니라, '판단 기준을 일치시키는 데 들어간 시간'이었다. 특정 상태를 문제라고 명명할지, 어느 시점에 출하를 멈출지, 그리고 누가 최종 책임자인지 합의하는 데 수십 번의 회의와 수많은 시뮬레이션이 필요했다. 만약 이 합의 비용을 아끼려 한다면 파운드리는 그 즉시 근간부터 흔들린다.

흥미로운 점은 어느 순간부터 비용을 묻는 질문의 결이 바뀐다는 것이다. "왜 이렇게 비싸지?"라는 의구심은 "이걸 없었을 때의 리스크를 감당할 수 있는가?"라는 확신으로 변한다. 이 전환점은 사고 대응 속도가 빨라지고, 책임 소재를 둘러싼 논쟁이 줄어들며, 모든 운영 판단이 디지털 기록으로 남기 시작할 때 찾아온다. 이때부터 파운드리는 단순한 비용이 아니라 일종의 운영 보험에 가까운 성격을 갖는다.

결론적으로 파운드리는 단순히 비싼 플랫폼이 아니라 비용의 패러다임 자체가 다른 플랫폼이다. 인프라 비용보다 판단 비용이 크고, 구축 비용보다 유지 비용이 중요하며, 기술 비용보다 조직의 역량이 더 많이 요구된다. 이 현실을 받아들일 수 있을 때만 파운드리는 진정한 힘을 발휘한다. 이 장의 제목처럼 파운드리는 결코 만능이 아니지만, 비용의 본질을 이해하고 감당할 준비가 된 조직에게는 대체 불가능한 도구가 된다. 이어서 비용보다 더 자주 실패를 부르는 요소인 조직 역량과 문화의 한계를 정면으로 다뤄보자.

조직 문화 충돌

파운드리를 도입하면서 우리는 "기술은 정말 좋은데, 우리 조직이 과연 이걸 쓸 수 있을까요?"라는 말을 여러 번 들었다. 이 질문은 파운드리 도입의 성패를 가르는 가장 정직한 신호다. 파운드리는 단순한 문제 해결 도구가 아니라 조직이 내부에 품고 있던 고질적인 문제를 투명하게 드러내는, 일종의 '진단 시스템'이기 때문이다.

기존 시스템은 조직 특유의 모호함을 어느 정도 견뎌준다. 책임이 조금 불분명하거나 판단 기준이 사람마다 달라도 시스템은 돌아가고, 심지어 중요한 결정이 구두로 전달되어도 큰 문제가 생기지 않는다. 하지만 파운드리는 결이 다르다. 상태를 명확히 정의해야 하고, 액션의 주체를 정해야 하며, 승인 구조approval workflow를 고정해야 한다. 즉 조직 내부의 합의가 선행되지 않으면 시스템 자체를 구축할 수 없는 구조다. 이 지점에서 조직 문화와의 격렬한 충돌이 시작된다.

현장에서 가장 자주 마주치는 반응은 '우리는 원래 이렇게 해왔다'는 관성이다. '케이스마다 다르다', '상황 봐서 결정한다', '딱 잘라 정하기 어렵다'는 식의 말이 뒤따른다. 얼핏 현장의 복잡성을 이해해 달라는 요청처럼 들리지만 시스템 관점에서는 '정의 거부'에 가깝다. 파운드리는 상황에 따라 다르다는 모호함조차도 어떤 상황에, 누가, 어떤 근거로 선택할 수 있는지 구조화하라고 요구한다. 이 날카로운 질문 앞에서 많은 조직이 불편감을 느낀다.

온톨로지와 액션을 설계할수록 긴장은 더 커진다. 책임이 수면 위로 드러나면 "왜 내가 이 단계의 책임자인가?", "이건 우리 부서 업무가 아니다" 같은 목소리가 터져 나온다. 과거에는 흐릿하게 공유되며 회피할 수 있었던 책임이 시스템에 의해 명확히 박제logging되기 때문이다. 파운드리는 중립적인 도구에 불과하지만, 그 중립성 때문에 오히려 조직의 치부가 더 선명해진다.

화장품 제조 공장 실습에서도 가장 큰 문화 충돌은 출하 결정 단계에서 발생했다. 당시 품질팀은 판단만 할 뿐 최종 책임은 생산 쪽에 있다고 봤고, 생산팀은 품질에서 승인이 났으니 출하는 문제없다는 식으로 서로 책임을 떠넘겼다. 파운드리는 이런 모호함을 허용하지 않고 출하 승인 액션에는 단일 책임자를 지정하도록 요구했으며 모든 승인 기록이 디지털 흔적으로 남도록 설계했다. 갈등이 폭발하기도 했지만, 결과적으로 사고가 줄고 지루한 책임 공방이 짧아지는 성과를 거두었다. 문화 충돌이 역설적으로 운영 효율화의 강력한 신호가 된 셈이다.

파운드리는 빠른 처리를 미덕으로 삼는 문화와도 정면으로 충돌한다. 대충 넘기고 나중에 보완하자는 관행 앞에서, 파운드리는 '정말 다음 단계로 넘겨도 되는 데이터 정합성을 갖췄는지'를 끊임없이 묻는 검문소가 된다. 초기에는 업무 속도가 느려진다는 불만이 쏟아졌지만, 시간이 흐르며 되돌릴 수 없는 실수가 줄어들자 조직의 속도 감각은 '빠른 실행'에서 '정확한 실행'으로 옮겨가기 시작했다.

IT 조직과 현업 사이의 해묵은 사일로Silo 문화도 주요 충돌 지점이다. "시스템 문제니 IT팀에서 알아서 하라"거나 "현업 업무니 우리는 모른다" 같은 이분법적 태도는 파운드리 앞에서 무너진다. 판단 구조는 현업이 정의하고 기술적 통제는 IT팀이 책임져야 하므로 이 긴밀한 협업에 익숙하지 않은 조직은 성장통을 겪을 수밖에 없다. 경험상 책임을 드러내기 두려워하고, 기준을 기록으로 남기기 싫어하며, 자신의 판단을 시스템 로직에 올리는 일을 거부하는 조직에서는 파운드리가 힘을 쓰지 못했다. 이는 기술 역량이 아니라 조직 문화의 문제였다.

이러한 문화 충돌을 완화하는 방법은 의외로 단순하다. 모든 것을 한 번에 고정하려 욕심내지 말고, 리스크가 가장 큰 판단 지점부터 하나씩 구조화하며 작은 성공 사례로 신뢰를 쌓아가면 된다. 특히 '이 구조 덕분에 대형 사고를 막았다'는 구체적인 경험들이 공유될 때, 조직 문화는 변화의 임계점을 넘는다.

결론적으로 파운드리는 조직 문화를 억지로 교정하는 도구가 아니라, 조직 문화를 숨기지 않고 비추는 거울이다. 합의가 부족하거나 책임이 모호할 때, 또는 의사결정이 직관에만 의존할 때 파운드리는 그 실상을 가감 없이 드러낸다. 이를 회피해야 할 결함이 아니라 성장을 위한 투명성으로 받아들일 때, 파운드리는 비로소 조직의 진정한 힘이 된다. 이제 조직 문화보다 더 물리적인 제약인 기술적 한계와 성능의 현실에 대해 정리해 보자.

데이터 성숙도 문제

파운드리 도입 실패 사례를 정리하다 보면 놀라운 공통점이 하나 발견된다. 대부분의 실패는 기능 부족이나 성능 문제 때문이 아니라, 데이터 성숙도가 확보되지 않은 상태에서 무리하게 파운드리를 운영하려 했기 때문에 발생했다. 파운드리는 데이터를 자동으로 정제해 주는 마법 지팡이가 아니다. 이미 존재하는 데이터를 판단 가능한 온톨로지 구조로 묶어주는 정교한 도구일 뿐이다.

많은 조직이 파운드리 도입 상담을 하다 보면 데이터는 다 준비되어 있다고 자신 있게 말한다. 그러나 파운드리 관점에서 보면 이 말은 거의 항상 틀리다. 데이터가 여러 소스 시스템에 파편화되어 있고, 같은 항목이라도 시스템마다 정의가 다르며, 시간 기준timestamp조차 맞지 않는 경우가 허다하기 때문이다. 심지어 데이터의 오너십ownership마저 불분명한 상태는 엄밀히 말해 데이터가 없는 것과 크게 다르지 않다. 파운드리는 데이터 파이프라인 구축 과정에서 이러한 혼란을 그대로 드러낸다.

도입 초기에 우리가 자주 마주하는 가장 위험한 오해는 '파운드리를 도입하면 데이터가 자연스럽게 정리되겠지'라는 기대다. 하지만 분명히 말하건대 파운드리는 데이터를 대신 정리해 주지 않는다. 어떤 데이터가 신뢰할 수 있는 기준인지, 무엇이 참고용인지, 데이터 간 충돌이 발생할 때 무엇을 우선할지에 대해 조직이 스스로 답하지 않으면 온톨로지는 설계될 수 없다.

화장품 제조 공장 실습 초기에 우리는 동일한 불량 수치를 MES, 품질 시스템, 현장의 수기 엑셀이라는 세 가지 경로로 전달받았다. 숫자는 비슷해 보였지만 그 의미는 전혀 달랐다. 어떤 값은 확정되지 않은 잠정치였고, 어떤 값은 책임 소재가 불분명했다. 이처럼 모호한 상태에서는 '불량률 기준 초과'라는 객체의 상태 자체를 정의하기가 불가능했다. 당시 우리가 가장 먼저 해야 했던 일은 화려한 모델링이 아니라 데이터의 의미에 대한 조직적 합의였다.

운영 경험을 통해 우리는 데이터 성숙도를 대략 4단계로 나누었다. 데이터가 쌓여 있지만 신뢰할 수 없는 '수집 단계', 형식은 갖췄으나 비즈니스 의미가 불분명한 '정리 단계', 기준과 책임자가 명확한 '합의 단계', 그리고 비로소 액션으로 연결되는 '판단 단계'다. 파운드리는 최소한 3단계인 합의 단계에 도달한 데이터가 있어야만 제 역할을 하기 시작한다.

데이터가 2단계 수준에 머물러 있는 조직이 파운드리를 도입하면 상태 정의가 끝없이 흔들리고, 액션 기준이 시시각각 바뀌며, 데이터가 틀렸다는 불평만 반복된다. 결국 문제는 파운드리가 아니라 조직 내에 판단 기준이 부재하다는 데 있다. 이런 점에서 파운드리는 다소 불편한 도구다. 어떤 값이 기준이고, 언제부터 유효하며, 누가 책임지는지 명시하지 않으면 구조 자체를 만들 수 없도록 설계되어 있기 때문이다. 파운드리는 데이터 품질을 직접 개선해 주지 않지만 품질 개선을 더 이상 미룰 수 없도록 시스템상으로 강제한다.

많은 팀이 이러한 성숙도 문제를 기술적으로만 해결하려 든다. 파이프라인을 더 촘촘히 만들고, 정합성 확인 절차를 추가하며, 정제 로직을 복잡하게 짜는 식이다. 물론 기술적 보완도 필요하지만 파운드리의 성패를 가르는 결정적 질문은 "이 데이터를 믿고 현장의 액션을 실행해도 되는가?"다. 그리고 이에 대한 답은 기술이 아니라 조직이 직접 내려야 한다.

반대로 파운드리가 빠르게 자리 잡은 조직들은 공통된 특징이 있었다. 데이터 기준을 두고 이미 내부적으로 치열한 논쟁을 거쳤고, 데이터가 완벽하지 않더라도 '일단 이것을 기준으로 간다'는 의사결정의 합의가 있었으며, 데이터가 가진 한계를 인정할 준비가 되어 있었다. 이들은 파운드리를 마법이 아닌 엄격한 규율의 도구로 보았다.

결론적으로 파운드리는 데이터가 성숙하지 않았다는 사실을 더 이상 숨길 수 없게 만든다. 기준이 없고 책임이 부재하며 의미가 불분명할수록, 파운드리는 그 결핍을 여실히 드러낸다. 이를 감당하고 해결할 준비가 되어 있을 때만 파운드리는 가장 강력한 운영 지능 도구가 된다. 다음으로 이러한 데이터 성숙도 문제를 현실적으로 어떻게 극복했는지, 실패를 줄이기 위한 도입 전략과 교훈을 정리해 보자.

실패를 줄이기 위한 파운드리 도입 전략

여기까지 읽었다면 '예상보다 쉽지 않겠는데'라는 생각이 들었을 것이다. 실제로 그렇다. 그래서 파운드리 도입 전략의 진정한 출발점은 '어떻게 도입할 것인가'가 아니라 '언제 도입하지 말아야 하는가'를 먼저 분명히 정의하는 데 있다.

첫째, 처음부터 전사 도입을 꿈꿔서는 안 된다. 가장 흔한 실패는 '전사적으로 한 번에 가자'는 포부에서 시작된다. 파운드리는 궁극적으로 전사 시스템이 될 수 있지만, 전사 프로젝트로 시작하는 순간 대개 실패로 귀결된다. 조직 전체의 이해관계를 맞추려 하면 합의는 불가능해지고, 기준은 평균으로 희석되며, 누구도 책임지지 않는 시스템이 되기 때문이다. 성공 사례들은 하나같이 '가장 위험한 판단 하나만 먼저 잡자'는 태도로 작게 시작했다.

둘째, 도입 대상을 고를 때는 KPI가 아니라 리스크 전이_{risk transfer} 가능성을 기준으로 삼아야 한다. 많은 조직이 단순히 지표를 시각화한 대시보드를 파운드리에 올리려 하지만, 파운드리는 성과를 키우는 도구이기 이전에 사고를 막는 운영 통제 시스템이다. 따라서 질문부터 달라져야 한다. 잘못 판단했을 때 되돌릴 수 없는 영역인지, 책임이 모호할수록 리스크가 커지는지, 지금도 '그때 왜 그렇게 됐지?'라며 후회가 반복되는 영역인지부터 물어야 한다. 이런 질문에 그렇다고 답하게 되는 곳이 최적의 출발점이다.

셋째, 데이터보다 '판단을 먼저 모델링'해야 한다. 실패한 도입은 대개 데이터 수집, 모델링, 시각화를 끝낸 뒤에야 판단을 고민한다. 반면 성공한 도입은 순서가 정반대다. 어떤 판단을 구조로 고정할지 먼저 정한 뒤, 그 판단에 필요한 최소 정보가 무엇인지 정의하고, 그 정보를 어디서 가져올지 결정했다. 데이터가 부족하다면 판단을 미루기보다 판단의 범위를 좁혀서라도 구조화하는 쪽을 택했다.

넷째, 온톨로지를 정답이 아니라 '진화하는 버전'으로 인식해야 한다. 많은 팀이 설계 단계에서 모든 예외 케이스를 한 번에 담으려다 좌절하곤 한다. 하지만 성공한 팀은 온톨로지를 '1.0 버전'으로 다루었다. 언제든 틀릴 수 있고 운영 환경에 맞게 조정할 수 있다는 유연함이 핵심이다. 또한 초기 완성도가 아니라 언제든 수정 가능한 객체 구조와 액션 흐름을 확보하는 일이 중요하다.

다섯째, 현업을 단순 참여자가 아니라 공동 설계자로 참여시켜야 한다. 파운드리는 IT 부서가 대신 만들어 줄 수 있는 시스템이 아니다. 객체의 상태 정의, 액션 기준, 승인 구조는 현업의 판단 없이는 한 발짝도 나아갈 수 없다. 실패한 조직에서는 현업이 '시스템에서 정한 것 아니냐'고 남 일처럼 말하지만, 성공한 곳에서는 '우리가 이렇게 정했다'며 주인 의식을 갖는다. 이 차이가 도입의 성패를 가른다.

여섯째, Staging(검증 환경)을 '실전 리허설장'으로 활용해야 한다. 단순히 데이터가 흐르거나 화면이 제대로 나오는지 확인하는 테스트용으로는 부족하다. 실제 역할을 부여한 뒤 액션 버튼을 직접 누르고 승인 흐름을 끝까지 태워보는 '운영 연습장'이 되어야 한다. 검증 환경에서 불편하거나 모호한 구조는 Prod(운영 환경)로 넘어가는 순간 현장에 혼란을 불러일으키기 마련이다.

일곱째, 초기부터 자동화를 최종 목표로 삼지 않는 것이 중요하다. 도입 초기에 자동화에 매몰되면 판단 로직의 정교함이 떨어지고, 실패 확률이 급격히 올라간다. 목표는 '지금 이 판단을 더 투명하고 명확하게 만드는 것'이어야 한다. 엄격한 통제가 먼저 자리 잡으면 자동화는 신뢰를 바탕으로 자연스럽게 따라온다.

여덟째, 성공의 기준을 기술이 아니라 '질문의 변화'로 잡아야 한다. 파운드리 도입이 잘되고 있는지는 현장의 목소리를 들어보면 알 수 있다. 데이터 수치가 맞느냐고 묻던 사람들이 어느 순간 특정 상태에서 무엇을 실행해야 하는지 묻기 시작했다면, 그 도입은 이미 성공 궤도에 오른 것이다.

결론적으로 파운드리 도입은 단순한 IT 프로젝트가 아니라 조직의 결단이다. 판단을 구조로 고정하고, 책임을 투명하게 드러내며, 그 과정에서의 불편함을 감당하겠다는 선택이다. 이 선택을 할 준비가 된 조직에게 파운드리는 강력한 무기가 되지만, 그렇지 않다면 차라리 도입하지 않는 편이 현명하다. 파운드리는 결코 만능이 아니지만, 제대로 활용하는 조직에게는 대안이 떠오르기 어려운 독보적 운영체제가 된다.

성공과 실패를 가르는 결정적 포인트

파운드리를 도입하려는 조직에게

이 장을 읽는 독자라면 이미 파운드리를 검토하고 있거나, 비슷한 문제의식 속에서 다른 해법을 찾는 조직의 구성원 중 하나일 것이다. 어느 쪽이든 이 지점에서 가장 먼저 전하고 싶은 말은 '파운드리는 결심 없이 도입하면 반드시 실패한다'는 것이다. 같은 파운드리를 도입해도 어떤 조직에서는 핵심 운영체제로 자리 잡지만, 어떤 조직에서는 조용히 사라진다. 이 차이는 기술 숙련도의 문제가 아니다. 교육이나 인력을 더 투입한다고 해서 결과가 바뀌지도 않는다. 성공과 실패를 가르는 것은 결국 조직의 선택과 태도다.

첫 번째로 파운드리 도입 전에 조직 내부에서 "우리 조직은 어떤 판단을 반복적으로 실패하고 있는가?"라는 질문을 던져야 한다. 이에 답하지 못한다면 파운드리는 너무 크고 무거운 선택이 되지만, 반대로 명확히 답할 수 있다면 그 판단을 구조로 고정할 수 있는 거의 유일한 도구가 된다. 여기서 또 하나의 결정적 요소는 파운드리를 무엇으로 정의하느냐이다. 성공한 조직은 파운드리를 '판단을 운영하는 시스템operational system'으로 받아들였다. 반대로 실패한 조직은 파운드리를 기존 시스템을 보완하는 보조 도구로 취급했다. 이 인식 차이는 온톨로지 설계 단계부터 극명하게 드러난다.

두 번째로 사람을 점검해야 한다. 파운드리는 기술보다 사람을 더 많이 요구한다. 특히 판단의 주체가 되는 현업의 참여 없이는 어떤 구조도 살아남지 못한다. 필요한 참여는 인터뷰나 요구 사항을 정의하는 수준이 아니라 설계와 운영에 직접 관여하는 수준이다. 이 준비가 없다면 파운드리는 곧 기술 조직의 실험으로 축소되고 만다. 파운드리가 잘 작동한 경우에는 설계 논의의 중심에 실제 판단을 내리는 현업 책임자와 운영 관리자가 있었다. 반면 실패한 경우에는 기술 조직이 중심이 되었고, 운영 로직은 여전히 외주화된 상태로 남았다.

세 번째로 속도에 대한 기대를 내려놓아야 한다. 파운드리는 빠른 성과를 약속하지 않는 대신 시간이 지날수록 흔들리지 않는 운영 구조를 만든다. 단기 성과를 증명해야 하는 프로젝트 환경이라면 파운드리는 적합하지 않을 수 있다. 그러나 중장기적으로 반복되는 판단의 질을 높이고 싶다면 이 의도된 느림은 충분히 감내할 가치가 있다. 동시에 범위에 대한 절제도 필요하다. 성공한 프로젝트는 처음부터 모든 것을 담으려 하지 않고 반복적으로 발생하며 비용이 큰 핵심 판단 몇 가지에 집중했다. 반면 실패한 프로젝트는 포괄적인 통합 자체를 목표로 삼아서 결국 구조는 복잡해지고 운영은 시작조차 하지 못했다.

네 번째는 완벽을 목표로 하지 않는 태도다. 온톨로지는 처음부터 완벽을 기하려 하면 실패한다. 설명 가능한 구조부터 만들고 실제 운영을 통해 계속해서 수정해 나가는 것이 중요하다. 또한 이 과정을 실패로 받아들이지 않을 준비가 되어 있어야 한다. 성공한 조직은 온톨로지의 수정과 운영 구조의 변경을 살아 있는 시스템의 자연스러운 진화 과정으로 받아들였다. 반면 실패한 조직은 수정 자체를 설계의 결함으로 인식하고 구조를 경직되게 고정하려 했다. 파운드리는 고착된 구조보다 조정 가능한 유연한 구조에서 진정한 힘을 발휘한다.

다섯 번째는 책임을 구조로 가져올 용기다. 파운드리는 판단의 흐름을 투명하게 드러낸다. 이 투명성은 조직에 따라 매우 불편할 수 있다. 그러나 이 불편함을 감당하지 못하면 파운드리는 또 하나의 데이터 저장소로 남을 뿐이다. 누가 어떤 근거로 결정을 내렸는지 시스템에 기록되는 만큼, 책임을 학습과 개선의 재료로 삼을 준비가 필요하다. 이 투명성을 감당할 수 있는 조직은 파운드리를 통해 성숙해졌고, 그렇지 않은 조직은 심리적 저항을 이유로 시스템을 멀리했다.

마지막으로 앞서 강조했듯 파운드리를 만능으로 기대하지 말아야 한다. 파운드리는 정답을 제시하는 대신 선택의 범위를 명확히 규정하고, 판단을 대신하지 않으면서 인간이 올바른 판단을 내릴 수 있도록 돕는다. 성공한 조직은 이 점을 받아들이고 특정 영역에서 판단의 해상도를 높이는 데 집중했다. 반면 실패한 조직은 파운드리를 '정답을 자동 산출하는 시스템'으로 오해하고 기대가 충족되지 않자 빠르게 흥미를 잃었다.

이 모든 요소를 종합하면 파운드리의 성패는 기술의 우위가 아니라 조직의 선택과 태도에 달려 있다는 결론에 이른다. 파운드리는 준비된 조직에게는 세상을 바꾸는 강력한 무기가 되지만, 그렇지 않은 조직에게는 그저 부담스러운 비용이자 실험으로 남을 뿐이다.

기술보다 중요한 것

앞서 말했듯이 파운드리는 기능이나 성능이 부족해서 무너지지 않는다. 성공과 실패를 가르는 결정적 차이는 언제나 기술의 영역 바깥에 있다. 많은 조직이 파운드리를 도입할 때 '설치만 하면 자동으로 다음 단계로 갈 수 있다'는 환상을 품는다. 그러나 파운드리는 운영 방식이 근본적으로 바뀔 때 비로소 생명력을 얻는다. 데이터가 파이프라인으로 촘촘히 연결되어 있고, 온톨로지 설계도 그럴듯하며, 워크숍으로 구현한 화면이 매끄럽게 작동해도 운영되지 않는다면 문제는 사람이 기술을 대하는 방식에 있다.

성공한 프로젝트는 초기 기획 단계부터 "이걸로 무엇을 더 시각화할 수 있느냐?"가 아니라 "이걸로 어떤 판단 구조를 고정할 것인가?"를 물었다. 반대로 실패한 프로젝트는 "기존 BI와 무엇이 다른가?", "자동화는 어디까지 가능한가?" 같은 기능적 질문에 매몰되곤 했다. 질문의 방향이 이미 프로젝트의 성패를 결정하고 있었던 셈이다. 결국 판단을 숨기지 않고, 책임을 디지털 기록으로 남기며, 운영상의 불편함을 정면 돌파하려는 태도가 없다면 아무리 훌륭한 기술도 화려한 껍데기에 불과하다.

기술보다 중요한 첫 번째 요소는 판단을 시스템 위로 올릴 용기다. 파운드리는 애매한 기준, 구두 합의, 관행적 결정 등 그동안 블랙박스에 숨겨져 있던 모든 과정을 객체와 상태 구조로 드러낸다. 이 순간 조직은 이 판단을 정말로 공식화할지 선택해야 한다. 이 질문 앞에서 머뭇거리는 조직에서는 파운드리가 운영에 제대로 뿌리내리지 못했다.

두 번째 요소는 책임을 명확히 하겠다는 합의다. 액션을 설계하다 보면 "이 버튼은 누가 누르며, 그 결과에 대한 책임은 누가 지느냐?"는 질문이 반드시 따라온다. 이 질문을 교묘히 피하려는 조직에서는 온톨로지가 제대로 작동하지 않는다. 반대로 불편하더라도 권한과 책임을 명확히 정의한 조직에서는 운영이 빠르게 안정된다. 파운드리는 기존의 책임을 더 이상 회피할 수 없게 만드는 투명한 도구이기 때문이다.

세 번째 요소는 완벽함보다 지속적인 진화를 택하는 태도다. 실패한 조직은 처음부터 모든 예외 상황을 완벽하게 처리해 단번에 끝내려 했다. 그러나 성공한 조직은 조금 불완전하더라도 운영 앱을 먼저 올렸다. 그리고 현장에서 사용하며 로직을 고치고, 잘못된 설정값도 기꺼이 수정했다. 파운드리는 지속적으로 조정되는 유연한 구조를 전제로 하므로, 이 생동감을 받아들이지 못하면 운영은 곧 멈춘다.

네 번째 요소는 기술을 단순한 해결책으로 보지 않는 시선이다. '파운드리가 우리의 모든 문제를 해결해 줄 것'이라는 기대는 가장 위험한 오해다. 오히려 파운드리는 기준이 없으면 더 극명하게 드러나게 하며, 합의가 없으면 시스템 사용을 더 불편하게 만들고, 책임이 부재하면 그 공백을 명확히 보여준다. 이러한 불편함에 정면으로 마주한 조직만이 파운드리를 진정한 무기로 만들 수 있었다.

화장품 제조 공장 실습에서 성공을 가른 결정적 순간도 기술 구현이 끝났을 때가 아니었다. 파운드리 시스템 기준으로 공정을 판단하자는 현업의 합의가 도출되었을 때였다. 그 후로 지루한 책임 공방이 사라지고 사고 대응 속도도 눈에 띄게 빨라졌다. 기술은 이미 그전부터 준비되어 있었지만 결국 조직의 결단이 결과를 바꾸었다.

정리하면 파운드리의 성공을 가르는 것은 기술 스택의 화려함이 아니다. 얼마나 좋은 플랫폼인지, 얼마나 많은 기능이 있는지는 부차적이다. 오직 "조직의 판단을 시스템 구조로 올릴 준비가 되었는가?"라는 본질적 질문에 답할 수 있어야 한다. 준비가 되어 있지 않다면 아무리 비싼 기술도 결국 기존의 관행적 방식으로 회귀하고 만다.

온톨로지를 누가 설계하는가?

온톨로지 설계 이야기를 꺼내면 대부분의 조직에서 시선은 데이터팀이나 IT팀, 또는 큰돈을 들여 불러온 FDE Forward Deployed Engineer(전진 배치된 엔지니어) 같은 외부 컨설턴트에게 쏠린다. 하지만 파운드리 프로젝트를 여러 번 겪으며 분명해진 사실이 있다. 온톨로지는 '누가 구현하느냐'보다 '누가 설계를 책임지느냐'가 훨씬 중요하다는 것이다.

가장 흔한 오해는 온톨로지를 기술 설계의 영역으로만 보는 것이다. 실패한 프로젝트의 출발점은 대개 '온톨로지는 데이터 모델이니까 기술팀에서 설계하면 된다'는 생각에서 시작한다. 초반에는 객체 정의도 탄탄하고 링크도 깔끔해 그럴듯하다. 하지만 본격적인 운영에 들어가면 온톨로지는 화석처럼 굳어버린다. 정교한 구조 안에 실제 업무의 '판단'이 녹아 있지 않기 때문이다. 온톨로지는 "이 상황에서 누가, 무엇을 결정해야 하는가?"라는 질문에 명확히 답할 수 있는 '결정의 지도'여야 한다. 이 질문에는 데이터 엔지니어나 플랫폼 전문가가 아니라, 실제 현장에서 수없이 고민하고 결정을 내려온 사람만 답할 수 있다.

현업이 빠진 온톨로지는 반드시 무너진다. 기술팀이 설계하고 현업은 리뷰만 한 채로 출발한 온톨로지는 운영 단계에서 현실과 어긋나기 시작한다. 그렇다고 현업이 온톨로지 매니저를 직접 다루며 기술 구조를 정의해야 한다는 의미는 아니다. 핵심은 온톨로지 설계의 '결정권'을 현업이 가져야 한다는 데 있다. 특정 객체의 상태를 세분화할지, 어떤 액션을 누구에게 허용할지, 책임의 소재를 어디에 둘지 같은 결정은 기술팀이 대신할 수 없다.

성공한 프로젝트에는 의사결정권자Decision Owner, 현업 전문가Domain Owner, 기술 설계자Platform Owner로 이루어진 공통의 '삼각형 설계 구조'가 있다. 의사결정권자는 판단을 공식화할 권한을 갖고, 현업 전문가는 그 판단을 실제 현장에서 내리며, 기술 설계자는 이를 구조로 구현한다. 이 세 역할이 한 테이블에 앉지 못하면 온톨로지는 건강하게 자라지 못한다.

화장품 제조 공장 실습에서도 온톨로지가 살아난 결정적인 순간이 있었다. 프로젝트 초반 온톨로지는 기술적으로 완벽했지만 현업의 반응은

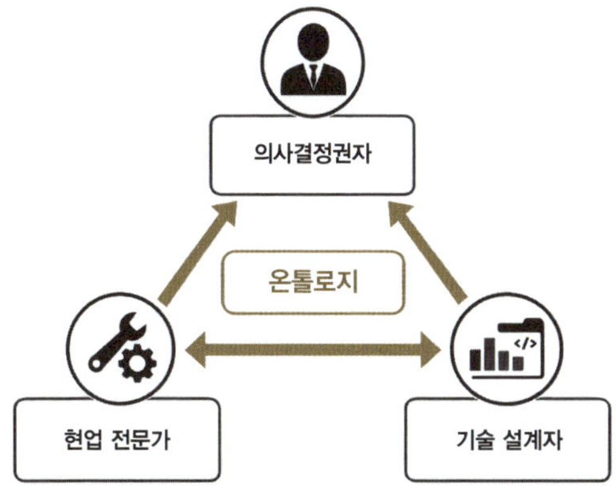

"말은 되는데 실제로 이렇게 결정하진 않는다"로 차가웠다. 전환점은 "그럼 실제 현장에서는 정확히 어떤 시점에 출하를 멈추나요?"라는 본질적인 질문에서 시작되었다. 품질 책임자가 직접 답했고, 그 답이 온톨로지의 상태 전이 기준이 되면서 온톨로지는 현장의 기준으로 자리 잡았다.

많은 조직이 온톨로지 설계를 외부에 맡기고 싶어 한다. 하지만 외부 컨설턴트는 질문을 정리하고 구조 초안을 만들며 설계 선택지를 제시할 수는 있어도, 결정을 대신 내려줄 수는 없다. 결정을 외주화한 온톨로지는 운영 단계에서 즉시 무력화되기 마련이다.

리더가 온톨로지 설계에서 빠지면 조직 내 정치는 곧 시작된다. 부서 간 책임 떠넘기기가 발생하고 애매한 표현이 늘어나며, 모든 액션은 책임질 필요가 없는 '단순 제안' 수준에 머문다. 결국 온톨로지는 결정을 고정하지 못한 채 중립적인 척하는 구조가 되지만, 그런 무색무취한 온톨로지는 현장에서 신뢰받지 못한다.

결론은 자명하다. 모델링 툴을 능숙하게 다루는 사람이 아니라, 그 판단에 이름을 걸 수 있는 사람이 온톨로지를 설계해야 한다. 누가 이 기준을 승인했는지, 누가 이 구조를 책임지는지, 누가 변경 권한을 갖는지에 명확히 답할 수 있을 때만 온톨로지는 비로소 진정한 운영체제가 된다.

SI 방식으로 접근하면 망하는 이유

파운드리 도입을 논의하는 회의에서 가장 먼저 나오는 말 가운데 하나가 '그럼 SI로 한 번에 구축하자'는 제안이다. 예산 수립부터 계약 체결, 책임 구조 확정까지 익숙한 한국 기업 환경에서는 자연스러운 흐름처럼 보인다. 하지만 파운드리에서 이 선택은 종종 실패의 서막이 된다. SI가 전제로 하는 세계관과 파운드리가 요구하는 운영 중심의 세계관이 정반대이기 때문이다.

SI 방식은 기본적으로 요구 사항이 고정된다는 전제 아래 폭포수 waterfall 순서를 따른다. 요구 사항 정의에서 시작해 설계, 개발, 테스트, 최종 납품으로 이어지는 흐름에서 핵심은 요구 사항이 흔들리지 않아야 한다는 것이다. 요구 사항이 변하면 곧 '과업 변경'이 되고, 계약상의 갈등으로 번지기 쉽다. 그래서 SI 방식은 늘 "요구 사항을 조기에 확정해 달라"는 요청으로 시작한다.

그러나 파운드리에서는 요구 사항을 처음부터 확정할 수 없다. 온톨로지와 액션은 실제로 운영해 봐야 본모습을 드러낸다. 파운드리의 본질은 판단을 구조로 고정하는 데 있지만, 그 판단은 회의실의 문서만으로는 완성되지 않는다. 현장에서 액션 버튼을 직접 눌러 보고, 상태 전이를 겪고, 승인 흐름이 막히거나 책임이 엇갈리는 지점을 목격해야 비로소 정의된다. 즉 파운드리 프로젝트는 완성형 요구 사항이 아니라 '진화형 운영 기준'을 전제로 움직여야 하며, 이 지점에서 SI 방식과의 충돌은 필연적이다.

이러한 충돌로 발생하는 첫 번째 실패 패턴은 '기능은 다 구현했는데 아무도 쓰지 않는 상황'이다. 깔끔한 화면에 데이터도 잘 연결되었지만, 현업은 업무 현실과 다르다며 외면한다. SI 방식은 명시된 요구 사항을 충족하면 끝이지만, 파운드리는 실제 업무의 미묘한 '판단 로직'을 만족시켜야 한다. 이를 간과하면 결과물이 나와도 운영은 시작되지 않는다.

두 번째 실패 패턴은 온톨로지가 단순한 '문서상의 모델'로 전락하는 현상이다. SI 방식에서 온톨로지 설계는 개념 정의서나 용어 사전 같은 정적인 산출물로 처리되기 쉽다. 문서는 훌륭해 보일지 몰라도 실제 운영의 기준이 되지 못하면 무용지물이다. 파운드리의 온톨로지는 특정 상태에서 무엇을 할 수 있는지, 누가 승인하는지, 어디까지 통제되는지에 답하는 '살아 있는 실행 구조'여야 한다. 이 질문에 답하지 못하는 온톨로지는 보고서용 장식에 불과하다.

세 번째 실패 패턴은 '변경이 곧 비용이 되는 구조'다. 파운드리는 운영 과정에서 온톨로지와 액션을 지속적으로 조정해야만 생명력을 유지한다. 하지만 SI 방식에서는 변경을 추가 비용, 일정 지연, 계약 범위 밖의 요구와 같은 갈등 요소로 취급하기 쉽다. 그러면 조직은 시스템을 수정하기보다 변경 사항을 숨기기 시작한다. 시스템 밖에서 메신저로 승인하고, 엑셀로 따로 관리하며 우회로를 찾는 사이 파운드리는 서서히 동력을 잃는다. 파운드리는 지속적인 변경iteration을 통해 완성된다.

네 번째 실패 패턴은 책임이 외주화되는 문제다. SI 방식은 납품 책임은 외부에, 운영은 내부에 둔다는 식으로 책임 소재가 명확해 보인다. 그러나 파운드리는 납품과 운영을 분리할 수 없다. 온톨로지와 액션은 조직의 책임 구조와 실시간으로 동기화되어야 하며, 이를 외주화하면 내부 인력은 시스템의 원리를 이해하지 못해 수정할 때마다 외부 인력을 다시 불러야 한다. 파운드리는 외주화할수록 조직과 멀어지고, 내부에서 직접 책임질수록 조직의 핵심 역량이 된다는 점을 기억하자.

마지막 카드로 꺼내 드는 '사용자 교육' 역시 근본적인 해결책이 아니다. 보통은 사용법을 몰라서가 아니라, 설계된 온톨로지 구조가 현실의 판단과 불일치해 사용하지 않기 때문이다. 상태 징의가 현장과 동떨어져 있고 액션이 실제 결재 체계와 다르다면 교육을 백번 반복해도 사용자는 돌아오지 않는다.

그렇다면 외부의 도움을 아예 거부해야 할까? 그렇지 않다. 다만 방식이 달라야 한다. 파운드리 프로젝트에서 외부는 SI 개발자가 아니라 코치나 FDE에 가까워야 한다. 질문을 던지고 설계 선택지를 제시하며, 검증 환경에서 리허설을 반복해 내부 팀이 스스로 구조를 만들 수 있도록 안내해야 한다. 즉 외부의 목표는 '대신 만들어 주기'가 아니라 '내부가 직접 운영할 수 있는 역량을 갖추게 하기'여야 한다.

결국 파운드리에 맞는 실행 방식은 SI가 아닌 '제품 운영 및 반복 배포 방식'이다. 작은 범위로 시작해 짧은 주기로 배포하고, 현업의 피드백을 받아 구조를 끊임없이 바꾸며 운영을 통해 완성해 나가야 한다. SI는 완성형 요구 사항과 '납품'으로 끝나는 세계를 전제하지만 파운드리는 진화형 판단과 '운영'으로 시작되는 세계를 요구한다. 그래서 언뜻 느려 보일 수 있지만, 운영이 실제로 시작된다는 점에서 오히려 가장 빠른 길이다.

AX 관점에서의 파운드리

최근 들어 많은 조직이 디지털 전환DX을 넘어 인공지능 전환AX, AI Transformation을 이야기한다. AI를 도입하고 다양한 모델을 결합해 자동화를 전방위로 확대하려 애쓰지만, 기존 DX의 연장선에서 파운드리를 바라봐서는 안 된다.

이전 세대 시스템은 대개 처리 속도 향상과 인력 감축 중심의 자동화에 매몰된 채 설계되었다. 이런 관점으로 파운드리를 대하면 AI로 자동 판단까지 한 번에 해내자는 무리한 요구가 자연스럽게 나오고, 파운드리가 사람의 판단을 견고한 구조로 고정해 지원하는 시스템이라는 점을 놓치기 쉽다. 파운드리 환경을 직접 경험해 보면, 파운드리는 AX를 단순한 '기술 적용'이 아니라 '판단 구조의 근본적 전환'으로 완성한다는 사실을 알게 된다.

AX의 핵심은 '판단의 위치 변화'에 있다. AX를 제대로 이해하면 질문은 "AI가 사람을 대신해 판단할 것인가?"에서 "AI가 판단의 범위를 어디까지 정교하게 좁혀 줄 것인가?"로 바뀐다. 이 관점에서 보면 파운드리는 AX의 본질에 매우 가깝다. AI가 이상 징후나 예측 신호를 생성하면 온톨로지가 그 신호의 비즈니스 의미를 고정하고, 최종적으로 사람이 액션을 실행한다. 즉 AI는 강력한 조력자이며, 파운드리는 그 신호가 실제 운영 판단으로 이어지는 무대가 된다.

실제로 파운드리는 지지부진하던 AX 프로젝트를 운영 단계로 끌어냈다. 많은 AI 프로젝트가 PoC 수준에서 좌초되는 이유는 명확하다. 모델 성능은 훌륭하지만 그 결과를 현장의 어디에 적용해야 하는지, 판단 결과에 대해 누가 책임질지, 어떤 경우에 자동화하고 언제 사람이 개입할지 등을 정리하지 않았기 때문이다. 파운드리는 AI 모델의 출력값이 어떤 객체의 상태 전이에 쓰이는지, 신호를 받으면 어디까지 자동화하고 누가 액션을 취해야 하는지 등을 운영 가능한 구조로 고정해 준다.

화장품 제조 공장 실습에서도 초기에는 이상 탐지나 품질 예측 같은 AI 모델이 존재했다. 하지만 이 모델들은 실제 운영 프로세스에 전혀 녹아들지 못해 결과가 보고서 속에만 잠들어 있었고, 알림을 누가 확인해야 하는지 모호했으며, 실제 조치와도 연결되지 않았다. 반면 파운드리를 도입한 뒤에는 모델이 산출한 값이 특정 임계치를 넘으면 객체 상태가 자동으로 전이되어 그에 따라 케이스가 생성되고, 지정된 책임자가 즉시 액션을 취하는 체계가 자리 잡았다. AI가 비로소 조직의 의사결정 체계 안으로 들어온 것이다.

AX에서 가장 위험한 착각은 'AI가 똑똑해지면 모든 문제가 해결된다'는 기술만능주의적 믿음이다. 운영 현장에서는 고립된 채 95% 정확도를 내는 모델보다 80% 정확도라도 즉각적인 조치로 이어지는 모델이 더 강력한 힘을 발휘한다. 정확도는 판단을 구성하는 여러 요소 중 하나일 뿐이며, 판단 구조가 뒷받침되지 않는 정확도는 흩어진 숫자에 불과하다.

또한 파운드리는 인간 참여형 설계Human-in-the-loop를 구조로 강제한다. 최종 액션 권한은 항상 사람에게 남기고, 승인 구조를 명시하며, 자동화의 경계를 시스템 차원에서 고정한다. AI를 신뢰하지 못해서가 아니라 모든 판단의 최종 책임을 인간에게 귀속시키려는 의도적인 설계 철학이다.

따라서 AX 조직에서 파운드리가 차지하는 위치는 단순한 데이터 플랫폼이나 AI 실험장이 아니라 '운영 판단 플랫폼Operational Decision Platform'이다. 이 위치를 명확히 정의하지 않으면 파운드리는 정적인 BI 대시보드로 오해받기 쉽다.

AX는 AI를 덧붙이는 프로젝트가 아니라 판단의 메커니즘을 다시 설계하는 거대한 전환이다. 파운드리는 AI의 결과를 운영의 맥락으로 끌어오고, 그 판단을 액션으로 고정하며, 모든 책임의 흔적을 시스템 안에 남김으로써 이 전환을 현실로 만든다. 파운드리가 AX 시대에 가장 현실적인 플랫폼으로 불리는 이유가 바로 여기에 있다.

PART 6

파운드리 이후 '판단 AI'로 가는 길

ARCHITECT

YOUR

DECISIONS

생성 AI 시대의
파운드리

'**LLM+파운드리**'의 가능성

생성 AI, 특히 LLM(대규모 언어 모델)이 확산되면서 많은 조직이 "이제 AI에게 물어보면 무엇이든 답해주는데, 굳이 복잡한 기존 시스템이 필요할까?"라는 질문을 던진다. 자연스러운 의문이지만, 현장에서 파운드리를 경험해 본 바로는 이 질문은 절반만 맞다. LLM은 분명 '말을 잘하는 AI'지만, 조직 운영에 정말 필요한 것은 결정을 내리고 그 결과에 책임질 수 있는 견고한 구조다. 따라서 두 영역은 서로를 완전히 대체하지 않는다.

LLM의 강점과 한계는 운영 관점에서 특히 선명해진다. LLM은 문맥을 이해하고 질문을 해석해 사람처럼 능숙하게 설명한다. 반면 답변의 근거가 불분명할 때가 있고(환각 현상, hallucination), 같은 질문에도 결과가 달라지며, 무엇보다 결과에 대해 스스로 책임질 수 없다. 즉 LLM은 판단을 돕는 조력자는 될 수 있어도 판단의 주체가 되기는 어렵다. 바로 이 지점에서 파운드리의 역할이 분명해진다.

앞서 설명한 대로 파운드리는 판단이 이루어지는 '무대'를 제공하는 운영체제다. 현재 상태가 무엇인지, 가능한 옵션은 무엇인지, 누가 선택할 권한을 갖는지 구조적으로 답한다. LLM은 이 무대 위에서 훌륭한 배우가 될 수는 있지만 무대의 골격과 규칙을 대신할 수는 없다.

성공적인 결합 사례를 보면 역할 분담이 명확했다. 가장 현실적인 결합 방식은 LLM을 자연어 인터페이스Natural Language Interface로 활용하는 것이다. LLM은 해석·요약·제안을 맡고 파운드리는 상태·제약·책임을 관리한다. 출하가 막힌 이유나 바로 실행할 수 있는 조치 등을 묻는 질문에는 LLM이 파운드리의 온톨로지 구조를 참조해 RAGRetrieval-Augmented Generation(검색 증강 생성)로 설명한다. LLM이 구조를 '참조'해 답할 뿐, 시스템의 비즈니스 로직이나 객체 구조 자체를 임의로 바꾸지 않는다는 점이 핵심이다. 즉 LLM이 복잡한 운영 상황을 이해하기 쉽게 풀어내고 데이터의 맥락을 설명하며 선택지를 제시하더라도, 최종 결정은 언제나 파운드리의 온톨로지와 액션 구조 안에서만 내려진다.

결국 이 결합의 본질은 사람이 더 나은 판단을 내리도록 돕는 '지능형 운영 비서'를 만드는 데 있다. LLM 도입 과정에서 'AI가 출하 여부를 직접 판단하게 하자'는 유혹에 빠지기 쉽지만, 이는 LLM의 가능성을 과대평가하고 운영의 책임성을 과소평가하는 위험한 발상이다. 운영에서 중요한 것은 판단의 정확도뿐 아니라 책임 소재와 재현 가능성이다. LLM은 맥락을 요약하며 선택지를 정리하지만, 최종 결정의 책임을 질 수는 없다. 최종 결정은 언제나 사람의 몫이며, 파운드리는 온톨로지 기반의 디지털 기록으로 그 책임을 명확히 남길 수 있다.

화장품 제조 공장 실습에서 LLM은 결정자가 아니라 '설명자'로서 가장 빛났다. 특정 배치가 문제 상태로 분류된 이유를 설명하고, 과거 유사 사례를 요약하며, 담당자가 확인해야 할 핵심 포인트를 정리해 주는 역할을 탁월하게 수행했다. 반면 상태를 전이하고 액션을 실행해 그 결괏값을 시스템에 고정하는 최종 판단은 여전히 파운드리가 맡았다.

아이러니하게도 LLM이 강력해질수록 파운드리의 가치는 더 커진다. AI가 만들어 내는 '말'이 많아질수록, 그 말이 어디까지 허용되고 실행 가능한지 정해줄 통제 구조가 더 절실해지기 때문이다. 답변의 참고 여부나 승인 필요성을 구조적으로 정의하지 못하면 LLM은 운영에서 혼란을 키울 수 있다.

결론적으로 생성 AI 시대에도 파운드리는 대체되지 않는다. LLM이 '유연한 사고의 두뇌'라면, 파운드리는 '결정을 지탱하는 골격'이다. LLM이 해석하고 파운드리가 제약하며 사람이 최종 결정하는 삼각 구도가 유지될 때, 생성 AI는 운영의 한복판에 안전하게 들어올 수 있다.

텍스트 기반 온톨로지 생성

전통적인 데이터 모델링은 엔지니어가 수많은 테이블을 분석한 뒤 객체, 속성, 링크를 수동으로 정의해야 하는 고통스러운 과정이었다. 그러나 생성 AI와 AIP의 등장으로 팔란티어는 자연어text로부터 온톨로지를 즉시 설계하고 확장하는 '텍스트 기반 온톨로지 생성Text-to-Ontology' 워크플로를 구현했다.

텍스트 기반 온톨로지 생성의 기술적 정의와 메커니즘을 살펴보자. 이 기술은 LLM이 비즈니스 문서, 운영 보고서, 사용자의 구두 요구 사항을 분석해 파운드리 온톨로지 메타모델에 적합한 구조를 자동으로 제안한다. LLM은 텍스트를 단순 요약하는 데 그치지 않고, 텍스트 속에 숨겨진 엔티티와 그들 간의 인과관계를 추출해 '컴퓨터가 이해하고 실행할 수 있는 비즈니스 디지털 트윈'으로 변환한다.

텍스트 기반 온톨로지 생성의 주요 프로세스는 '읽기'에서 '구조화'로 요약할 수 있다. 이 과정은 크게 세 단계의 AIP 어시스트AIP Assist 기능을 통해 이루어진다.

- **시맨틱 엔티티 추출**Semantic Entity Extraction: 수천 쪽의 정비 매뉴얼이나 계약서를 AIP에 입력하면 AI는 항공기, 부품, 고장 증상, 수리 이력 등 핵심 객체를 식별한다. 단순 키워드 매칭이 아니라 문맥적 의미를 파악해 데이터의 기본 단위를 설정하는 과정이다.

- **자동 속성 매핑**Automated Property Mapping: 식별된 객체의 세부 정보(예를 들어 항공기의 꼬리 번호, 부품의 제조일자)를 속성으로 정의한다. AIP는 데이터 소스의 칼럼명과 텍스트 내용을 대조해 가장 적절한 데이터 형태와 기본 키를 제안한다.

- **링크 및 논리 추론**Relationship & Logic Inference: '조종사가 항공기에 탑승한다' 또는 '부품 A의 고장이 시스템 B에 영향을 준다'와 같은 서술형 문장을 탐지해 객체 간 링크를 생성한다. 온톨로지의 핵심인 '의사결정 기반의 링크 그물망'을 형성하는 단계다.

또한 비즈니스 가치는 제로 투 원Zero to One의 가속화로 요약할 수 있으며, 구체적으로는 다음과 같다.

- **모델링 속도의 혁신:** 과거 수개월이 걸리던 온톨로지 구축 초기 단계를 프롬프트 입력만으로 단 몇 분으로 단축해, 아이디어를 즉시 실행 가능한 시스템으로 전환한다.

- **도메인 지식의 직접 반영:** 데이터 엔지니어가 아닌 현장 전문가(현장 정비사, 운영 책임자)가 자신의 언어로 AI에게 설명하면, AI는 이를 즉시 온톨로지 아키텍처로 번역한다. 그 결과 현장의 전문 지식이 왜곡 없이 시스템에 반영된다.

- **유연한 온톨로지 확장Hydration:** 새로운 유형의 보고서나 데이터가 유입될 때마다 고정된 DB 스키마를 수정하는 대신, AI가 새로운 객체 유형을 제안하고 기존 온톨로지에 결합함으로써 살아 있는 운영 모델을 유지한다.

텍스트 기반 온톨로지 생성의 실무적 시사점은 인간 참여형 설계 관점에서 살펴볼 수 있다. 텍스트 기반 온톨로지 생성은 AI가 독단적으로 설계를 끝내는 과정이 아니다. AIP가 제안한 온톨로지 초안을 인간 사용자가 검토하고 정교하게 다듬는 정제Refinement 과정이 필수다. 생성 AI 시대에 파운드리가 지향하는 핵심 운용 방식은 AI가 '고속 초안 작성자'로서 초안을 만들고, 인간이 비즈니스 리스크와 임팩트를 고려해 '최종 승인'을 내리는 협업 모델이다.

판단 보조 AI

생성 AI를 실제 운영 시스템에 결합하려는 논의에서 가장 자주 마주치는 오해는 AI가 판단을 대신해 주면 사람이 훨씬 편해지지 않겠느냐는 기대다. 그러나 이 기대는 AI의 능력을 과대평가하는 동시에 운영의 본질을 과소평가한다. 운영에서 중요한 가치는 결정의 속도가 아니라 결정에 따르는 책임의 소재와 판단의 일관성이기 때문이다. 따라서 파운드리 환경에서 AI의 역할은 철저히 판단 보조자decision assistant로 한정되어야 한다.

판단 보조 AI는 언제나 최종 의사결정보다 한 단계 아래에 머문다. 판단 보조 AI가 절대 가져서는 안 될 것은 '권위'다. AI는 권위를 행사하는 주체가 아니라 판단의 근거를 정리하는 도구여야 한다. 운영자가 "AI가 그렇게 권고해서 결정했다"는 식으로 책임을 전가하는 순간, AI는 지능형 도구를 넘어 조직이 통제할 수 없는 운영 리스크로 돌변한다.

따라서 AI는 객체의 상태를 스스로 바꾸지 않고, 액션을 직접 실행하지 않으며, 승인 여부를 최종적으로 결정하지도 않는다. 대신 상태 변화의 원인을 설명하고, 현재 가능한 선택지를 정리하며, 과거에 비슷한 상황에서 내려진 판단과 그 후속 결과를 제시하는 데 집중하도록 해야 한다. 또한 AI의 화법도 의도적으로 제한해야 한다. '권장합니다', '판단하세요' 같은 단정적 표현 대신, '다음과 같은 분석 관점이 있습니다'처럼 근거를 구조화해 제시하는 방식이 바람직하다.

현장의 운영 경험을 통해 확인한 판단 보조 AI의 효용은 크게 세 가지로 정리된다.

① **맥락 요약:** 시간에 쫓기는 운영자에게 방대한 데이터와 복잡한 케이스 이력을 '핵심 변화는 이 세 가지'처럼 압축해 주는 기능은 특히 탁월하다.

② **비교와 패턴 제시:** AI는 유사 케이스의 판단 결과와 이후 전개를 묶어 보여줌으로써 운영자가 결정을 내리기 전에 충분한 시야를 확보하도록 돕는다.

③ **비판적 질문 제기:** "이 상태에서 가장 큰 리스크는 무엇인가?", "지금 결정하지 않으면 어떤 문제가 생기는가?" 같은 질문을 던져 운영자가 보지 못한 사각지대를

드러낸다.

화장품 제조 공장 실습에서도 판단 보조 AI의 역할을 명확히 구분했다. AI는 배치 상태 변화의 근거를 설명하고, 품질 수치의 맥락을 정리하며, 과거 유사 배치를 요약하는 일만 수행했다. 반면 출하 승인, 폐기 결정, 상태 전이 실행 같은 핵심 액션에는 직접 개입하지 않았다. 이 엄격한 경계를 지켰기에 운영자는 AI의 제언을 참고하면서도 최종 책임이 자신에게 있음을 분명히 인지할 수 있었다.

운영 경험을 바탕으로 판단 보조 AI 설계의 5대 원칙을 정리하면 다음과 같다. 이 중 하나라도 무너지면 AI는 운영의 동반자가 아니라 리스크가 된다.

첫째, AI는 직접 상태를 변경하거나 액션을 실행하지 않는다.

둘째, AI의 출력은 항상 근거 중심의 설명형이어야 한다.

셋째, AI의 제언은 언제든 사용자에 의해 거절 가능해야 한다.

넷째, 최종 결정은 반드시 사람이 직접 실행한다.

다섯째, AI의 제언과 사람의 최종 결정 사이의 차이를 반드시 기록한다.

역설적으로 AI를 보조 역할로 한정할수록 조직의 통제력은 강화된다. 운영자는 AI의 의견을 비판적으로 수용하거나 거부할 수 있고, 결정을 내린 이유를 케이스 내부 기록으로 남길 수 있다. 이로써 AI는 판단을 기록 가능하고 추적 가능하게auditable 만드는 장치가 된다.

이처럼 판단 보조 AI는 AI의 힘을 억제하는 것처럼 보이지만, 실제로는 활용 범위를 넓힌다. 사람이 AI를 두려워하지 않고 신뢰하게 되면 AI는 더 자주, 더 넓은 맥락에서 쓰인다. 생성 AI 시대에 가장 강력한 AI는 결정을 내리는 사람에게 더 밝은 조명을 비춰주는 AI다. 파운드리는 AI가 넘어서는 안 될 선을 명확히 그어 'AI는 보조하고, 파운드리는 통제하며, 사람은 책임지는' 지능형 운영의 동반자 구조를 완성한다.

AI 도입 시의 실패 패턴과 위험 요소

파운드리에 AI를 결합할 때 발생하는 대부분의 사고는 기술적 결함이 아니라 AI에 대한 과도한 의존과 설계 원칙의 부재에서 비롯된다. 의욕만 앞서 AI를 도입했다가 오히려 조직의 판단 구조를 무너뜨리는 대표적인 실패 패턴 네 가지를 정리해 본다.

1. 설명 없이 결과만 내놓는 '블랙박스' 판단의 함정

가장 흔한 실패는 AI가 출하 불가 같은 결괏값만 단정적으로 던지도록 설계될 때 발생한다. 파운드리의 핵심은 판단 근거를 온톨로지 위에 남기는 데 있다. 그런데 AI가 왜 그런 결론에 도달했는지 설명하지 못하면, 운영자는 AI의 말을 맹목적으로 따르거나 반대로 완전히 무시하게 된다. AI의 근거 없는 판단은 조직의 투명성을 해치고, 사고가 발생했을 때 책임 소재를 규명할 수 없게 만든다.

2. 온톨로지를 우회하는 '지름길' 설계

AI 모델을 데이터 소스에 직접 연결해 온톨로지를 거치지 않은 채 곧

바로 액션을 트리거하려는 시도 역시, 파운드리가 공들여 구축한 '객체 중심 운영' 체계를 근본부터 무너뜨릴 수 있어 매우 위험하다. AI는 반드시 온톨로지 객체의 속성을 바꾸거나 상태 전이를 제안하는 방식으로만 작동해야 한다. 온톨로지를 우회하는 AI는 통제 범위를 벗어난 '그림자 시스템'이 되고, 이후 로직을 수정하거나 확장할 수 없는 기술 부채로 남게 된다.

3. AI가 판단했다며 책임을 회피하는 '책임의 외주화'

AI가 상태 전이의 최종 승인 권한을 쥐면 현장 운영자의 주인의식은 급격히 약화된다. AI가 정한 대로 했다는 말이 나오기 시작한 조직은 판단의 정교함을 더는 유지할 수 없다. AI가 실질적인 행동 주체가 되면 시스템이 효율적으로 보이는 건 잠시뿐이고, 조직의 위기 대응 능력과 도메인 지식은 퇴화한다. 따라서 파운드리 설계에서는 AI가 최종 승인 버튼을 독점하지 못하도록 엄격히 제한해야 한다.

4. 정확도에 매몰된 끝없는 '튜닝'의 늪

실제 운영에 기여하는 구조를 만들기보다 모델 정확도를 1% 높이는 데 수개월을 허비하는 패턴이다. 운영 현장에서는 99% 정확도의 고립된 모델보다 80% 정확도라도 현장 사용자가 즉시 검증하고 모델을 교정할 수 있는 '피드백 루프Feedback Loop'가 훨씬 중요하다. 정확도만 좇는 팀은 정작 중요한 비즈니스 프로세스와의 결합 시기를 놓치고, 결국 현장에서 외면받는 기술적 산출물만 남기게 된다.

AI를 파운드리에 올리기 전에 딱 한 가지만 자문해 보라. "AI가 틀린 답을 냈을 때, 우리 조직은 시스템 안에서 이를 즉시 발견하고 책임을 규명하며 바로잡을 수 있는가?" 이에 명확히 답할 수 없다면 AI 도입을 잠시 멈추고 온톨로지 기반의 판단 구조부터 다시 설계해야 한다. 실패를 피하기 위해 리더가 수행해야 할 마지막 점검 사항이다.

우리가 배운 것,
그리고 다음 단계

파운드리는 끝이 아니라 시작이다

이 책의 앞부분에서 필자는 파운드리를 데이터 플랫폼이자 온톨로지 기반의 운영 시스템, 그리고 판단을 구조로 고정하는 도구로 소개했다. 이 정의들은 모두 타당하지만 실제 운영을 거치고 나니 인식이 조금 달라졌다. 파운드리는 무언가를 완성하는 시스템이 아니라, 조직의 근본적인 변화가 비로소 시작되었음을 선언하는 시스템이기 때문이다.

운영이 안정되기 시작하면 반드시 "이제 구축은 다 끝난 거죠?"라는 질문이 나온다. 프로젝트 일정의 관점에서는 자연스러운 물음이지만, 조직 전체의 관점에서는 정확하지 않다. 구축이 완료되어 업무 기준이 바뀌고, 권한과 책임이 조정되며, 판단에 필요한 데이터가 축적되기 시작하면 파운드리는 조직의 살아 있는 일부가 되어 비로소 가치를 만들어 내기 시작한다.

많은 시스템은 보고서, 대시보드, 수치처럼 '정적 결과'를 남기는 데 집중한다. 반면 파운드리는 왜 그런 판단을 내렸는지, 당시 어떤 선택지가 있었는지, 누가 어떤 책임을 졌는지 등 '의사결정 과정'을 기록한다. 이러한 기록은 시간이 지날수록 조직에서 무엇과도 바꿀 수 없는 자산이 된다.

시간이 흐르자 회의에서 오가는 질문의 결도 바뀌었다. "누가 잘못했지?"라는 소모적 추궁은 "이 판단 구조가 타당했나?"라는 본질적 검토로 옮겨갔고, "왜 이걸 놓쳤지?"라는 질책은 "이 객체의 상태를 더 빨리 감지할 방법은 없었나?"라는 대안 탐색으로 이어졌다. 질문이 바뀌면 조직의 학습 방식도 바뀐다. 파운드리는 이런 질문의 전환을 현실에서 가능하게 한다.

가장 큰 변화는 기술적 성과보다 조직 내부 언어의 변화에서 나타난다. 구성원들은 '상태'를 일상적으로 말하기 시작하고, 모든 상황을 '케이스'로 설명하며, '액션'을 기준으로 권한과 책임을 논의한다. 이렇게 공유된 온톨로지 언어는 부서 간 장벽을 낮춘다. 서로 다른 팀이 같은 이벤트를 동일한 구조로 해석하고, 같은 방식으로 소통할 수 있게 되기 때문이다.

이 변화는 실패를 대하는 태도에서도 뚜렷하게 드러난다. 파운드리 도입 이전에 실패는 대개 숨겨야 할 대상이었다. 보고서에서는 교묘히 삭제되거나 회의에서는 완곡하게 표현되었고, 결국 개인의 실수로 치부되기 일쑤였다. 그러나 파운드리 도입 이후 실패는 분석 가능한 하나의 케이스로 남았다. 무엇이 잘못되었는지, 다음에는 무엇을 개선할지에 대한 기록이 조직의 소중한 기억이 된다. 실패가 자산이 되는 구조적 선순환이 만들어지는 것이다.

기술적 관점에서 다음 단계는 더 많은 판단 보조 AI, 더 정교한 상태 모델, 더 빠른 데이터 연결일 것이다. 이런 기술은 이미 우리 곁에 준비되어 있었다. 문제는 언제나 조직이 운영적으로 이러한 기술적 진보를 받아들일 준비가 되었는지에 달려 있었다.

아이러니하게도 파운드리를 제대로 활용하기 시작하면 다음 단계에 대한 질문이 끊임없이 따라온다. 판단이 너무 늦지는 않았는지, 특정 액션을 이제 자동화해도 되는지, 상태 정의를 다시 검토해야 하는지 계속 묻게 된다. 파운드리는 안주하는 완성을 허락하지 않는다. 그리고 이런 질문들이야말로 조직이 다음 단계로 나아가는 출발점이 된다.

즉 파운드리는 목표 지점이 아니라 출발선이다. 판단을 구조로 올리고 책임을 기록하며 조직이 스스로를 돌아보기 시작했다면 파운드리 도입은 이미 성공한 것이다. 이제 필요한 것은 더 많은 기능이 아니라 더 나은 질문이다. 이 책의 마지막 장에서는 그 질문을 지속적으로 끌어내는 방법과 파운드리를 넘어 조직이 나아갈 수 있는 방향을 정리하며 마무리하겠다.

국내 기업과 공공기관을 위한 제언

이 책을 쓰는 내내 필자가 가장 자주 떠올린 독자는 글로벌 빅테크의 CTO(최고 기술 관리자)가 아니었다. 시스템은 이미 넘쳐나고 보고서도 매일같이 쏟아지지만, 정작 중요한 결정을 여전히 회의실에서 누군가의 '감'으로 내리는 국내 기업과 공공기관이었다. 여기서는 파운드리를 직접 경험하며 얻은 현실적인 제언을 이들에게 남기고자 한다.

첫째, 문제는 '시스템이 없어서'가 아니라 '기준이 없어서' 발생한다는 점을 인정해야 한다. 국내 조직은 문제가 터질 때마다 시스템 부재를 탓하며 ERP·MES·SCM 등을 도입해 해결하려 한다. 그러나 본질은 도구가 아니라 판단 기준의 부재다. 언제 문제가 되는지, 누가 결정하는지, 어디까지 허용되는지에 대한 기준 없이 시스템만 더 얹으면 혼란만 더 커진다.

둘째, 공공기관과 대기업일수록 '책임 구조'를 먼저 온톨로지로 정립해야 한다. 국내 조직은 담당자는 많고 결재선은 길지만, 정작 최종 책임은 흐릿하다는 특징이 있다. 이런 구조에서 AI나 자동화를 섣불리 도입하면 기술은 책임 회피를 위한 정치적 도구로 전락하기 쉽다. 따라서 기술을 들여오기 전에 "이 판단의 최종 책임자는 누구인가?"에 답하고, 이를 시스템의 권한 구조에 명시해야 한다.

셋째, PoC를 단순한 기술 검증이 아니라 '조직 검증'의 기회로 삼아야 한다. 파운드리 관점에서의 PoC는 조직이 판단을 구조로 올릴 준비가 되었는지를 확인하는 과정이어야 한다. 현업이 적극적으로 참여하는지, 책임을 명시할 용기가 있는지, 기준을 문서가 아닌 온톨로지 구조로 남길 수 있는지가 검증되지 않으면 전사 확장은 실패하기 쉽다.

넷째, 공공 영역은 특히 판단의 '설명 가능성explainability'을 포기해서는 안 된다. 공공에서 가장 중요한 가치는 효율보다 신뢰다. 왜 이런 판단을 내렸고 어떤 기준이 적용되었으며 누가 책임지는지 투명하게 설명할 수 있어야 한다. 파운드리는 판단 과정을 디지털 기록으로 남기고 책임을 구조로 고정한다는 점에서 공공의 요구에 잘 부합한다.

다섯째, '전사 도입'이라는 위험한 표현부터 버려야 한다. 전사 프로젝트로 시작하는 파운드리는 실패로 귀결되기 쉽다. 사고가 잦거나 민원이

산업 분야	파운드리 우선 도입 대상	기대 효과 및 확장 방향
제조/생산	**품질 부적합 및 출하 승인** (프로세스 기준이 모호해 품질팀과 생산팀이 책임을 떠넘기고 부적합한 상품이 출하될 뻔한 곳)	출하 승인 기준을 온톨로지로 고정해 책임 소재를 명확히 함. 이후 설비 예지 보전 영역으로 확장.
금융/보험	**이상 거래 탐지(FDS) 및 조사 대응** (AI 모델은 신호만 보내고, 실제 조사자의 '사기' 판단 기준과 후속 조치 기록은 흩어져 있는 곳)	'의심-조사-결정' 과정을 하나의 케이스로 관리. 이후 고객 신용 평가 시스템 고도화로 확장.
공공 서비스	**반복적인 고난도 복합 민원 처리** (여러 부서 간 책임 떠넘김과 업무 지연으로 민원 항의가 폭주하는 영역)	민원 상태와 부서별 실행 권한을 시스템에 명시. 이후 정책 의사결정 지원 시스템으로 확장.
물류/유통	**품절 리스크 관리 및 재고 재배치** (데이터는 많지만 결정이 늘 늦어 결품과 폐기 비용이 늘어나는 지점)	재배치 판단 로직을 구조화해 즉각적으로 실행. 이후 수요 예측 및 공급망 전체 최적화로 확장.
에너지/건설	**현장 안전사고 대응 및 관제** (위험 신호IoT는 오지만 현장 조치와 보고가 구두에 머물러 사고 예방 골든타임을 놓치는 현장)	안전 수칙 준수 여부와 현장 조치 기록을 실시간으로 매핑. 이후 시설물 자산 관리 및 수명 예측으로 확장.

반복되는 곳, 또는 부서 간 책임이 자주 엇갈려 갈등이 큰 '가장 아픈 영역' 하나를 골라 온톨로지를 먼저 설계해야 한다. 작은 성공을 축적해 확장하는 편이 더 빠르고 확실하다.

여섯째, 기존의 SI 관행을 그대로 답습하지 말아야 한다. 파운드리는 납품으로 끝나는 시스템이 아니라 운영으로 시작되는 시스템이다. 요구 사항을 고정하기보다 끊임없이 합의하고 조정하며 길들여 가야 한다. '납품 중심' SI 방식에서 의식적으로 탈피해야만 파운드리가 조직의 근간으로 뿌리를 내릴 수 있다.

일곱째, AI 도입을 서두르기 전에 '판단의 언어'부터 정립할 것을 권한다. 상태, 케이스, 액션, 책임 같은 공통 언어가 만들어지면 AI는 자연스럽게 자신이 들어갈 자리를 찾게 된다. 언어적 토대 없이 성급하게 붙인

AI는 현장의 신뢰를 얻지 못해 금방 외면받는다.

여덟째, 내부 인력을 단순한 사용자가 아니라 '온톨로지 운영자'로 키워야 한다. 앞서 설명했듯 파운드리는 외주 업체에 맡겨 수동적으로 굴릴 수 없다. 온톨로지 구조를 이해하고 판단 로직을 직접 수정하며 변경 사항을 책임질 내부 인력이 없으면 시스템은 오래가지 못한다. 파운드리를 통해 얻어야 할 가장 큰 자산은 운영 역량을 갖춘 인재다.

결론적으로 국내 기업과 공공기관에게 파운드리는 단순한 플랫폼 도입이 아니라 일을 바라보는 방식의 거대한 전환이다. 기술보다 기준을, 자동화보다 책임을, 성과보다 신뢰를 먼저 세울 때 파운드리는 비로소 제 역할을 한다. 파운드리는 스스로를 혁신할 준비가 된 조직에게만 강력한 무기가 된다는 사실을 기억해야 한다.

비정형 데이터의 온톨로지화: 멀티모달 데이터 플레인

파운드리의 확장성을 상징하는 멀티모달 데이터 플레인MMDP, Multi-Modal Data Plane은 다양한 형식modal의 데이터를 처리하는 물리적·논리적 계층이다. 과거 데이터 플랫폼이 엑셀이나 DB 같은 정형 데이터 처리에 집중했다면, MMDP는 현대 업무 현장에서 데이터의 80% 이상을 차지하는 비정형 데이터, 즉 이미지·영상·오디오·PDF 문서 등을 정형 데이터와 같은 수준의 일급 객체로 다루기 위해 등장했다.

MMDP의 핵심은 비정형 데이터를 단순히 저장하는 데서 멈추지 않고, AIP와 결합해 '의미론적 이해semantic understanding'가 가능한 상태로 전환하는 데 있다. 제조 현장의 CCTV 영상은 MMDP를 거치며 '단순한 파일'이 아니라 '특정 시점에 발생한 장비 과열 이벤트' 같은 객체로 변환된다. 그 결과 영상 속 특정 장면은 온톨로지의 장비 객체, 공정 로그, 정비이력과 유기적으로 연결되며, 사용자는 자연어 검색만으로 수만 시간의영상 가운데 결함 장면을 즉시 찾아 분석할 수 있다.

기술적으로 MMDP는 비정형 데이터를 벡터화해 저장·검색하는 기능을 포함한다. 이는 LLM이 기업 내부의 복잡한 문서를 더 정확히 이해하고 답변하도록 돕는 RAG(검색 증강 생성) 아키텍처의 기반이 된다. 수천쪽의 기술 교본이나 법률 문서를 MMDP에 올리면, 시스템은 문맥을 파악해 질문에 가장 적합한 근거를 찾아내어 액션으로 연결한다.

또한 MMDP는 팔란티어의 보안 및 거버넌스 체계를 비정형 데이터에도 동일하게 적용한다. 이미지 한 장, 영상의 특정 구간 단위로 접근 권한ACLs을 설정할 수 있으며, 데이터가 분석에 활용되거나 AI 모델 입력값으로 쓰이는 전 과정은 데이터 리니지Data Lineage로 기록된다. 덕분에 민

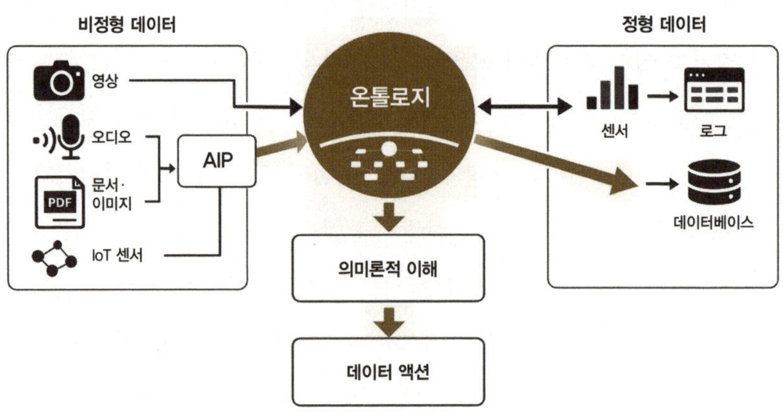

감한 의료 영상이나 군사 정보처럼 높은 보안 수준이 필요한 영역에서도 AI를 신뢰하고 운영에 도입할 수 있다.

MMDP의 진가는 정형 데이터(센서 수치, 로그)와 비정형 데이터(이미지, 영상)가 하나의 온톨로지 안에서 결합될 때 드러난다. 화장품 제조 공정의 육안 검사를 예로 들면, 과거에는 불량 여부를 판단하는 비전 AI 모델과 그 결과를 기록하는 데이터베이스가 분리되어 운영되는 경우가 많았다. 그러나 MMDP 체제에서는 촬영, 분석, 기록, 후속 조치까지 실시간으로 동기화된 운영 워크플로로 통합된다.

먼저 공정 라인에 설치된 고해상도 카메라가 제품 이미지를 실시간으로 촬영해 MMDP로 전송하면, MMDP는 AIP와 협력해 스크래치나 기포 같은 결함을 객체로 인식한다. 이때 이미지 파일은 온톨로지의 '특정 배치에 속한 불량 의심 제품'이라는 비즈니스 의미를 지닌 데이터로 바뀐다. 그리고 이 데이터는 당시 설비의 온도, 압력 같은 센서 수치와 결합된다. 특정 시간대에 불량이 집중되면 시스템은 '온도가 기준치보다 높을 때 불량 이미지가 증가했다' 같은 상관관계를 즉시 찾아낸다. 품질 담당자는 컨투어에서 불량률 수치만 보는 것이 아니라, 그 수치를 구성하는 실제 불량 사진을 한 화면에서 대조하며 원인을 파악할 수 있다.

더 강력한 점은 액션과의 즉각적인 연결이다. MMDP가 심각한 결함을 포착하면 워크숍으로 만든 운영 앱이 관리자에게 알림을 보내고, 해당 구간 영상을 자동으로 띄운다. 그러면 관리자는 현장에 가지 않고도 시각 자료를 확인한 뒤 라인 정지나 재작업 같은 조치를 바로 실행할 수 있다. 판단 근거(시각적 근거)와 실행 도구가 온톨로지 아래 한곳에 묶이는 셈이다.

이 흐름은 사고 조사나 소급 분석에서도 효과적이다. 몇 달 전에 출하한 제품에서 결함 신고가 들어왔을 때 MMDP가 없다면 방대한 영상을 전수 조사해야 한다. 그러나 MMDP 환경에서는 제품 일련번호만으로 생산 당시 스냅샷 이미지, 주변 설비 데이터, 당시 조치 기록까지 하나의 데이터 리니지로 엮어 즉시 소환한다.

결국 MMDP 기반 운영은 현업 사용자에게 '보이지 않던 맥락'을 시각화한다. 숫자만 있던 데이터에 현장의 모습을 입히고, 흩어진 비정형 데이터를 비즈니스 언어로 번역함으로써 조직은 추측이 아니라 증거를 바탕으로 움직이게 된다. 이것이 팔란티어가 말하는 '진정한 디지털 트윈'에 가까운 운영 방식이며, MMDP가 현장에 가져오는 실질적인 혁신이다.

AI는 답을 내리지 않는다

이 책의 여러 장을 거쳐오며 우리는 같은 결론을 각기 다른 언어로 되풀이해 왔다. 파운드리는 단순한 자동화 도구가 아니며, AI는 판단을 대신하지 않고, 책임은 반드시 사람에게 남아야 한다는 결론이다. 이 모든 논의는 결국 "AI는 답을 내리지 않는다. 다만 답의 '범위'를 획정할 뿐이다"라는 한마디로 수렴된다. 단순한 이론이 아니라 필자가 수많은 빅데이터와 AI 프로젝트 현장에서 얻은 치열한 결론이다.

AI를 처음 도입할 때 많은 조직은 복잡한 문제를 단번에 해결하고, 사람보다 더 정확한 판단으로 최적의 정답을 제시하는 전지전능한 존재를 기대하곤 한다. 그러나 실제 운영의 세계에는 애당초 고립된 '정답'이 존재하지 않는다. 정보는 늘 불완전하고 상황은 시시각각 변하며, 한번 내린 결정은 되돌리기 어렵기 때문이다. 이런 조건에서는 정답이라는 개념이 무의미해진다. 대신 우리에게 필요한 것은 '허용 가능한 선택의 범위'다. 어디까지가 수용 가능한 수준인지, 어떤 경계선을 넘으면 안 되는지, 그리고 특정 상황에서 누가 결정해야 하는지를 명확히 하는 과정이야말로 운영의 본질이다.

AI는 이 범위를 설정하는 데 매우 탁월하다. 가능성을 폭넓게 탐색하고, 숨겨진 위험을 드러내며, 사용자가 고려해야 할 선택지를 논리적으로 정리해 준다. 하지만 AI는 그 범위 안에서 단 하나의 선택지를 선정할 권한이 없다. 모든 선택에는 책임이 따르므로 책임질 수 없는 존재에게 선택권을 맡기면 조직은 통제 불능의 위험에 노출된다.

이 관점에서 파운드리는 AI의 능력을 의도적으로 제한하는 시스템처럼 보일 수도 있다. 액션을 엄격히 통제하고, 상태 전이를 철저히 관리하며, 인간의 최종 승인 단계를 거치게 설계되었기 때문이다. 그러나 역설적으로 이러한 구조적 제약 덕분에 AI는 조직 안에서 안전한 도구가 될 수 있다. AI가 '여기까지가 가능한 시나리오다'라고 무대를 깔아주면, 사람은 그 위에서 최종 결정을 내린다. 이 역할 분담이 깨지면 AI에 대한 조직의 신뢰는 무너진다.

화장품 제조 공장 실습에서도 AI 모델은 불량 가능성이 높아진 원인, 과거와 다른 특이 패턴, 주의해야 할 공정 임계치 등 수많은 정보를 제공하며 제 역할을 다했다. 그러나 결정적인 순간에도 AI는 스스로 출하 승인을 내리거나 전량 폐기를 실행하지 않았고, 결정은 언제나 사람의 몫으로 남겨두었다. 이 구조 덕분에 결과가 좋지 않을 때조차 비난 대상을 찾기보다 온톨로지 기반의 구조적 개선을 논의할 수 있었다.

앞으로 조직에 필요한 새로운 전문성은 AI를 직접 구축하는 기술력보다, AI의 제언을 어디까지 허용할지 결정하는 '판단의 역량'에서 나올 것이다. AI가 내놓은 결과가 참고용인지, 제안이 실제로 실행 가능한지, 또 언제 사람이 개입해야 하는지를 명확히 구분할 수 있는 조직만이 AI를 진정으로 통제할 수 있다. 파운드리는 이러한 역량을 시스템이라는 견고한 구조를 통해 훈련시킨다.

AI는 우리를 대신해 선택해 주지 않으며, 애초에 그래서도 안 된다. AI는 선택지를 구조화해 범위를 그려주고, 위험의 사각지대를 미리 비춰 줄 뿐이다. 그 안에서 어느 방향으로 나아갈지 결정하는 주체는 언제나 사람이다. 그래서 AI에게 수행 불가능한 임무인 '책임'을 지우지 않을 때, AI는 자신이 가장 잘하는 일인 '데이터 분석과 대안 제안'을 완수할 수 있다.

"AI는 답을 내리지 않는다"는 말은 AI를 과소평가하는 것이 아니다. 오히려 AI를 가장 강력하게 활용하기 위한 필수 전제다. 파운드리는 이 운영의 진실을 온톨로지와 액션이라는 시스템으로 고정해 현실에서 작동하게 만든 플랫폼이다.

파운드리는 결국 '판단의 역사'를 만드는 시스템이다

이 책을 쓰기 시작할 때 필자는 파운드리를 온톨로지 기반의 플랫폼이자 운영 시스템, 나아가 판단을 구조로 고정하는 도구로 먼저 기술적으로 정의하려 했다. 하지만 책을 마무리하는 지금 돌이켜 보니 그런 말만으로는 파운드리의 본질을 온전히 담아내기 어렵다. 파운드리는 단순한 기술이 아니라 조직이 정보를 기록하고 판단을 남기는 근본적인 방식에 더 가깝다.

조직은 늘 판단을 내려왔다. 파운드리가 없던 시절에도 출하 여부를 결정하고, 공정을 멈출지 계속할지 고민하며, 상부에 보고할지 말지를 매일 판단했다. 다만 그 판단은 회의실의 공기 속으로 사라지거나 전화 통화와 메신저 메시지의 파편으로 남아 쉽게 휘발되었다. 왜 그렇게 결정했는지, 당시 다른 선택지는 무엇이었는지, 누가 책임을 졌는지 시간이 지나면 누구도 정확히 기억하지 못해서 문제가 생길 때마다 조직은 "그때는 어쩔 수 없었다"라는 말로 상황을 봉합하곤 했다. 파운드리는 바로 그 지점에서 판단이 사라지지 않도록 붙잡아 두는 역할을 한다.

파운드리를 경험하며 가장 크게 깨달은 점은 변화의 핵심이 결정의 '질'이 아니라 결정의 '존재 방식'에 있다는 사실이다. 파운드리 도입 이전에는 실패가 대개 개인의 문제로 귀결되었다. 누가 놓쳤는지, 누가 늦었는지, 누가 잘못 판단했는지를 따지는 식이었다. 그러나 파운드리 이후에는 질문이 바뀌기 시작했다. 누가 잘못했는지보다 판단 구조가 충분했는지, 상태 정의가 적절했는지, 다른 대안은 없었는지를 묻게 된 것이다. 질문이 바뀌자 실패의 성격도 달라졌다. 실패는 비난의 대상이 아니라 학습의 재료가 되었고, 마침내 설명 가능한 영역으로 들어왔다. 이제 판단은 객체의 상태로 남고, 선택은 액션으로 기록되며, 책임은 케이스로 보존된다.

분명히 해두고 싶은 점은 파운드리가 완벽한 판단을 만들어 내지 않는다는 사실이다. 조직을 갑자기 더 똑똑하게 만들지도, 실수를 완전히 없애주지도 않는다. 파운드리가 진정으로 만드는 것은 '완벽함'이 아니라 '되돌아볼 수 있는 판단'이다. 왜 그때 그렇게 결정했는지, 결과가 무엇이었는지, 다음에는 무엇을 바꿔야 하는지 연결 고리를 만들 수 있을 때 조직은 비로소 조금씩 진화한다.

시간이 흘러 우리에게 남는 것은 단순한 수치가 아니다. 몇 년 뒤 시스템이 바뀌거나 파운드리 위에 또 다른 신기술이 얹힐 수도 있다. 그럼에도 조직이 어떤 기준과 판단으로 움직여 왔는지에 대한 기록은 숫자나 대시보드보다 오래 남아, 결국 조직의 정체성이 된다.

앞으로 AI는 더 빠르고 설득력 있는 답을 쏟아낼 것이다. 그럴수록 우리는 "왜 이 답을 선택했는가?"라는 질문을 더 자주 마주하게 된다. 이 질문에 제대로 답하지 못하는 조직은 아무리 뛰어난 기술을 가졌더라도 결국 흔들릴 수밖에 없다. 파운드리는 이 본질적인 질문에 답할 수 있게 만드는 드문 시스템이며, 생성 AI 시대에 이 플랫폼이 더욱 중요해지는 이유다.

이 책은 단순한 사용 설명서나 성공 사례집이 아니다. 한 조직이 판단을 다루는 방식을 근본적으로 어떻게 바꿀 수 있는지 생생하게 다룬 경험기다. 책을 덮은 뒤 독자가 자신의 결정 방식을 되돌아본다면 이 책은 제 역할을 다한 셈이다. 파운드리는 '다음에는 무엇을 할지'를 스스로 묻게 만들며, 이런 질문이 층층이 쌓일 때 조직은 마침내 각자만의 '판단의 역사'를 갖게 된다. 그 역사를 어떻게 써 내려갈지는 이제 오롯이 독자의 선택에 달려 있다.

참고 자료

- 팔란티어 공식 홈페이지. www.palantir.com/
- 팔란티어 파운드리 공식 가이드. www.palantir.com/platforms/foundry/
- 팔란티어 교육 포털. learn.palantir.com/page/ko
- 팔란티어 공식 유튜브 채널. www.youtube.com/@palantirtech
- 팔란티어 Apollo 문서. www.palantir.com/docs/apollo
- 달핀챗 TV 유튜브 채널. www.youtube.com/@dalpinchat
- 지피티스퀘어 커뮤니티. www.gptsquare.kr/
- ChatGPT(실험 데이터 합성). chatgpt.com/
- Palantir. Moving Beyond Customer Analytics (Whitepaper).
  - PDF: www.palantir.com/assets/xrfr7uokpv1b/628saFqenZ2d5OnXw UecL0/d597fd96d266153bb15aa0fb153e1a67/Palantir_Retail_Moving_ Beyond_Customer_Analytics_WP.pdf
  - 안내 페이지(웹): www.palantir.com/insights/moving-beyond-customer- analytics-whitepaper/
- Palantir. Privacy and Governance (Whitepaper).
  - PDF: www.palantir.com/assets/xrfr7uokpv1b/6pey1VnYHULqegg NbPKqP0/9f577de3e3dfb9fc031bd75dc7526517/Palantir_Privacy_and_ Governance_Whitepaper__1_.pdf
- SKAI Worldwide. (2025.04). [기술 보고서] 팔란티어 AIP 분석 보고서. blog. skaiworldwide.com/637
- Palantir. (2022.04). Apollo Demo Day (APOLLO 시연의 날) 자료.
  - 영문 Transcript PDF: investors.palantir.com/files/Apollo%20
- Demo%20Day%20-%20Transcript%20EN.pdf
  - 국문 Transcript PDF: investors.palantir.com/files/Apollo%20Demo%20 Day%20-%20Transcript%20KR.pdf
- 하이투자증권. (2023.08). Palantir Technologies (PLTR-US). PDF: ww2. imfnsec.com/upload/R_E14/2023/08/[29072631]_231691.pdf